2025年春受験用

解答集

福岡県 福岡大学附属大濠中学校

2019〜2013年度の7年分

本書は，実物をなるべくそのままに，プリント形式で年度ごとに収録しています。
問題用紙を教科別に分けて使うことができるので，本番さながらの演習ができます。

■ 収録内容

・解答集（この冊子です）

　　書籍ＩＤ番号，この問題集の使い方，リアル過去問の活用，解答例と解説，
　　ご使用にあたってのお願い・ご注意，お問い合わせ

・2019（平成31）年度 〜 2013（平成25）年度　学力検査問題

JN131805

○は収録あり	年度	'19	'18	'17	'16	'15	'14	'13
■ 問題収録		○	○	○	○	○	○	○
■ 解答用紙		○	○	○	○	○	○	○
■ 解答		○	○	○	○	○	○	○
■ 解説		○	○	○	○	○	○	○
■ 配点								

☆問題文等の非掲載はありません

もっと過去問！シリーズ

Ｋ 教英出版

■ 書籍ID番号

入試に役立つダウンロード付録や学校情報などを随時更新して掲載しています。
教英出版ウェブサイトの「ご購入者様のページ」画面で，書籍ID番号を入力してご利用ください。

書籍ID番号 **162040**

（有効期限：2025年9月30日まで）

【入試に役立つダウンロード付録】
「中学合格への道」

■ この問題集の使い方

年度ごとにプリント形式で収録しています。針を外して教科ごとに分けて使用します。①片側，②中央
のどちらかでとじてありますので，下図を参考に，問題用紙と解答用紙に分けて準備をしましょう（解答
用紙がない場合もあります）。

針を外すときは，けがをしないように十分注意してください。また，針を外すと紛失しやすくなります
ので気をつけましょう。

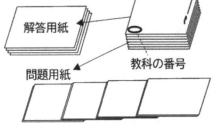

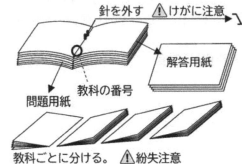

※教科数が上図と異なる場合があります。
　解答用紙がない場合や，問題と一体になっている場合があります。
　教科の番号は，教科ごとに分けるときの参考にしてください。

リアル過去問の活用

~リアル過去問なら入試本番で力を発揮することができる~

🌸 本番を体験しよう！

問題用紙の形式（縦向き / 横向き），問題の配置や余白など，実物に近い紙面構成なので本番の臨場感が味わえます。まずはパラパラとめくって眺めてみてください。「これが志望校の入試問題なんだ！」と思えば入試に向けて気持ちが高まることでしょう。

🌸 入試を知ろう！

同じ教科の過去数年分の問題紙面を並べて，見比べてみましょう。

① 問題の量

毎年同じ大問数か，年によって違うのか，また全体の問題量はどのくらいか知っておきましょう。どのくらいのスピードで解けば時間内に終わるのか，大問ひとつにかけられる時間を計算してみましょう。

② 出題分野

よく出題されている分野とそうでない分野を見つけましょう。同じような問題が過去にも出題されていることに気がつくはずです。

③ 出題順序

得意な分野が毎年同じ大問番号で出題されていると分かれば，本番で取りこぼさないように先回りして解答することができるでしょう。

④ 解答方法

記述式か選択式か（マークシートか），見ておきましょう。記述式なら，単位まで書く必要があるかどうか，文字数はどのくらいかなど，細かいところまでチェックしておきましょう。計算過程を書く必要があるかどうかも重要です。

⑤ 問題の難易度

必ず正解したい基本問題，条件や指示の読み間違いといったケアレスミスに気をつけたい問題，後回しにしたほうがいい問題などをチェックしておきましょう。

🌸 問題を解こう！

志望校の入試傾向をつかんだら，問題を何度も解いていきましょう。ほかにも問題文の独特な言いまわしや，その学校独自の答え方を発見できることもあるでしょう。オリンピックや環境問題など，話題になった出来事を毎年出題する学校だと分かれば，日頃のニュースの見かたも変わってきます。

こうして志望校の入試傾向を知り対策を立てることこそが，過去問を解く最大の理由なのです。

🌸 実力を知ろう！

過去問を解くにあたって，得点はそれほど重要ではありません。大切なのは，志望校の過去問演習を通して，苦手な教科，苦手な分野を知ることです。苦手な教科，分野が分かったら，教科書や参考書に戻って重点的に学習する時間をつくりましょう。今の自分の実力を知れば，入試本番までの勉強の道すじが見えてきます。

🌸 試験に慣れよう！

入試では時間配分も重要です。本番で時間が足りなくなってあわてないように，リアル過去問で実戦演習をして，時間配分や出題パターンに慣れておきましょう。教科ごとに気持ちを切り替える練習もしておきましょう。

🌸 心を整えよう！

入試は誰でも緊張するものです。入試前日になったら，演習をやり尽くしたリアル過去問の表紙を眺めてみましょう。問題の内容を見る必要はもうありません。どんな形式だったかな？受験番号や氏名はどこに書くのかな？…ほんの少し見ておくだけでも，志望校の入試に向けて心の準備が整うことでしょう。

そして入試本番では，見慣れた問題紙面が緊張した心を落ち着かせてくれるはずです。

※まれに入試形式を変更する学校もありますが，条件はほかの受験生も同じです。心を整えてあせらずに問題に取りかかりましょう。

算 数

《解答例》

1　①275　②$\frac{5}{8}$　③7　④7　⑤91　⑥3600　⑦10　⑧109　⑨12.56　⑩5　⑪11

2　⑫(2，3，6)　⑬50　⑭40　⑮1：3　⑯10：3　⑰H　⑱E　⑲⑦

3　⑳50　㉑51　㉒9　㉓ついている　㉔10　㉕32

4　㉖81　㉗5，24　㉘27　㉙1，48　㉚4　㉛16，54

5　㉜72　㉝30　㉞19.5　㉟2　㊱24

《解説》

1　(1)①　与式＝(110−55)＋(99−44)＋(88−33)＋(77−22)＋(66−11)＝55＋55＋55＋55＋55＝55×5＝275

(2)②　与式＝$(\frac{6}{10}-\frac{1}{10})+(\frac{10}{12}-\frac{9}{12})\times\frac{3}{2}=\frac{1}{2}+\frac{1}{12}\times\frac{3}{2}=\frac{4}{8}+\frac{1}{8}=\frac{5}{8}$

(3)③　与式より，0.3×□−0.9＝3÷2.5　　0.3×□＝1.2＋0.9　　□＝2.1÷0.3＝7

(4)④　かける数とかけられる数の一の位だけがわかれば計算結果の一の位がわかるので，一の位にだけ注目して3を何回もかけてみると，3，3×3＝9，9×3＝27，7×3＝21，1×3＝3，…となる。したがって，3，9，7，1という4つの数をくり返すとわかる。2019回かけた数の一の位は，2019÷4＝504余り3より，504回のくり返しが終わったあとの3つ目の数だから，7である。

(5)⑤　全員の合計点は56×36＝2016(点)，最高点をとった1人を除いた合計点は55×(36−1)＝1925(点)だから，最高点は，2016−1925＝91(点)

(6)⑥　最初に持っていたお金を⑫とすると，最後に持っていたお金は①である。①はショッピングセンターで買い物をする前に持っていたお金の$1-\frac{6}{7}=\frac{1}{7}$にあたるから，ショッピングセンターで買い物をする前は①$\div\frac{1}{7}=$⑦持っていたとわかる。これに600円を加えると最初に持っていたお金の$1-\frac{1}{4}=\frac{3}{4}$にあたる⑫$\times\frac{3}{4}=$⑨になるので，⑨−⑦＝②が600円にあたるとわかる。よって，最初に持っていたお金は，600×$\frac{⑫}{②}$＝3600(円)

(7)⑦　最後にできた食塩水の量は，400＋200−150＋300＝750(g)である。最初にふくまれている食塩の量は400×$\frac{25}{100}$＝100(g)である。150gすてたとき，全体の$\frac{150}{400+200}=\frac{1}{4}$をすてたのだから，ふくまれる食塩も$\frac{1}{4}$がすてられ，100×$(1-\frac{1}{4})$＝75(g)になったとわかる。よって，最後にできた食塩水の濃さは，$\frac{75}{750}$×100＝10(%)

(8)⑧　3つの正方形の1辺の長さを長い方から順にa，b，cとする。aとbとcの和は17cmである。aとbの差は2cm，aとcの差は5cmだから，aの3倍は，17＋2＋5＝24(cm)である。よって，a＝24÷3＝8(cm)，b＝8−2＝6(cm)，c＝8−5＝3(cm)だから，3つの正方形の面積の和は，8×8＋6×6＋3×3＝109(cm²)

(9)⑨　右図のように記号をおく。三角形ABCと三角形DECは重なるので面積が等しいから，色のついた部分の面積は，(三角形ABCの面積)＋(おうぎ形CDAの面積)−(おうぎ形CEBの面積)−(三角形DECの面積)＝

（おうぎ形ＣＤＡの面積）－（おうぎ形ＣＥＢの面積）＝

$5 \times 5 \times 3.14 \times \dfrac{1}{4} - 3 \times 3 \times 3.14 \times \dfrac{1}{4} = (25 - 9) \times \dfrac{1}{4} \times 3.14 = 4 \times 3.14 = $

12.56（㎠）

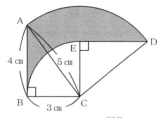

(10)　側面から見た図をそれぞれ右図Ⅰの方向から見たものと考える。

4つの側面から見えないかしょは，図Ⅱの点線で囲んだ
部分である。その部分は，右から見た図と後ろから見た
図から，すべて直方体Ｂによってうめられていることが
わかる。したがって，すべての立方体Ａは４つの側面か
ら見えており，数えると⑩5個あるとわかる。

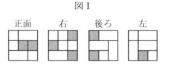

1辺の長さが3㎝の立方体の体積が $3 \times 3 \times 3 = 27$（㎤），立方体Ａの体積が $1 \times 1 \times 1 = 1$（㎤），直方体Ｂの体
積が $2 \times 1 \times 1 = 2$（㎤）だから，直方体Ｂの個数は，$(27 - 1 \times 5) \div 2 = 11$ より，⑪11 個である。

2 (1)⑫ $\dfrac{1}{\boxed{ア}}$，$\dfrac{1}{\boxed{イ}}$，$\dfrac{1}{\boxed{ウ}}$ はすべて異なり，$1 \div 3 = \dfrac{1}{3}$ だから，$\dfrac{1}{\boxed{ア}}$，$\dfrac{1}{\boxed{イ}}$，$\dfrac{1}{\boxed{ウ}}$ のうちの１つは $\dfrac{1}{3}$ より大きい数である。
したがって $\dfrac{1}{2}$ がふくまれるから，$\dfrac{1}{\boxed{ア}} = \dfrac{1}{2}$ とわかる。同様に考えると，$\dfrac{1}{\boxed{イ}} + \dfrac{1}{\boxed{ウ}} = 1 - \dfrac{1}{2} = \dfrac{1}{2}$ であり，$\dfrac{1}{2} \div 2 = \dfrac{1}{4}$ だ
から，$\dfrac{1}{\boxed{イ}}$ は $\dfrac{1}{4}$ より大きい $\dfrac{1}{3}$ とわかる。よって，$\dfrac{1}{\boxed{ウ}} = \dfrac{1}{2} - \dfrac{1}{3} = \dfrac{1}{6}$ だから，（ア，イ，ウ）＝（2，3，6）

(2)　Ａ，Ｂ，Ｃ，Ｄ，Ｅの記号はそれぞれのおもりの重さを表すものとする。Ａ＋Ｂが C ＋ D ＋ E より重く，
$(10 + 20 + 30 + 40 + 50) \div 2 = 75$（g）だから，Ａ＋Ｂは 75 g 以上で，$30 + 50 = 80$（g）か $40 + 50 = 90$（g）とわかる。
また，Ａ＋Ｃが B と等しいから，Ａは B より軽く，Ａが 30 g で B が 50 g か，Ａが 40 g で B が 50 g のどちらかとわ
かる。さらに，Ａ＋Ｄが B より軽いから，Ａが 40 g で B が 50 g だと D は 10 g より軽くなければならず，Ｄにあては
まるおもりがないので，Ａが 30 g，Ｂが⑬50 g，Ｃが $50 - 30 = 20$（g），Ｄが 10 g と決まる。よって，Ｅは残りの
⑭40 g である。

(3)　ＡＥ＝2 とすると，三角形ＤＧＩは三角形ＤＡＥを $\dfrac{1}{2}$ 倍に縮小した三角形だから，$GI = AE \times \dfrac{1}{2} = $
$2 \times \dfrac{1}{2} = 1$ である。$AB = 2 \times 2 = 4$ だから，$GF = AB = 4$ なので，GI：IF は，$1 : (4 - 1) = 1 : 3$ よ
り，⑮1：3 となる。

三角形ＣＤＦの面積を①とする。三角形ＣＤＦと三角形ＢＡＦは，底辺をそれぞれ CF，BF としたときの高さ
が等しく，ＣＦ＝ＢＦだから，面積も等しい。

三角形ＥＡＦと三角形ＢＡＦの面積比はＡＥ：ＡＢ＝1：2 と等しいから，三角形ＥＡＦの面積は，
（三角形ＢＡＦの面積）$\times \dfrac{1}{2} = \boxed{1} \times \dfrac{1}{2} = \boxed{\dfrac{1}{2}}$

また，ＧＦとＡＢが平行だから，三角形ＡＥＨと三角形ＦＩＨは同じ形で，
対応する辺の比がＡＥ：ＦＩ＝2：3 なので，ＡＨ：ＦＨ＝2：3
したがって，ＨＦ：ＡＦ＝3：5 である。

三角形ＥＦＨと三角形ＥＡＦの面積比はＨＦ：ＡＦ＝3：5 と等しい
から，三角形ＥＦＨの面積は，（三角形ＥＡＦの面積）$\times \dfrac{3}{5} = \boxed{\dfrac{1}{2}} \times \dfrac{3}{5} = \boxed{\dfrac{3}{10}}$

よって，三角形ＣＤＦと三角形ＥＦＨの面積比は，$\boxed{1} : \boxed{\dfrac{3}{10}} = 10 : 3$ より，⑯10：3 である。

(4)　①，②，③より，Ｄは3回勝ったのだから優勝したとわかるため，カはＤである。このことと①より，オは
Ａとわかる。④よりＦは決勝まで行ったのだから，イはＦとわかり，②よりキはＢとわかる。④，⑤よりＧは準
決勝に行ったとわかるから，アは⑰Ｈ，ウはＣ，エはＧとわかる。残ったクは⑱Ｅである。

(5)⑲　切断されていない面どうしは向かい合っていないが，㋤だけは切断されていない面どうしが向かい合っているので，明らかにまちがいである。㋤以外を組み立てると右図のようになるから，㋒が正しい。

③ (1)⑳　1から100までの整数に2の倍数は100÷2＝50（個）あるから，明かりがついているのは50個である。

(2)㉑　2と3の公倍数は最小公倍数である6の倍数だから，ついている電球の番号は，2の倍数のうち6の倍数ではないものと，3の倍数のうち6の倍数ではないものである。

1から100までの整数に，3の倍数は，100÷3＝33余り1より，33個あり，6の倍数は，100÷6＝16余り4より，16個ある。よって，明かりがついているのは，(50−16)＋(33−16)＝51（個）

(3)　100の約数は次の計算式の下線部の数である。

<u>1</u>×<u>100</u>＝100，<u>2</u>×<u>50</u>＝100，<u>4</u>×<u>25</u>＝100，<u>5</u>×<u>20</u>＝100，<u>10</u>×<u>10</u>＝100

よって，100の約数は9個あるから，100番のスイッチには㉒9回触れている。奇数回触れたスイッチは明かりがついていて，偶数回触れたスイッチは明かりが消えているので，100番は明かりが㉓ついている。

(4)㉔　(3)の100番のスイッチのように，スイッチに触れる回数は約数の個数と同じである。奇数回触れたスイッチは明かりがついている状態になるので，約数が奇数個の番号を数えればよい。

(3)で100の約数を調べたときのように，約数はふつう2個1組で見つかる。しかし，10×10＝100のように，同じ整数をかけあわせてできる数は，2個1組にならない約数が1個だけあり，約数の個数が奇数になる。つまり，平方数（同じ整数を2つかけあわせてできる数）は約数の個数が奇数になるから，1から100までの整数のうち平方数の個数を数えればよい。平方数は，1×1＝1，2×2＝4，3×3＝9，…，10×10＝100の10個あるから，求める個数は10個である。

(5)㉕　(4)の解説より，1から100までの整数のうち約数が4個の数の個数を求めればよい。

約数の個数の調べ方は，100を例にとると以下のようになる。100を素数の積で表すと，100＝2×2×5×5となり，2が2個，5が2個ふくまれる。これらをかけあわせると100の約数ができる。かけあわせる2の個数は0～2個の3通り，5の個数は0～2個の3通りあるから，100の約数は全部で3×3＝9（個）あるとわかる。1はすべての数の約数だから，2を0個，5を0個かけあわせたときの約数は，1と考えればよい。

約数が4個の数を素数の積で表したときに，素数が1種類しかふくまれない場合，その素数は3個ふくまれている。これは，その素数を0～3個かけあわせてできる4通りの数が約数となるからである。1から100までの整数のうちこのような数は，2×2×2＝8，3×3×3＝27の2個ある（1は素数ではないので，1×1×1＝1をふくめないこと）。

約数が4個の数を素数の積で表したときに，素数が2種類ふくまれる場合を調べると，右表の30個があるとわかる。素数が3種類ふくまれる数，例えば2×3×5＝30は，2，3，5をそれぞれ0～1個の2通りかけあわせて，

2×3＝6	2×5＝10	2×7＝14	2×11＝22	2×13＝26
2×17＝34	2×19＝38	2×23＝46	2×29＝58	2×31＝62
2×37＝74	2×41＝82	2×43＝86	2×47＝94	3×5＝15
3×7＝21	3×11＝33	3×13＝39	3×17＝51	3×19＝57
3×23＝69	3×29＝87	3×31＝93	5×7＝35	5×11＝55
5×13＝65	5×17＝85	5×19＝95	7×11＝77	7×13＝91

2×2×2＝8（個）の約数ができる。したがって，素数が3種類以上ふくまれる数で約数が4個の数はない。

よって，求める個数は，2＋30＝32（個）

④　たくさんの計算をしなければいけない問題なので，解く時間をできるだけ短縮するために，同じ時間で進む道のりの比は速さの比に等しくなることを利用する。太郎君と花子さんの速さの比は75：15＝5：1だから，同じ時間に進む道のりの比も5：1となる。

(1) 太郎君は1周してスタート地点に戻ると折り返すので、両端をスタート地点とする右図Ⅰのような線分図で表すことができる（左端をP、右端をQ、1回目に出会う地点をAとする）。

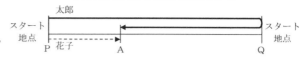

図Ⅰ（出発してから1回目に出会うまで）

$(PA+AQ+QA):PA=5:1$だから、$(AQ+AA):PA=4:1$より、$AQ:PA=\frac{4}{2}:1=2:1$とわかる。したがって、$PA:PQ=1:3$だから、1回目に出会うまでに花子さんが歩いた道のりは、$243\times\frac{1}{3}=81$より、㉖81mであり、かかった時間は、$\frac{81}{15}$分$=5\frac{2}{5}$分$=5$分$(\frac{2}{5}\times60)$秒$=5$分24秒より、㉗5分24秒である。

(2) (1)の解説と同様に考える。2回目に出会う地点をBとすると、右図Ⅱのようになる。

図Ⅱ（1回目に出会ってから2回目に出会うまで）

$PA=81m$であり、$PB:BA=2:1$だから、$AB=81\times\frac{1}{3}=27(m)$である。よって、花子さんが歩いた道のりは㉘27m、かかった時間は、$\frac{27}{15}$分$=1\frac{4}{5}$分$=1$分$(\frac{4}{5}\times60)$秒$=1$分48秒より、㉙1分48秒である。

(3) 1周の半分の道のりは$243\div2=121.5(m)$である。ここまでの解説と同様に考え、2人が出会うときの花子さんの位置を順に調べていく（3回目、4回目、5回目に出会った地点をそれぞれC、D、Eとする）。

右図Ⅲでは$BQ=243-(81-27)=189(m)$だから、$BC=189\times\frac{1}{3}=63(m)$、$CQ=63\times2=126(m)$したがって、花子さんはまだ1周の半分まで進んでいない。

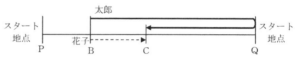

図Ⅲ（2回目に出会ってから3回目に出会うまで）

図Ⅳでは$PC=243-126=117(m)$だから、$CD=117\times\frac{1}{3}=39(m)$、$PD=39\times2=78(m)$
図Ⅴでは$DQ=243-78=165(m)$だから、$DE=165\times\frac{1}{3}=55(m)$、$EQ=55\times2=110(m)$
このとき、花子さんは1周の半分よりも進んでいる。したがって、花子さんは1周の半分の地点に進むまでに太郎君に㉚4回出会っている。4回目

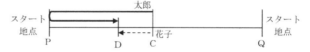

図Ⅳ（3回目に出会ってから4回目に出会うまで）

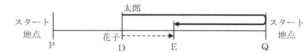

図Ⅴ（4回目に出会ってから5回目に出会うまで）

に出会うまでに花子さんは$81+27+63+39=210(m)$歩いていて、あと、$121.5-PD=121.5-78=43.5(m)$歩いたときに半分の地点を通過するから、求める時間は$\frac{210+43.5}{15}$分$=16\frac{9}{10}$分$=16$分54秒より、㉛16分54秒である（5回目に出会ったときの時間を求めないように注意すること）。

5 (1)㉜ 水そうの容積は$12\times9+10\times2+16=144(cm^3)$だから、水でいっぱいになるのは、$144\div2=72(秒後)$

(2)㉝ ⑦は$12\div2=6(秒)$でいっぱいになる（右図Ⅰ参照）。④と⑧は$12\div1=12(秒)$でいっぱいになるから、$6+12=18(秒後)$にいっぱいになる（図Ⅱ参照）。したがって、⑦には18秒後から毎秒$(0.5+0.5)cm^3=$毎秒$1cm^3$の割合で水が流れ込むから、$18+12\div1=30(秒後)$にいっぱいになる。

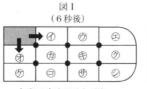

図Ⅰ（6秒後）
矢印の方向にそれぞれ、
毎秒$(2\div2)cm^3=$毎秒$1cm^3$

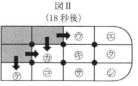

図Ⅱ（18秒後）
矢印の方向にそれぞれ、
毎秒$(2\div4)cm^3=$毎秒$0.5cm^3$

(3)㉞　㋐～㋛の１つの部分がいっぱいになるたびに水の流れ込み方が変化するので，１つの部分がいっぱいになるごとの図をかいていく。

㋕がいっぱいになったとき，㋒と㋘にはすでに0.5×12＝６(㎤)の水が流れ込んでいて，水の流れは右図Ⅲのようになる。このあと㋒と㋘がいっぱいになるのに，(12－６)÷0.5＝12(秒)かかるから，㋒と㋘は30＋12＝42(秒後)にいっぱいになる。30～42秒後で，㋖，㋙には0.5×12＝６(㎤)の水が流れ込む(図Ⅳ参照)。このあと㋖がいっぱいになるのに，(12－６)÷(0.4＋0.4)＝7.5(秒)かかるから，求める時間は12＋7.5＝19.5(秒後)

図Ⅲ
(30秒後)

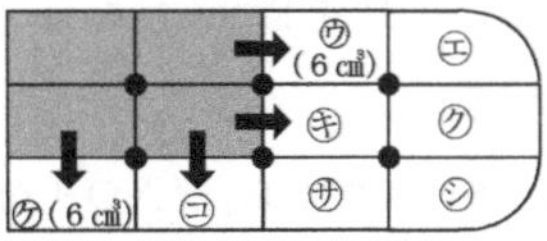

矢印の方向にそれぞれ，
毎秒(２÷４)㎤＝毎秒0.5㎤

図Ⅳ
(42秒後)

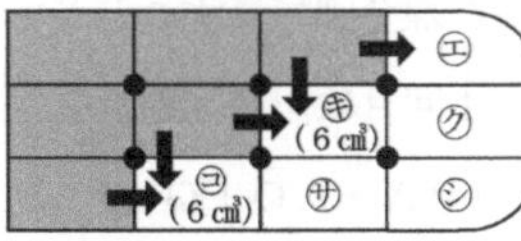

矢印の方向にそれぞれ，
毎秒(２÷５)㎤＝毎秒0.4㎤

なお，㋒がいっぱいになったとき，㋒に流れ込んでいた毎秒0.5㎤の水が半分ずつになって，㋓と㋖に毎秒(0.5÷２)㎤＝毎秒0.25㎤の水が流れ込む，と考えたかもしれないが，問題文の図１の説明はそれまでの水の流れに関係なくすべての矢印の水の割合が等しくなることを表している。また，この考えにもとづいて水の流れを計算していくと，㋓，㋗よりも先に㋛がいっぱいになってしまい。㋛に流れ込んでいた水の行き場所がなくなってしまうとわかる。したがって，この考え方は問題に合わない。

(4)　(3)の解説より，㋖がいっぱいになったとき右図Ⅴのようになる。(1)より，水そう全体が水でいっぱいになるまでにあと72－49.5＝22.5(秒)かかる。すでに水でいっぱいになった部分がいっぱいになるのにかかった時間をまとめると右表のようになり，まだ水が流れ込んでいない㋗，㋚，㋛は，㋒と㋘の時間をこえられないとわかる。したがって，㋓にかかる時間について考える。

図Ⅴ
(49.5秒後)

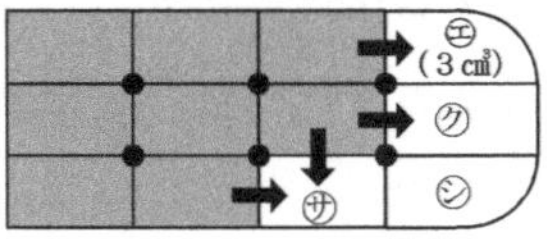

矢印の方向にそれぞれ，
毎秒(２÷４)㎤＝毎秒0.5㎤

㋐	㋑	㋒	㋔	㋕	㋖	㋘	㋙
6秒	12秒	24秒	12秒	12秒	19.5秒	24秒	19.5秒

49.5秒後の時点で㋓にはすでに7.5秒間水が流れ込んでいて，流れ込み方がこのまま変わらなければ，あと(10－３)÷0.5＝14(秒)でいっぱいになる。しかし，㋚は12÷(0.5＋0.5)＝12(秒)でいっぱいになるので，㋚が㋓より先に，49.5＋12＝61.5(秒後)にいっぱいになる(㋗は明らかにこれよりおそい)。12秒間で㋓には0.5×12＝６(㎤)の水が流れ込むから，図Ⅵのようになる。このあと㋓は(10－９)÷$\frac{2}{3}$＝1.5(秒)でいっぱいになるので，㋓が水でいっぱいになるのにかかった時間は，7.5＋12＋1.5＝21(秒)である。

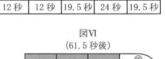

図Ⅵ
(61.5秒後)

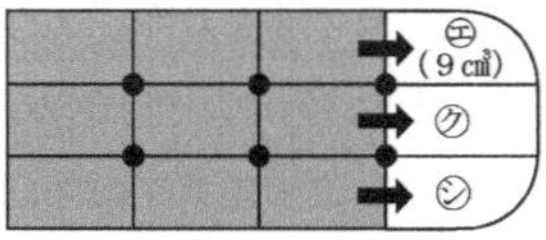

矢印の方向にそれぞれ，
毎秒(２÷３)㎤＝毎秒$\frac{2}{3}$㎤

以上より，最も時間がかかった部分は㋒と㋘の㉟２個で，かかった時間は㊱24秒である。

=== 《解答例》 ===

1 ①1009 ②$\frac{3}{5}$ ③$\frac{5}{7}$ ④14 ⑤11 ⑥72, 144 ⑦$\frac{5}{11}$ ⑧68 ⑨…③ ⑩10.99

2 ⑪49 ⑫10 ⑬144 ⑭1.618 ⑮2 ⑯28 ⑰200 ⑱25

3 ⑲円柱 ⑳C ㉑直方体 ㉒59 ㉓87

4 ㉔1.44 ㉕7.74 ㉖18 ㉗37.68 ㉘149.04

5 ㉙60 ㉚157 ㉛152 ㉜90

=== 《解　説》 ===

1 (1)① 与式＝2018×252－503×(504＋505)＝2018×252－503×1009＝1009×2×252－503×1009＝

1009×(504－503)＝1009

(2)② 与式＝$(\frac{12}{15}-\frac{10}{15})\times\frac{3}{4}+(\frac{1}{4}+\frac{2}{4})\times\frac{2}{3}=\frac{2}{15}\times\frac{3}{4}+\frac{3}{4}\times\frac{2}{3}=\frac{3}{4}\times(\frac{2}{15}+\frac{10}{15})=\frac{3}{4}\times\frac{12}{15}=\frac{3}{5}$

(3)③ 与式より，$\frac{7}{3}+5\div\square=21\div2\frac{1}{4}$ 　$5\div\square=\frac{28}{3}-\frac{7}{3}$ 　$7\times\square=5$ 　$\square=\frac{5}{7}$

(4)④ 多角形の対角線の数は，（（頂点の数）－3）×（頂点の数）÷2で求められる。

よって，（7－3）×7÷2＝14(本)

(5)⑤ A＋B＝25(g)，B＋C＝18(g)，C＋A＝21(g)とする。A＋BとB＋Cを足すと，25＋18＝43(g)となる。ここからC＋Aをひくと，B2つ分が43－21＝22(g)とわかる。よって，Bの硬貨の重さは22÷2＝11(g)である。

(6)⑥ どちらの分数をかけても整数になるので，求める整数は分母の36と24の公倍数である。
2つの数の公倍数は，最小公倍数の倍数なので，最小公倍数を求める。2つの数の最小公倍数を求めるときは，右の筆算のように割り切れる数で次々に割っていき，割った数と割られた結果残った数をすべてかけあわせればよい。よって，36と24の最小公倍数は，2×2×3×3×2＝72である。

```
2 ) 36  24
2 ) 18  12
3 )  9   6
     3   2
```

$72\times\frac{23}{36}=46$，$72\times\frac{13}{24}=39$であり，72を2倍，3倍すると46や39も2倍，3倍になる。2けたの最大の整数である99をこえない，最も大きい46の倍数は，99÷46＝2余り7より，46×2＝92である。

したがって，求める整数は，72と72×2＝144である。

(7)⑦ ADとBCが平行なので，三角形ADCと三角形ABCは高さが同じ三角形である。よって，2つの三角形の面積の比は，底辺の長さの比と同じになるので，（三角形ADCの面積）：（三角形ABCの面積）＝AD：BC＝3：8である。このとき，（台形ABCDの面積）：（重なっていない部分の面積）＝(3＋8)：(8－3)＝11：5である。したがって，重なっていない部分の面積は，台形ABCDの面積の$\frac{5}{11}$倍とわかる。

(8)⑧　問題文からわかることを右表にまとめた。

	算数が好き	算数が好きでない	合計
国語が好き	90×0.2＝18(人)		
国語が好きでない		10人	
合計	150×0.6＝90(人)		150人

表より，算数が好きでない人の人数は，150－90＝60(人)，

算数が好きでない人で国語が好きな人の人数は，60－10＝50(人)と

わかる。よって，国語が好きな人の人数は18＋50＝68(人)である。

(9)⑨　長方形の短い辺を a，長い辺を b とすると，図１の周の長さは，

a×2＋b×10 と表せる。また，図２の周の長さは，a×6＋b×10－a×4＝a×2＋b×10 となる。

よって，図１と図２の周の長さは等しいとわかる。

(10)⑩　㋐と㋑の面積の大きさが等しいとき，重なっている部分は直角三角形ＡＢＣにもおうぎ形ＣＢＤにもふく

まれるので，直角三角形ＡＢＣとおうぎ形ＣＢＤの面積は等しい。おうぎ形ＣＢＤの面積は，$7×7×3.14×\frac{1}{4}＝$

38.465(cm^2)である。よって，直角三角形ＡＢＣの底辺をＣＢ＝7cmとすると，高さはＡＢ＝38.465×2÷7＝

10.99(cm)とわかる。

$\boxed{2}$ (1)　＜5，9＞は(5＋9)÷2＝7なので，7×7＝49より，⑪49である。＜2，Ｂ＞＝【6，6】＝6×6な

ので，(2＋Ｂ)÷2＝6である。よって，2＋Ｂ＝6×2　　Ｂ＝12－2＝10より，⑫10である。

(2)　3番目の数が1＋1＝2，4番目の数が1＋2＝3のように，前の数2つを足した数が次の数になっている。

よって，12番目まで並べていくと，1，1，2，3，5，8，13，21，34，55，89，144なので，⑬144である。

また，13番目の数は89＋144＝233である。よって，233÷144＝1.6180…なので，⑭1.618である。

(3)　①～⑤の結果からすぐにわかることを，図Ⅰのように，表にまとめる。

Ｂは勝ち点が3点だから，ウとエのどちらかが○，もう一方が×となるとわかる。

ウが△ではないからアも△ではない。Ａは2勝1敗1分けだからイが△，アが○

よりウは×になる。これより，カは△，エは○，キは×とわかる。④から，引き

分けは，ＡとＤの試合以外のもう1試合で，残ったＣとＤの試合だから，オとク

は△となる。

これより，勝敗表を完成させると図Ⅱのようになる。したがって，Ｄの勝ち点

は1×2＝2より⑮2点，5チームの勝ち点の合計は，3×8＋1×4＝28より

⑯28点とわかる。

図Ⅰ

	A	B	C	D	E
A	／	ア	×	イ	○
B	ウ	／	×	エ	×
C	○	○	／	オ	×
D	カ	キ	ク	／	×
E	×	○	○	○	／

図Ⅱ

	A	B	C	D	E
A	／	○	×	△	○
B	×	／	×	○	×
C	○	○	／	△	×
D	△	×	△	／	×
E	×	○	○	○	／

○は勝ちを，×は負けを，
△は引き分けを表す。

(4)⑰　グラフより，水面の高さの和が15cmのとき，㋐の部分の水面の高さが15cmだから，10×15×15＝

2250(cm^3)の水が入っている。よって，$2250÷11\frac{1}{4}＝200$ より，入る水の割合は毎分⑰200cm^3である。

グラフより，水面の高さの和が25cmのとき，㋑の部分の水面の高さ25－15＝10(cm)が，重りの高さと同じになって

いるとわかる。このときまでに，入っている水の量は200×25＝5000(cm^3)である。また㋐の部分には，2250cm^3の

水が入っているので，㋑の部分には5000－2250＝2750(cm^3)の水が入っていると分かる。㋑の部分の高さ10cmまで

の容積は，(30－10)×15×10＝3000(cm^3)なので，重りの体積3000－2750＝250(cm^3)とわかる。よって，重りの底

面積は，250÷10＝25より，⑱25cm^2である。

A	B	C
①2	②5	③7
④4	⑥10	⑧14
⑤6	⑪15	⑭21
⑦8	⑮20	⑳28
⑨10	⑲25	㉖35
⑩12	㉓30	
⑫14	㉘35	
⑬16		
⑯18		
⑰20		
⑱22		
㉑24		
㉒26		
㉔28		
㉕30		
㉗32		

3 (1)⑲　積み上げたときの高さを右表にあらわした。高さを参考に積み上げる順番を①②③…でしめした。よって，合計8個の積み木を使ったとき（表の色付き部分），位置Aには4個積み木が積み上げられているとわかる。したがって，一番上の積み木の形は円柱とわかる。

(2)　(1)の表の続きを見ると，合計20個の積み木を使ったとき，一番高いのは位置⑳Cとわかる。4個積み上げられているので，一番上の積み木は㉑直方体とわかる。

(3)㉒　初めて，位置A，B，Cの高さが同じになるのは，高さが2，5，7の最小公倍数になったときである。2，5，7の最小公倍数は2×5×7＝70なので，それぞれの位置の積み木の高さが70cmになったときである。このとき位置Aには70÷2＝35（個），位置Bには70÷5＝14（個），位置Cには70÷7＝10（個）積み上げられているので，35＋14＋10＝59（個）の積み木を使ったときとわかる。

(4)㉓　位置Cの一番上の積み木は，3個積むごとに三角柱になる。このことと(3)の解説をふまえると，位置Cの一番上の積み木が三角柱で位置Bと位置Cの高さが初めて同じになるのは，高さが3と5と7の最小公倍数である105cmのときである。また，初めて位置A，B，Cの高さが同じになるとき，その高さは70cmで，59個の積み木を使ったときだから，それ以降は，この59個までの積み方をくり返すように積むとわかる。59個の積み木を使って高さが70cmになってから，さらに位置B，Cの高さが105－70＝35（cm）高くなるように積むので，(1)と(2)で使った表を利用すると，高さが70cmになってから，位置Aには16個，位置Bには7個，位置Cには5個の積み木が上に積み上げられるとわかる。よって，求める積み木の個数は，59＋16＋7＋5＝87（個）

4 (1)　図形Pの半径3cmのおうぎ形1つの中心角が，正三角形の内角の1つと同じなので，60度である。よって，中心角を3つ合わせると，60×3＝180（度）なので，おうぎ形3つを合わせると，半円になるとわかる。したがって，図形Pの面積は，15.57－3×3×3.14÷2＝1.44より，㉔1.44 cm²となる。また，図形Qで切り取ったおうぎ形4つを合わせると，円になるので，図形Qの面積は6×6－3×3×3.14＝7.74より，㉕7.74 cm²とわかる。

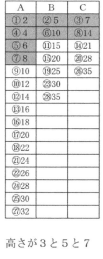

(2)㉖　正方形DEFGの面積は，対角線をDF，EGとするひし形の面積として求められる。DF＝EG＝6cmなので，6×6÷2＝18（cm²）とわかる。

(3)㉗　点Aが動いた線は，右図の点線になる。図形Pを1回動かしたとき，点Aは，半径がAB＝3cmの半円の曲線部分を移動しているとわかる。図形Pが1周するのに，点Aは4回動くので，点Aが動いた長さは，3×2×3.14÷2×4＝37.68（cm）

(4)㉘　図形Qが円を1周するとき，点Dが通る線を図Iの点線にあらわした。このときの点線内の面積を求めるので，図IIのように記号をおく。(2)より，DE×DG＝18，DE＝DGなので，DE×DE＝18とわかる。⑦と④の半径の長さはDEであり，DE×DE＝18なので，⑦と④の面積の和は，18×3.14（cm²）とわかる。⑦は半径の長さがDFなので，半径6cmの半円の面積6×6×3.14÷2＝18×3.14（cm²）とわかる。㋔の三角形は等しい2辺の長さがDE×2の直角二等辺三角形である。㋔の面積はDE×2×DE×2÷2＝DE×DE×2であらわせるので，18×2＝36（cm²）である。したがって，求める面積は18×3.14＋18×3.14＋36＝149.04（cm²）である。

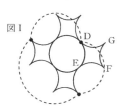

図I

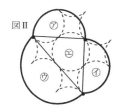

図II

5 (1)㉙ 10秒後には，離陸したA地点から，1×10＝10（m）前進し，1×10＝10（m）上昇したところにいる。このとき，スイッチⅡにすると着陸するまでに，10÷0.2＝50（秒）かかる。この間に1×50＝50（m）前進しているので，A地点からB地点までの距離は，10＋50＝60（m）である。

(2) 10秒後には，(1)の解説より，離陸したA地点から10m前進し，10m上昇したところにいる。ここから，向かい風の吹いた10秒間に，0.5×10＝5（m）前進し，1.5×10＝15（m）上昇した。その後，無風状態の2秒間で2m前進し，2m上昇した。このとき飛行物体は，A地点から10＋5＋2＝17（m）前進し，10＋15＋2＝27（m）上昇したところにいる。ここから，スイッチⅡにして，着陸するまでに，27÷0.2＝135（秒）かかる。よって，離陸してから，10＋10＋2＋135＝157より，㉚157秒後に着陸する。スイッチⅡにしてから，1×135＝135（m）前進するので，A地点からC地点までの距離は17＋135＝152より，㉛152mである。

(3)㉜ 8秒後には，8m前進し，8m上昇している。秒速3mの追い風が吹いた4秒間には，（1＋3）×4＝16（m）前進し，1×4＝4（m）上昇した。その後の無風状態の3秒間で，3m前進し，3m上昇している。スイッチⅡにした後の5秒間で，5m前進し，0.2×5＝1（m）下降した。秒速2mの向かい風が吹いた2秒間では，（1－1）×2＝0（m）なので前進せずに，（0.2＋1）×2＝2.4（m）下降した。このとき飛行物体は，A地点から8＋16＋3＋5＋0＝32（m）前進し，8＋4＋3－1－2.4＝11.6（m）上昇したところにいる。その後，着陸するまでに，11.6÷0.2＝58（秒）かかり，この間に58m前進する。したがって，A地点とD地点までの距離は32＋58＝90（m）である。

平成 29 年度 解答例・解説

━━━━━━━━━━━━━━ 《解答例》 ━━━━━━━━━━━━━━

1 ①113 ②2 ③$\frac{2}{3}$ ④648 ⑤82 ⑥45 ⑦16 ⑧24 ⑨486 ⑩8 ⑪3

2 ⑫13 ⑬8 ⑭51 ⑮$2\frac{1}{3}$ ⑯56 ⑰91，92 ⑱12.56 ⑲右図

3 ⑳15 ㉑11 ㉒15 ㉓b（分）のとき，あと①の部分の水面の高さが15cmになって②の

部分に水が入り始め，c（分）のとき，②の部分の水面の高さが15cmになる。 ㉔1：6

4 ㉕B ㉖赤 ㉗953 ㉘青 ㉙630 ㉚3 ㉛38

5 ㉜74 ㉝4 ㉞1 ㉟30 ㊱八女 ㊲えびの ㊳200 ㊴南関 ㊵鹿児島

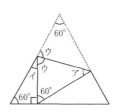

北
西　　東
南
（上側からの見え方）

━━━━━━━━━━━━━━ 《解　説》 ━━━━━━━━━━━━━━

1 (1)① 与式＝113×4－5085÷15＝113×4－339＝113×4－113×3＝113×（4－3）＝113×1＝113

(2)② 与式＝$\frac{10}{7}+(\frac{9}{12}-\frac{1}{12})÷(\frac{3}{6}+\frac{4}{6})=\frac{10}{7}+\frac{2}{3}÷\frac{7}{6}=\frac{10}{7}+\frac{2}{3}×\frac{6}{7}=\frac{10}{7}+\frac{4}{7}=2$

(3)③ 与式より，$\frac{1}{2}÷(□×3)=\frac{1}{2}-\frac{1}{4}$　　$□×3=\frac{1}{2}÷\frac{1}{4}$　　$□=2÷3=\frac{2}{3}$

(4)④ 箱は，縦が15－3×2＝9（cm），横が30－3×2＝24（cm），高さが3cmの直方体だから，その容積は，

9×24×3＝648（cm³）

(5)⑤ Aの値段を1とすると，Bの値段は1×（1＋$\frac{40}{100}$）＝1.4，Cの値段は1.4×（1＋$\frac{30}{100}$）＝1.82となる。よっ

て，Cの値段はAの値段より1.82－1＝0.82高いから，Aの値段より82％高いことになる。

(6)⑥ 折り返したときに重なる角は等しいから，右のように作図できる。三角形の内角

の和より，角イ＝180－60－90＝30（度）だから，角ウ＝（180－30）÷2＝75（度）

三角形の内角の和より，角ア＝180－60－75＝45（度）

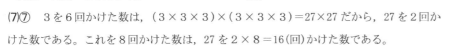

(7)⑦ 3を6回かけた数は，（3×3×3）×（3×3×3）＝27×27だから，27を2回か

けた数である。これを8回かけた数は，27を2×8＝16（回）かけた数である。

(8) 百の位，十の位，一の位の順に数字を決めるとすると，百の位の決め方は4通り，十の位の決め方は残りの

3通り，一の位の決め方は残りの2通りある。したがって，3けたの整数は全部で，4×3×2＝24より，⑧24個

作れる。そのうち，百の位が2の数，百の位が4の数，百の位が6の数，百の位が8の数はそれぞれ24÷4＝

6（個）ずつあるから，13番目に大きい数は，百の位が4の数で最も大きい数の⑨486である。

(9) 14秒後には図形Aが14cm動いているから，図1のようになる。このときの重なっている部分の面積は，

4×2＝8より，⑩8cm²である。また，重なっている部分が五角形になるのは図2のような状態のときであり，

それは，図3のあとから図4の前までである。図3の三角形CFGは図形Aと同じ形であり，直角をはさむ2辺の

比が6：8＝3：4の直角三角形だから，FG＝CG×$\frac{3}{4}$＝4×$\frac{3}{4}$＝3（cm）である。したがって，図3は図形Aが

12＋3＝15（cm）動いたとき，図4は図形Aが12＋6＝18（cm）動いたときだから，重なっている部分が五角形になる

のは，（18－15）÷1＝3より，⑪3秒間である。

図1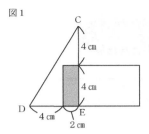

図2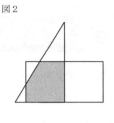

図3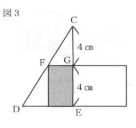

図4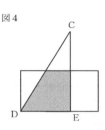

2 (1)⑫ 2，4，6，8の中から3つの数を選ぶ(同じ数を何度選んでもよい)ときに，三角形ができる組み合わせが何組あるかを数えればよい。三角形ができる条件は，「最も長い辺の長さが，他の2辺の長さの和より短い」ことだから，最も長い辺の長さごとに場合を分けて数える。すると，右表のようになるので，全部で13種類の三角形ができるとわかる。

最も長い辺	2	4	6	8
3辺の組み合わせ	(2, 2, 2)	(2, 4, 4) (4, 4, 4)	(4, 4, 6) (2, 6, 6) (4, 6, 6) (6, 6, 6)	(4, 6, 8) (6, 6, 8) (2, 8, 8) (4, 8, 8) (6, 8, 8) (8, 8, 8)

(2) 配られるとき最後の1人になる子供をAとする。1人4個ずつ配られた状態から，Aの4個と余りの19個を合わせて，A以外の子供たちに7－4＝3(個)ずつ配ると考える。(4＋19)÷3＝7余り2だから，A以外の7人に配ったあとに2個余るとわかる(Aは2個しかもらえないとわかる)。よって，子供は，7＋1＝8より，⑬8人いて，あめ玉は全部で，4×8＋19＝51より，⑭51個ある。

(3) 12の約数の逆数をすべて加えると，$\frac{12}{12}+\frac{6}{12}+\frac{4}{12}+\frac{3}{12}+\frac{2}{12}+\frac{1}{12}=\frac{12+6+4+3+2+1}{12}=\frac{28}{12}=\frac{7}{3}=2\frac{1}{3}$より，⑮$2\frac{1}{3}$になる。これより，⑯に入る数をnとすると，nの約数の逆数をすべて加えた値は，$\frac{(\text{nのすべての約数の和})}{n}=\frac{120}{n}$になるから，$\frac{120}{n}=\frac{15}{7}$ $\frac{n}{120}=\frac{7}{15}$ $n=\frac{7}{15}\times120=56$となる。よって，⑯に入る数は56である。

(4)⑰ 8372を連続する2つの整数の積で表せばよい。右の筆算より，8372＝2×2×7×13×23＝(7×13)×(2×2×23)＝91×92だから，しおりをはさんだのは，91ページと92ページの間である。

```
2) 8372
2) 4186
7) 2093
13)  299
      23
```

(5)⑱ 右図のように記号をおく。円の半径は4cmだから，⑦の面積は，(8×8－4×4×3.14)÷4＝16－4×3.14(cm²)

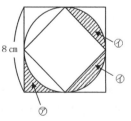

円の中の正方形は，対角線の長さが円の直径に等しく8cmだから，その面積は，8×8÷2＝32(cm²)である。したがって，⑪を2つ合わせた面積は，(4×4×3.14－32)÷2＝8×3.14－16(cm²)

よって，斜線部分の面積は，(16－4×3.14)＋(8×3.14－16)＝8×3.14－4×3.14＋16－16＝4×3.14＝12.56(cm²)

(6)⑲ 南側からの見え方からは，①で点Bまで線を引いたとわかり，東側からの見え方からは，①で点Bか点Cまで線を引いたとわかる。したがって，①では点Bまで線を引いたと確認できる。②，③でも同様に考えると，右表のようにまとめられるので，上側からの見え方は解答例のようになる。

ルール	南側からの見え方	東側からの見え方	実際に線を引いた先
①	B	BかC	B
②	GかH	EかH	H
③	L	IかL	L
④			K

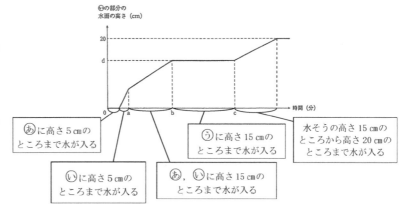

3 グラフの形の変化の仕方から

右図のことが読み取れる。

(1)⑳ b 分後に⑤の部分に水が

入り始めるので，d＝15

(2) ⑥の部分の水面の高さが

5cmになるときを求めればよい。

水そうの底面は正方形で，⑥の

底面はその $\frac{1}{4}$ にあたるから，⑥

の部分の高さ5cmまでに入る水

は，$\frac{30 \times 30}{4} \times 5 = 1125$（cm³）であ

る。よって，求める時間は $1125 \div 100 = 11\frac{1}{4}$（分後）と等しく，$11\frac{1}{4}$ 分＝11分 $\left(60 \times \frac{1}{4}\right)$ 秒＝11分15秒より，

㉑11分㉒15秒後である。

(4)㉔ a：c は，a 分後と c 分後それぞれの水そうの中に入っている水の体積の比と等しくなる。a 分後に⑥と⑪

の部分の水面の高さが5cmになり，c 分後に⑥，⑪，⑤すべての部分の水面の高さが15cmになった。したがって，

a 分後の水の体積は（30×30÷2×5）cm³，c 分後の水の体積は（30×30×15）cm³だから，

a：c＝（30×30÷2×5）：（30×30×15）＝1：6

4 球の番号を4で割ったときの余りによって，球の色が決まる。余りが1なら青，2なら黄，3なら赤，0なら緑で

ある。また，球の番号を5で割ったときの余りによって，どの筒に入るかが決まる。余りが1ならA，2ならB，

3ならC，4ならD，0ならEである。

(1) 87の球は，87÷5＝17余り2より，筒㉕Bの中に入っている。その色は，87÷4＝21余り3より，㉖赤である。

(2) 筒Cの一番上の球は998であり，上から10番目の番号は，998から5を9回引いた値だから，998－5×9＝

953より，㉗953である。その色は，953÷4＝238余り1より，㉘青である。

(3) 球を120個取り出したときは，右図アのようになる。ここか

らさらに3個取り出すと右図イのようになる。したがって，一番

下にある5個の球の番号の和は，121＋127＋128＋129＋125＝630

より，㉙630である。121÷4＝30余り1，127÷4＝31余り3，

128÷4＝32，129÷4＝32余り1，125÷4＝31余り1より，

青の球は121と129と125の㉚3個である。

図ア

⋮	⋮	⋮	⋮	⋮
126	127	128	129	130
121	122	123	124	125

図イ

⋮	⋮	⋮	⋮	⋮
126	132	133	134	130
121	127	128	129	125

図ウ

⋮	⋮	⋮	⋮	⋮
251	252	253	254	255
246	247	248	249	250

(4)㉛ 最初，筒Dの球は一番下から順に9，14，19，24，29，34，

39，…だから，色は，一番下から順に，青，黄，赤，緑，青，黄，

赤，…である。したがって，色は下から順に「青，黄，赤，緑」を

くり返すので，4個に1個が赤とわかる。最初，筒Dには

1000÷5＝200（個）の球が入っているので，そのうちの赤は 200÷4＝50（個）である。球を245個取り出したときは

右図ウのようになり，これはすべての筒から球を 245÷5＝49（個）ずつ取り出した状態である。246個取り出した

とき筒Dの一番下は254になり，筒Dからは50個の球が取り出されたことになる。取り出した50個の球のうちの

赤の個数は，50÷4＝12余り2より，12個だから，筒Dの中に残っている赤の個数は，50－12＝38より，㉛38個

である。

5 (1)㉜　福岡から熊本までは 103 kmだから，自宅から熊本までは $10+103=113$(km)である。熊本から鹿児島までは 175 kmだから，熊本から温泉までは $175+12=187$(km)である。よって，求める距離の差は，$187-113=74$(km)

(2)　一般道の距離の合計が $10+12=22$(km)，高速道の距離の合計が 278 kmだから，自宅から温泉までにかかる時間は $22\div40+278\div80=\frac{161}{40}=4\frac{1}{40}$(時間)である。$4\frac{1}{40}$時間は，$4\frac{1}{40}$時間＝4時間$(60\times\frac{1}{40})$分＝4時間$1\frac{1}{2}$分＝4時間1分$(60\times\frac{1}{2})$秒＝4時間1分30秒より，㉝4時間㉞1分㉟30秒である。

(3)　高速道に入るのも出るのもそれぞれ1回だけなので，入る場所を決めると出る場所も決まる(高速道料金が 4000 円以内で最も高くなるところで出ればよい)。例えば，福岡で高速道に入った場合八代で出るので，高速道で進める距離は 145 kmになる。もし，久留米で高速道に入ると人吉で出るので，高速道で進める距離は 146 kmになる。したがって，この2つの場合では，久留米で入った方が早く温泉に着くことができる。このように，図2の表を見ながら，どこで高速道に入れば4000円以内で最も長く高速道を走れるかを探すと，八女で入るのがよいとわかる。よって，㊱八女から㊲えびのまで高速道を利用したときが，最も早く着く。

(4)　自宅から温泉までの距離は $10+278+12=300$(km)だから，すべて一般道で行くとすると，$300\div40=\frac{15}{2}$(時間)かかる。これは5時間よりも$\frac{15}{2}-5=\frac{5}{2}$(時間)長い。300 kmのうち1 kmを高速道で進んだとすると，移動時間の合計は$\frac{15}{2}$時間より$\frac{1}{40}-\frac{1}{80}=\frac{1}{80}$(時間)短くなる。したがって，高速道を利用する距離が$\frac{5}{2}\div\frac{1}{80}=200$(km)だと移動時間が5時間になるので，㊳200 km以上高速道を利用すればよい。(3)の解説と同様に，高速道に入る場所ごとに場合を分けて考え，距離が 200 km以上になってすぐに高速道を出たときの料金を比べると，㊴南関から㊵鹿児島まで高速道を利用したときが，最も高速道料金を安くできる(4810 円)とわかる。

━━━━━━━━━━━━━━ 《解答例》 ━━━━━━━━━━━━━━

1	①5	②2	③3	④21	⑤3	⑥30	⑦11	⑧14	⑨43	⑩2	⑪50.24
2	⑫3	⑬35	⑭15250	⑮120	⑯24	⑰9.5	⑱45	⑲194.2	⑳1920	㉑8.7	
3	㉒56	㉓30	㉔11	㉕4	㉖55	㉗3					
4	㉘100	㉙72	㉚32	㉛9	㉜2	㉝37	㉞45	㉟26			
5	㊱$\frac{3}{5}$	㊲10	㊳$\frac{3}{16}$	㊴81	㊵11						

━━━━━━━━━━━━━━ 《解　説》 ━━━━━━━━━━━━━━

1 (1)①　与式＝$(48＋32)×\frac{1}{16}$＝**5**

(2)②　与式＝$(\frac{4}{6}－\frac{3}{6})÷\frac{2}{3}×8＝\frac{1}{6}×\frac{3}{2}×8$＝**2**

(3)③　与式より，$13÷□－4.8＋\frac{17}{3}＝5.2$　　$13÷□＝5.2＋4.8－\frac{17}{3}$　　$13÷□＝\frac{13}{3}$　　$□＝13÷\frac{13}{3}$＝**3**

(4)④　1から200までに，5の倍数は200÷5＝40(個)ある。また，1から99までに，5の倍数は，99÷5＝19余り4より，19個ある。よって，求める個数は，40－19＝**21**(個)

(5)⑤　1km＝1000m＝(100×1000)cm＝100000cmだから，この土地の実際の長さは，たてが8×25000÷100000＝2(km)，よこが6×25000÷100000＝1.5(km)である。よって，この土地の実際の面積は，2×1.5＝**3**(km²)

(6)⑥　配った個数の合計は，はじめにあった個数の，$\frac{3}{8}＋\frac{1}{5}＋\frac{1}{4}＋\frac{3}{20}＝\frac{39}{40}$にあたる。したがって，残った2個は，はじめにあった個数の$1－\frac{39}{40}＝\frac{1}{40}$にあたるから，はじめにあめ玉は，$2÷\frac{1}{40}＝80$(個)あった。よって，兄には，$80×\frac{3}{8}＝$**30**(個)配った。

(7)⑦　5回目までの合計点は75×5＝375(点)であり，このうち4回目までの合計点は76×4＝304(点)だから，5回目の点数は375－304＝71(点)である。また，3回目までの合計点は74×3＝222(点)だから，4回目の点数は304－222＝82(点)である。よって，求める点数の差は，82－71＝**11**(点)

(8)⑧　2つ折りにするたびに，紙の厚さは2倍になっていく。1m＝100cm＝1000mmだから，10mは10000mmであるため，2を何回かけ合わせると10000倍を超えるかを調べる。2を10回かけ合わせると1024になり，11回で2048，12回で4096，13回で8192，14回で16384になるから，求める回数は**14**回となる。なお，2を10回かけ合わせると1024になることは，覚えておくとよい。

(9)⑨　右のように作図する。正六角形の1つの内角の大きさは180×(6－2)÷6＝120(度)だから，角ＡＢＥ＝180－120＝60(度)である。三角形の1つの外角は，それととなり合わない2つの内角の和に等しいから，三角形ＡＢＥにおいて，角ＦＥＢ＝17＋60＝77(度)である。また，平行線の錯角は等しいから，角ＤＧＣ＝角ＦＥＢ＝77度である。よって，三角形ＤＧＣにおいて三角形の性質から，角ア＝角ＢＣＤ－角ＤＧＣ＝**43**(度)

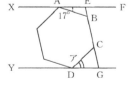

(10)⑩　高さが等しい三角形の面積の比は，底辺の長さの比に等しいことを利用する。

　　　三角形ＡＤＣと三角形ＡＢＣの面積の比は，ＤＣ：ＢＣ＝２：（３＋２）＝２：５だから，三角形ＡＤＣの

　　　面積は，$10×\dfrac{2}{5}=4$（㎠）となる。三角形ＰＤＣと三角形ＡＤＣの面積の比は，ＰＤ：ＡＤ＝１：（１＋１）＝

　　　１：２だから，三角形ＰＤＣの面積は，$4×\dfrac{1}{2}=2$（㎠）となる。

(11)⑪　色のついた部分は右の図のように考えるこ
　　　とができ，図アと図ウの色がついた部分の面
　　　積は等しいから，求める面積は図イの色がつ

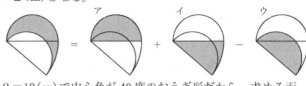

　　　いた部分の面積に等しい。これは，半径が$6×2=12$（㎝）で中心角が40度のおうぎ形だから，求める面

　　　積は，$12×12×3.14×\dfrac{40}{360}=16×3.14=50.24$（㎠）

2 (1)　たし合わせる数は，小さい方から順に，4，7，10，13，…と続き，それぞれ3の倍数より1大きい数で

　　　ある。このため，小さい方からn番目の数は$3×n+1$と表すことができ，3で割ったときの商はnだから，

　　　小さい方からn個加えた数は，$3×(1+2+…+n)$よりも$1×n=n$だけ大きい数となる。

　　　また，1からxまでの連続する整数の和は，$\dfrac{x×(x+1)}{2}$で求められることを利用する。

　　　6個目まで加えた数は，$3×(1+2+…+6)=3×\dfrac{6×7}{2}=63$よりも6大きい，69である。これは，23を

　　⑫$69÷23=3$（倍）した数である。また，10個加えたときの数は，$3×(1+2+…+10)=3×\dfrac{10×11}{2}=165$

　　　よりも10大きい，175である。これは，⑬$175÷5=35$を5倍した数である。さらに，100個加えたときの数

　　　は，$3×(1+2+…+100)=3×\dfrac{100×101}{2}=15150$よりも100大きい，⑭$15250$である。

(2)　左から順に並べる球を決めていくと，順に，5通り，4通り，3通り，2通り，1通りの決め方ができる。

　　　このため，一列に並べる方法は全部で，⑮$5×4×3×2×1=120$（通り）ある。

　　　また，円形に並べるときは，回転すると同じ並びができるから，右のように①を固定して考える。

　　　残りの Ⓐ，Ⓑ，Ⓒ，Ⓓ に並べる球を決めていくと，順に，4通り，3通り，2通り，1通りの決

　　　め方ができる。よって，円形に並べる方法は全部で，⑯$4×3×2×1=24$（通り）ある。

(3)⑰　てんびん図で考える。容器Ａでは，4％の食塩水$250-50=200$（ｇ）と，濃度

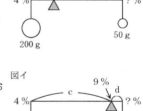

図ア

　　　のわからない食塩水50ｇを混ぜ合わせて，5％の食塩水ができたから，右のて

　　　んびん図アにおいて，$a：b=\dfrac{1}{200}：\dfrac{1}{50}=1：4$となる。$a=5-4=1$（％）だ

　　　から，このときの容器Ｂの食塩水の濃度は，$5+1×\dfrac{4}{1}=9$（％）とわかる。

　　　したがって，はじめの容器Ｂでは，4％の食塩水50ｇと，濃度のわからない食

　　　塩水500ｇを混ぜ合わせて，9％の食塩水ができたから，右のてんびん図イにお

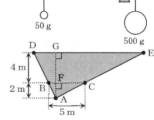

図イ

　　　いて，$c：d=\dfrac{1}{50}：\dfrac{1}{500}=10：1$となる。$c=9-4=5$（％）だから，

　　　求める濃度は，$9+5×\dfrac{1}{10}=9.5$（％）となる。

(4)⑱　右のように作図し，同じ形の三角形に注目する。

　　　同じ形の三角形ＡＢＣとＡＤＥにおいて，高さの比がＡＦ：ＡＧ＝

　　　2：（2＋4）＝1：3だから，ＤＥ＝$5×3=15$（ｍ）となる。

　　　よって，求める面積は，$15×6÷2=45$（㎡）

(5)⑲　この立体は，半径が5㎝で中心角が72度のおうぎ形を底面とし，高さが10㎝の柱体である。

　　　底面積は，$5×5×3.14×\dfrac{72}{360}=5×3.14$（㎠）である。側面積は，（底面の周の長さ）×（高さ）で求められる

　　　から，$(5×2+5×2×3.14×\dfrac{72}{360})×10=100+20×3.14$（㎠）である。よって，求める面積は，

　　　$(5×3.14)×2+(100+20×3.14)=100+30×3.14=194.2$（㎠）

(6) 入っている水の量は，㉚12×20×8＝**1920**（cm³）である。図2の直方体を入れると，水が入っている部分の底面積が 12×20－4×5＝220（cm³）になるから，1920÷220＝8.72…より，水の高さは㉑**8.7** cmとなる。

3 A地点からB地点へ遠回りしないで行くとき，途中（とちゅう）にある交差点への行き方は，その1つ左と，1つ下の交差点への行き方の和に等しくなる。また，(3)～(5)では，最初のA地点からは直進してきたとして計算することに注意する。

(1)㉒ A地点からB地点までを遠回りせずに行くとき，途中の交差点への行き方は，それぞれ右の図アのようになる。この図から，求める道順は全部で，35＋21＝**56**（通り）あるとわかる。

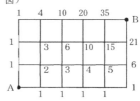
図ア

(2)㉓ A地点からC地点までの道順と，C地点からB地点での道順を別々に調べる。右上の図アから，A地点からC地点までの道順は3通りとわかる。また，右の図イから，C地点からB地点までの道順は6＋4＝10（通り）とわかる。A地点からC地点までの3通りの道順それぞれに対して，C地点からB地点までの道順は10通りずつあるから，求める道順は全部で，3×10＝**30**（通り）

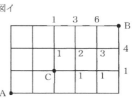
図イ

(3)㉔ はじめに直進を3回したあとで右折しているから，右折を終えた時点で，(1＋1×3)×2－1＝7となる。このあと，直進を4回してB地点に着いたから，求める値は，7＋1×4＝**11**

(4) A地点からC地点までの道順は，A直進→直進→左折Cだから，C地点での計算結果は，㉕(0＋1×2)×3－2＝**4**である。このあと，C直進→右折→直進→左折→右折Bと移動したから，1回目の右折で(4＋1)×2－1＝9となり，左折で(9＋1)×3－2＝28となる。

よって，B地点での計算結果は，㉖28×2－1＝**55**

(5)㉗ A地点からB地点までの道順が(4)と同じで，B地点での計算結果が163になったから，さかのぼって計算していくと，下の図のようになり，求める値は**3**となる。

B										C									A
	←	右折	←	左折	←	直進	←	右折	←	直進	←	左折	←	直進	←	直進
	×2－1		×3－2		＋1		×2－1		＋1		×3－2		＋1		＋1
163		82		28		27		14		13		5		4		3

4 (1)㉘ 図2から，40分で水そうの底から10cmの部分に水が入ったとわかる。この部分の容積は，20×20×10＝4000（cm³）だから，求める割合は，毎分(4000÷40)cm³＝毎分**100** cm³

(2)㉙ 底面積が同じ部分に一定の割合で水を入れるとき，水面の高さと時間は比例する。水そうの高さは18cmだから，求める時間は，水そうの底から10cmの部分に水が入るまでの18÷10＝1.8（倍）の，40×1.8＝**72**（分）

(3) 円柱の容器の容積は(5×5×3.14)×10＝250×3.14＝785（cm³）だから，毎分100cm³の割合で水を入れると785÷100＝7.85（分）で満水になる。0.85分は60×0.85＝51（秒）だから，求める時間は，40分後－7分51秒＝㉚**32**分㉛**9**秒後

(4) (3)の解説から，容器の$\frac{1}{3}$の高さまで水が貯まるのに，7.85÷3＝$2\frac{37}{60}$（分）かかるとわかる。$\frac{37}{60}$分は37秒だから，求める時間は，㉜**2**分㉝**37**秒後となる。

(5) 水を入れるのにかかる時間は水を入れる割合に反比例するから，入れる水の割合を3倍にすると，円柱の容器が満水になるのにかかる時間は，(4)で求めた時間に等しく，2分37秒となる。このあと，水そうの上側8cmの部分に入る時間は，(20×20×8)÷(100×3)＝$10\frac{40}{60}$（分），つまり10分40秒となる。

よって，求める時間は，32分9秒＋2分37秒＋10分40秒＝㉞**45**分㉟**26**秒後

(16)

5 矢印の順番に並べた分数の列を，$\frac{1}{1}$ ｜ $\frac{2}{1}$ ，$\frac{1}{2}$ ｜ $\frac{1}{3}$ ，$\frac{2}{2}$ ，$\frac{3}{1}$ ｜ $\frac{4}{1}$ ，$\frac{3}{2}$ ，$\frac{2}{3}$ ，$\frac{1}{4}$ ｜ $\frac{1}{5}$ ，$\frac{2}{4}$ ，…とグループに分け

て考える。第 n グループは，分子と分母の和が n＋1 になる分数が n 個並んでおり，n が奇数だと分子が 1 の
分数から始まり，n が偶数だと分子が n の分数から始まる。

(1)㊱　24＝1＋2＋3＋4＋5＋6＋3 だから，24 番目の分数は，第 7 グループの前から 3 個目の分数である。

7 は奇数だから，第 7 グループは $\frac{1}{7}$ ，$\frac{2}{6}$ ，$\frac{3}{5}$ ，…と続くため，求める分数は $\frac{3}{5}$ である。

(2)㊲　40＝21＋7＋8＋4 だから，40 番目の分数は，第 9 グループの前から 4 個目の分数である。

よって，求める値は，9＋1＝**10**

(3)㊳　（4＋15）－1＝18 だから，$\frac{4}{15}$ は，第 18 グループの分数である。18 は偶数だから，第 18 グループは分子

が 18 の分数から始まるため，$\frac{4}{15}$ の次は $\frac{3}{16}$ である。

(4)㊴　（3＋11）－1＝13 だから，$\frac{3}{11}$ は，第 13 グループの分数である。13 は奇数だから，第 13 グループは分子

が 1 の分数から始まるため，$\frac{3}{11}$ は第 13 グループの 3 個目の分数である。

よって，1＋2＋…＋12＋3＝$\frac{12 \times 13}{2}$ ＋3＝**81**（番目）の分数である。

(5)㊵　第 n グループの分数には分子，分母ともに 1 から n までの整数が現れるから，第 n グループの分数だけ

をかけ合わせると，$\frac{1}{n} \times \frac{2}{n-1} \times \cdots \times \frac{n-1}{2} \times \frac{n}{1}$ ＝1 となる。このため，66 番目から 91 番目の分数が，

それぞれどのグループの分数かを調べる。

66＝36＋9＋10＋11 だから，66 番目の分数は第 11 グループの 11 個目の分数である。このあと，67 番目
から 78 番目までの 12 個は第 12 グループの分数であり，79 番目から 91 番目までの 13 個は第 13 グループ
の分数である。第 12 グループの 12 個と第 13 グループの 13 個の分数の積はそれぞれ 1 となるから，求め
る値は，66 番目の分数に等しいとわかる。11 は奇数だから，第 11 グループは分子が 1 の分数から始まる
ため，11 個目の分数（66 番目の分数）は $\frac{11}{1}$ である。よって，求める値は，$\frac{11}{1}$ ＝**11**

平成 ㉗ 年度 解答例・解説

═══════════════ 《解答例》 ═══════════════

1	①20	②25	③3	④91	⑤33	⑥6	⑦22	⑧125	⑨15 歳	⑩144
2	⑪7	⑫29	⑬174	⑭55	⑮524	⑯4	⑰100	⑱4	⑲66	⑳31.4	㉑20	㉒4.3
3	㉓30	㉔30	㉕20	㉖9	㉗13
4	㉘314	㉙57	㉚6	㉛11	㉜125.6	㉝7	㉞771
5	㉟1256	㊱879.2	㊲1004.8	㊳1413	㊴982	㊵144

═══════════════ 《解　説》 ═══════════════

1 (1)①　与式＝1500×20×$\frac{1}{1000}$ ×$\frac{2}{3}$ ＝**20**

(2)②　与式＝$(\frac{28}{8} - \frac{3}{8}) \div \frac{1}{8}$ ＝$\frac{25}{8}$ ×8 ＝**25**

(3)③　与式より，｛18＋（12＋□×7）÷2｝＝138÷4　　　（12＋□×7）÷2＝34.5－18

12＋□×7＝16.5×2　　□×7＝33－12　　□＝21÷7＝**3**

(4)④　36 の約数は，1，2，3，4，6，9，12，18，36 だから，全部たすと **91** である。

(5)⑤　1320 を素数の積の形で表すと，2×2×2×3×5×11 である。

11に注目し，3つの連続する整数の積にすると，10×11×12になる。よって，3つの数の和は**33**である。

(6)⑥　60と80の最小公倍数は240だから，60円切手240÷60＝4(枚)と80円切手240÷80＝3(枚)の金額は
　　等しいことに注目する。420円は60円切手420÷60＝7(枚分)である。切手はそれぞれ1枚以上買うので，
　　60円切手を7－4＝3(枚)と，80円切手を3枚買えばよい。よって，切手は全部で，3＋3＝**6(枚)**

(7)　長針と短針が重なっているときから次に重なるときまでの間に，長針と短針のつくる角が90度になること
　　は2回起こるので，12時から，短針が1周する60×12＝720(分後)までの間に，何回針が重なるかを調べる。
　　長針は60分で1周するので，1分で360÷60＝6(度)回転し，短針は720分で1周するので，1分で360÷720＝
　　0.5(度)回転する。長針と短針が重なることは，長針が短針より360度多く進むたびに起きるので，
　　360÷(6－0.5)＝$\frac{720}{11}$(分)ごとに起き，720分の間に720÷$\frac{720}{11}$＝11(回)起こる。
　　よって，長針と短針のつくる角が90度になるのは，⑦2×11＝**22(回)**である。

　　　6時のときに長針と短針がつくる角は180度である。10分で長針は6×10＝60(度)，短針は0.5×10＝5
　　(度)進むので，6時10分に長針と短針がつくる角の小さい方は，⑧180－60＋5＝**125(度)**である。

(8)⑨　歳の差は変わらないので，5年前の妹は5歳，兄は10歳である。現在の兄は10＋5＝**15(歳)**である。

(9)⑩　はじめの3日間で1日に読んだページ数を①とおくと，3日間で①×3＝③読んだことになる。
　　これが全体の$\frac{1}{4}$にあたるので，全体は③÷$\frac{1}{4}$＝⑫になる。4日目からは1日に①×2＝②読むので，最
　　後に残ったページ数は⑫－③－②×4＝①であり，これが12ページに等しいので，①は12ページにあ
　　たる。よって，全体のページ数は，12×12＝**144(ページ)**である。

2 (1)　$\frac{11}{37}$＝0.297297297……であり，297の3けたがくり返される。小数第9位は⑪**7**である。

　　297の3けたを1セットとすると，その和は2＋9＋7＝18である。173÷18＝9余り$\frac{11}{2＋9}$より，和が173
　　となるまでに9セットと2けたあるとわかるから，3×9＋2＝29より，その位は⑫**小数第29位**である。

(2)⑬　5で割ると3余る数の一の位は3か8であり，7で割ると2余る数は，2，9，16，23，……である。
　　したがって，条件に合う最小の数は23である。条件に合う数は，23に，5と7の最小公倍数である35を
　　加えるごとに現れるので，23，58，93である。よって，全部たすと**174**である。

(3)　消費税8％を加えた値段は元の値段の1.08倍になる。3000÷1.08＝2777余り0.84より，税抜きで2777円
　　以下の商品を買うことができるから，2777÷50＝55余り27より，最大で⑭**55個**買うことができる。

　　3000円で55個まで買えるので，あと1個買うために必要な金額は，⑮50×(55＋1)×1.08－3000＝**24(円)**

(4)⑯　(10×10－64)cm²＝36cm²＝6cm×6cmだから，10－6＝**4(cm)**

(5)⑰　㋑＋㋤＝180－140＝40(度)より，㋑＋㋒＋㋤＋㋛＝(㋑＋㋤)×2＝40×2＝80(度)

　　三角形の内角の和より，㋕＝180－80＝**100(度)**

(6)　円上に等間隔にある点で正三角形をつくるとき，つくることができる正三角形の個数は，
　　円上の点の個数の$\frac{1}{3}$に等しい。よって，正三角形は⑱12×$\frac{1}{3}$＝**4(個)**できる。

　　1つの点からは11個の点に向かって線を引くことができるので，直線は11×12＝132(本)引けるが，
　　これは1本の直線を2回数えているので，直線は全部で⑲132÷2＝**66(本)**できる。

(7)　おうぎ形CBDの面積は，(半径)×(半径)×3.14×$\frac{(中心角)}{360}$で求めることができる。
　　(半径)×(半径)は正方形ABCDの面積と同じだから，おうぎ形CBDの面積は，⑳40×3.14×$\frac{90}{360}$＝
　　31.4(cm²)

　　正方形EFCGの面積は(対角線)×(対角線)÷2で求めることができる。

　　正方形EFCGの対角線の長さは正方形ABCDの一辺の長さと等しいから，(対角線)×(対角線)は正方形

ＡＢＣＤの面積と同じである。よって，正方形ＥＦＣＧの面積は，㉑40÷2＝**20**(c㎡)

　おうぎ形ＣＢＤの面積と同様に考えると，おうぎ形ＥＦＧの面積は20×3.14×$\frac{90}{360}$＝15.7(c㎡)だから，

斜線部分の面積は，㉒20−15.7＝**4.3**(c㎡)になる。

3　整数を仮分数になおして考えると，分子の数が番目の数と同じになっていることがわかる。

$$\frac{1}{3}，\frac{2}{3}，1，\frac{4}{3}，\frac{5}{3}，2，\frac{7}{3}，\frac{8}{3}，3，\frac{10}{3}，……，10，……$$

$$⇒\frac{1}{3}，\frac{2}{3}，\frac{3}{3}，\frac{4}{3}，\frac{5}{3}，\frac{6}{3}，\frac{7}{3}，\frac{8}{3}，\frac{9}{3}，\frac{10}{3}，……，\frac{30}{3}，……$$

(1)㉓　10＝$\frac{30}{3}$より，**30**番目

(2)㉔　真ん中の数は前後３個の数の平均になるので，３つの数の和は(真ん中の数)×３になる。10×3＝**30**

(3)㉕　(2)の解説より，(真ん中の数)＝60÷3＝**20**

(4)㉖　ａからｂまで等間隔で並ぶ*x*個の数の和は，(ａ＋ｂ)×*x*÷2の計算で求めることができることを利用

する。($\frac{1}{3}$＋$\frac{7}{3}$)×7÷2＝$\frac{28}{3}$＝**9$\frac{1}{3}$**

　〔別の解き方〕１番目から７番目までの和は，真ん中の４番目の数($\frac{4}{3}$)の７倍に等しいから，$\frac{4}{3}$×7＝**9$\frac{1}{3}$**

(5)㉗　30$\frac{1}{3}$＝$\frac{91}{3}$より，１から求める数までの連続する整数の和が91になるとわかる。

　(4)の解説の式を利用して求める数をさがすと，(1＋13)×13÷2＝91より，**13**番目とわかる。

4　(1)　半径10cmの円の面積は，㉘10×10×3.14＝**314**(c㎡)

　Ａの面積は，半径10cm，中心角90度のおうぎ形２つの面積の和から，一辺10cmの正方形の面積を引いた

値に等しく，㉙(10×10×3.14×$\frac{90}{360}$)×2−10×10＝**57**(c㎡)

　㉚の直後にある「初めて…大きくなる」という表現より，㉚は整数と考える。

　314÷57＝5余り29より，Ａの面積の㉚**6**倍が，初めて図１の面積より大きくなる。

　㉛は，㉚と同様に整数と考える。図２の面積は，半径10cmの円２つの面積の和から，Ａの面積を引いた

値に等しく，314×2−57＝571(c㎡)

　571÷57＝10余り1より，Ａの面積の㉛**11**倍が，初めて図２の面積より大きくなる。

　右図の４本の太い曲線はすべて，半径10cm，中心角90度のおうぎ形の曲線部分の

長さと等しいから，求める長さは，半径10cmの円の円周の長さ２つ分に等しく，

㉜(10×2×3.14)×2＝40×3.14＝**125.6**(cm)

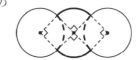

　円を２個以上重ねてつくった図形の面積は，571−314＝257(c㎡)ずつ増える。また，Ａの面積の30倍は，

57×30＝1710(c㎡)である。(1710−314)÷257＝5余り111より，初めの１個に６個重ねたとき，初めて面積

が1710c㎡より大きくなるから，そのとき重ねた円の個数は，㉝**1＋6＝7**(個)

(2)㉞　３個の円が重なった斜線部分の面積は，図形全体から右図の色をつけた部分３つ分

の面積を引いた値に等しい。右図の色を付けた部分は，円からＡの部分を取りのぞい

たものだから，求める面積は，(314−57)×3＝**771**(c㎡)である。

5　(1)　体積は，㉟(10×10×3.14)×4＝400×3.14＝**1256**(c㎡)

　柱体の表面積は，(底面積)×2＋(側面積)＝(底面積)×2＋(高さ)×(底面の周りの長さ)で求めること

ができる。㊱(10×10×3.14)×2＋4×(10×2×3.14)＝280×3.14＝**879.2**(c㎡)

(2)㊲　㊱で求めた「大」の円柱の表面積に，「中」の円柱の側面積が増えたと考える。

　280×3.14＋4×(5×2×3.14)＝320×3.14＝**1004.8**(c㎡)

(3)　体積は，㉟で求めた「大」の円柱の体積に，「中」の円柱の体積の半分が増えたと考える。

　㊳400×3.14＋{(5×5×3.14)×4}÷2＝450×3.14＝**1413**(c㎡)

表面積は，㊱で求めた「大」の円柱の表面積に，「中」の円柱の側面積の半分と，切り口の長方形の面積が増えたと考える。切り口の長方形は，縦が円柱の高さと等しく $4\,\mathrm{cm}$，横が直径と等しく $5\times2=10\,(\mathrm{cm})$ の長方形である。㊴$280\times3.14+\{4\times(5\times2\times3.14)\}\div2+4\times10=300\times3.14+40=\mathbf{982}\,(\mathrm{cm}^2)$

(4)㊵　切り口は長方形を3つ重ねたような図形になる。

$$4\times(10\times2)+4\times(5\times2)+4\times(3\times2)=4\times(20+10+6)=\mathbf{144}\,(\mathrm{cm}^2)$$

平成 **26** 年度 **解答例・解説**

― 《解答例》 ―

1　①79　②2　③0.5　④10　⑤8　⑥6　⑦16　⑧7　⑨100　⑩650　⑪2

2　⑫4　⑬$\dfrac{5}{9}$　⑭C　⑮57　⑯75　⑰60　⑱2284　⑲30　⑳70　㉑31

3　㉒㋐1006　㋑1007　㉓㋒670　㋓671　㋔672　㉔2　㉕401　㉖4　㉗8

4　㉘3　㉙2　㉚下図　㉛25　㉜32　㉝1

5　㉞160　㉟840　㊱728　㊲125.6　㊳764.64　㊴753.12

実際の紙面では、〇のついた点が赤い点です

― 《解　説》 ―

1　(1)①　与式$=100-(3+4)\times3=100-7\times3=100-21=\mathbf{79}$

(2)②　与式$=\dfrac{2}{3}\div(3-\dfrac{8}{3})=\dfrac{2}{3}\div\dfrac{1}{3}=\dfrac{2}{3}\times3=\mathbf{2}$

(3)③　与式より，$\square\times9-1.5=12\times0.25$　$\square\times9-1.5=3$　$\square\times9=3+1.5$　$\square\times9=4.5$

$\square=4.5\div9=\mathbf{0.5}$

(4)④　$1=\dfrac{3}{3}$，$3=\dfrac{9}{3}$だから，求める和は，$\dfrac{4}{3}+\dfrac{5}{3}+\dfrac{6}{3}+\dfrac{7}{3}+\dfrac{8}{3}=\dfrac{24}{3}=\mathbf{10}$

(5)　24の約数は1，2，3，4，6，8，12，24の8個だから，⑤$n\,(24)=\mathbf{8}$である。

24と36の公約数は，最大公約数である12の約数だから，1，2，3，4，6，12の6個であり，

⑥$n\,(24*36)=\mathbf{6}$である。

(6)⑦　$64=2\times2\times2\times2\times2\times2$より，積が64になる2つの整数は，それぞれ素数の積で表すと2だけが現れ，

2の個数は全部で6個になる。そのような整数のうち，和が20となる2つの整数を探すと，

$2\times2=4$，$2\times2\times2\times2=16$，$4+16=20$より，4と16があるから，求める大きい方の整数は**16**となる。

(7)⑧　作った食塩水は$190+10=200\,(\mathrm{g})$だから，その濃さは$\dfrac{10}{200}\times100=5\,(\%)$である。よって，5％の食塩水を

$140\,\mathrm{g}$作るには，$140\times\dfrac{5}{100}=\mathbf{7}\,(\mathrm{g})$の食塩が必要である。

(8)⑨　2人は散歩道のちょうど真ん中で出会ったから，2人がそれぞれ歩いた距離は$4\,\mathrm{km}=4000\,\mathrm{m}$の半分の

$4000\div2=2000\,(\mathrm{m})$である。A君が$2000\,\mathrm{m}$歩くのに$2000\div80=25\,(分)$かかるから，B君が$2000\,\mathrm{m}$歩くのにかか

った時間は$25-5=20\,(分)$とわかり，$2000\div20=100$より，B君の歩く速さは毎分**100**mとなる。

(9)　定価は仕入れ値の$1+0.3=1.3\,(倍)$の金額だから，⑩$500\times1.3=\mathbf{650}\,(円)$

また，20円の利益があるのは$500+20=520\,(円)$で売るときだから，$(650-520)\div650=0.2$より，定価の⑪**2割引**

きのときである。

2 (1) 分母が n である分数は，分子が 1 から n まであるから n 個ある。

a から b まで等間隔で増える x 個の数の和は $\dfrac{(a+b)\times x}{2}$ で求められるから，分母が 7 である分数の分子の和は

$1+2+\cdots+7=\dfrac{(1+7)\times 7}{2}=28$ とわかる。したがって，分母が 7 である分数の和は⑫$\dfrac{28}{7}=$**4** である。

また，2 から n までの連続する整数の和がはじめて 40 をこえる n を調べると，$2+3+\cdots+8=35$，

$35+9=44$ より，最初から 40 番目の分数の分母は 9 とわかる。最初から 40 番目の分数は，分母が 9 である分数

の $40-35=5$（番目）の分数だから，⑬$\dfrac{5}{9}$ である。

(2) カードのおき方は 6 枚ごとの周期になっているから，$20\div 6=3$ 余り 2 より，20 枚目のカードは 4 周目の 2 番

目におく。したがって，おいたカードの枚数が一番少ないのは⑭**C 列**である。また，C 列のカードの数字は 3，

4，9，10 の他に，$9+6=15$，$10+6=16$ があるから，求める和は，

⑮$3+4+9+10+15+16=$**57**

(3) 角 a は，2 辺が BC である二等辺三角形の底角（二等辺三角形の底辺の両側にある角）にあたり，その大きさは角

ABC の大きさに等しいとわかる。したがって，角 a の大きさは，⑯$(180-30)\div 3=$**75**（度）

また，右図のように記号をおけば，角 c の大きさは 75 度だから，錯角が

等しいため，直線 ℓ と m は平行であるとわかる。よって，角 d の大きさは

30 度であり，三角形の 1 つの外角はそれととなり合わない 2 つの内角の

和に等しいから，角 b の大きさは⑰$30+30=$**60**（度）となる。

(4) 2 つの円の中心と円が交わっている 2 点をむすんでできる四角形は，

一辺の長さが 20 cm の正方形である（右図）。よって，求める面積は，半径

が 20 cm で中心角の大きさが $360-90=270$（度）のおうぎ形 2 つと，一辺の

長さが 20 cm の正方形の面積の和に等しく，

⑱$(20\times 20\times 3.14\times\dfrac{270}{360})\times 2+20\times 20=$**2284**（cm²）

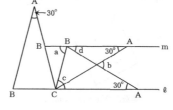

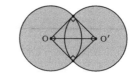

(5) この立体の体積は⑲$(1\times 2\times 3)\times 5=$**30**（cm³）であり，その表面には，もとの直方体の面のうち一辺が 1 cm，

2 cm の面が 8 つ，一辺が 1 cm，3 cm の面が 6 つ，一辺が 2 cm，3 cm の面が 6 つあるから，表面積は

⑳$(1\times 2)\times 8+(1\times 3)\times 6+(2\times 3)\times 6=$**70**（cm²）である。

また，直方体を並べて立方体を作るとき，できる立方体の一辺の長さは直方体の三辺の長さの公倍数になるから，

この直方体で最も小さい立方体を作ると，その一辺の長さは 6 cm となる。できた立方体には，もとの直方体が縦

に沿って $6\div 1=6$（個），横に沿って $6\div 2=3$（個）並び，上に $6\div 3=2$（個）積むから，もとの直方体は全部

で $6\times 3\times 2=36$（個）必要である。よって，あと㉑$36-5=$**31**（個）必要である。

3 (1) 2013 を連続する 2 つの整数の和で表すとき，2 つの整数の平均は $2013\div 2=1006.5$ となるから，

㉒$2013=$**1006＋1007** となる。また，連続する 3 つの整数の和で表すとき，3 つの整数の平均は真ん中の整数に等

しく，$2013\div 3=671$ である。よって，㉓$2013=$**670＋671＋672** となる。

(2) 連続する 2 個の整数の和は必ず奇数になるから，2015 は連続する 2 個の整数の和で表せるとわかる。つまり，

2015 は最低㉔**2** 個の連続する整数の和として表すことができる。

また，連続する奇数個の整数の平均は，真ん中の整数に等しくなるから，2015 を 5 個の連続する整数の和で表す

とき，真ん中の整数は $2015\div 5=403$ となる。したがって，$2015=401+402+403+404+405$ だから，一番小さい

整数は㉕**401** である。

(3) (2)より，連続する奇数個の整数の和で表せる整数は，個数の数字で割り切れる（商が連続する奇数個の整数の真

ん中の整数になる）とわかる。また，連続する偶数個の整数の平均は真ん中にある2個の整数の平均に等しいから，連続する偶数個の整数の和で表せる整数を個数の数字で割ると，その商は 1.5 や 2.5 のような，小数第1位が5である小数になる。

以上のことから，2014 を表すことができる，連続する整数の個数を調べると次のようになる。

2014÷2＝1007 より，連続する2個の整数ではできない。

2014÷3＝671 余り1 より，連続する3個の整数ではできない。

2014÷4＝503.5 より，連続する4個の整数ならばできる。

　⋮

よって，2014 は最低㉖4個の連続する整数の和として表せる。

(4)　(3)と同様にして調べれば，2012÷8＝251.5 より，2012 は，最低㉗8個の連続する整数の和で表せるとわかる。

4 (1)　三角形は底辺が3cmで高さが2cmだから，その面積は，㉘3×2÷2＝3（cm²）

　　正方形は対角線の長さが2cmだから，その面積は，㉙2×2÷2＝2（cm²）

(2)㉚　この図でできる1番大きい正方形の面積は3×3＝9（cm²）だから，

　　この正方形から，面積が（9−5）÷4＝1（cm²）の直角三角形を4個除いてできる正方形を考えればよい。

(3)　右図のように色のついた部分を分ければ，面積が1×1＝1（cm²）の正方形と平行四辺形が

　　合わせて17個，面積が1×1÷2＝0.5（cm²）の直角二等辺三角形が8個，面積が

　　1×2÷2＝1（cm²）の直角三角形が4個できる。

　　よって，求める面積は，㉛1×17＋0.5×8＋1×4＝25（cm²）

(4)　図の周上の点は㉜32個，内部の点は10個だから，㉝32÷2＋10−25＝1

5 (1)　くりぬいた四角柱の体積は㉞4×4×10＝160（cm³）である。

　　立方体Aの体積は10×10×10＝1000（cm³）だから，〈図1〉の立体の体積は，㉟1000−160＝840（cm³）

(2)　〈図1〉の立体の表面積と立方体Aの表面積を比べると，くりぬいた四角柱の側面積の分だけ大きくなり，一辺の長さが4cmの正方形2つの面積の分だけ小さくなっているから，求める表面積は，

　　㊱（10×10）×6＋（4×4）×10−（4×4）×2＝728（cm²）

(3)㊲　（2×2×3.14）×10＝125.6（cm²）

(4)　〈図3〉の立体は，〈図1〉の立体から，底面の半径が2cmで高さが3cmの円柱を2つくりぬいた立体と考えることができる。したがって，その体積は，㊳840−{（2×2×3.14）×3}×2＝764.64（cm³）

　　また，表面積は，〈図1〉の立体の表面積に底面の半径が2cmで高さが3cmの円柱2つの側面積を加え，半径が2cmの円4つの面積を引いた値に等しく，

　　㊴728＋{（2×2×3.14）×3}×2−（2×2×3.14）×4＝728＋（24−16）×3.14＝753.12（cm²）

=== 《解答例》 ===

| 1 | ①38 | ②3 | ③3 | ④4096 | ⑤12 | ⑥4 | ⑦15 | ⑧75 | ⑨150 | ⑩200 | ⑪13 |

| 2 | ⑫3 | ⑬115 | ⑭1900 | ⑮4 | ⑯246 | ⑰5 | ⑱2 | ⑲585 | ⑳右図 |

| 3 | ㉑9 | ㉒36 | ㉓512 | ㉔1023 | ㉕40 | ㉖22 | ㉗252 | ㉘60 |

| 4 | ㉙1 | ㉚92 | ㉛47 | ㉜13 | ㉝6 |

| 5 | ㉞108 | ㉟162 | ㊱36 | ㊲108 |

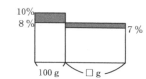

=== 《解 説》 ===

1 (1)①　与式＝456÷12＝**38**

(2)②　与式＝$\frac{3}{2}÷\frac{3}{5}÷(\frac{3}{6}+\frac{2}{6})=\frac{3}{2}×\frac{5}{3}÷\frac{5}{6}=\frac{5}{2}×\frac{6}{5}=$**3**

(3)③　与式より，$17÷□+6.3-\frac{2}{3}=11.3$　$17÷□=11.3-6.3+\frac{2}{3}$　$17÷□=5\frac{2}{3}$　$17÷□=\frac{17}{3}$

　　$□=17÷\frac{17}{3}=17×\frac{3}{17}=$**3**

(4)④　16＊3＝16×16×16＝**4096**

⑤　16＝2×2×2×2より，4096＝（2×2×2×2）×（2×2×2×2）×（2×2×2×2）

このことから，4096は2を4×3＝12(回)かけた数とわかり，2＊12＝4096と表せる。

⑥　また，2を12÷6＝2(個)ずつでまとめた積で4096を表すと，

4096＝（2×2）×（2×2）×（2×2）×（2×2）×（2×2）×（2×2）＝4×4×4×4×4×4

よって，4＊6＝4096と表せる。

(5)⑦　ある数に3を足した数と，3を引いた数の差は3＋3＝6であり，これらの比の差の3－2＝1にあたる。

　　ある数に3を足した数は$6×\frac{3}{1}=18$だから，ある数は，18－3＝**15**

(6)⑧　2013÷3＝671，671＝11×61より，求める和は，3＋11＋61＝**75**

(7)⑨　3人の身長の合計は，150×3＝450(cm)

A君はB君より5cm低く，B君はC君より10cm高いから，C君はA君より5cm低い。つまり，A君の身長の3

倍は450－5＋5＝450(cm)だから，A君の身長は，450÷3＝**150**(cm)

(8)⑩　7％の食塩水の量を□gとして，右のような面積図で考える。

色をつけた2つの部分の面積が等しいから，（8－7）×□＝（10－8）×100

より，□＝200　よって，混ぜ合わせた7％の食塩水の量は**200**gである。

(9)⑪　等しい間隔で連続する3つの整数の和は，真ん中の数の3倍に等しい。3つの連続する奇数の和が45となる

から，真ん中の奇数は45÷3＝15とわかる。よって，最も小さい奇数は，15－2＝**13**

2 (1)　この数の並びは，1が1個，2が2個，3が3個の，合わせて1＋2＋3＝6(個)の数が1つの周期としてくり返さ

れている。100÷6＝16余り4より，最初から100番目の数は，17回目の周期の4個目の数だから，⑫**3**である。

また，50÷6＝8余り2より，50番目は9回目の周期の2個目の数であり，2である。1回の周期の和は，

1×1＋2×2＋3×3＝14だから，最初から50番目までの和は，⑬14×8＋1＋2＝**115**

(2)　6.5km＝6500mより，1200mをこえた6500－1200＝5300(m)で，料金が追加された回数を考える。1200mをこ

えたときに最初の料金の追加が起こり，そのあと200mごとに料金の追加が起こるから，

$5300 \div 200 = 26$ 余り 100 より，料金の追加が起こった回数は，全部で $1 + 26 = 27$(回)である。

よって，求める運賃は，⑭$550 + 50 \times 27 = \mathbf{1900}$(円)

⑶ 2人とも，10回のジャンケンの結果で持ち点が $21 - 15 = 6$ (点)ずつ増えている。このことから，2人の勝ち負けの回数が等しいとわかる。2回のジャンケンを1セットと考えると，1セットの結果が1勝1敗の場合は2人の持ち点がそれぞれ $3 - 2 = 1$ (点)ずつ増え，2回ともあいこの場合は2人の持ち点がそれぞれ $1 \times 2 = 2$ (点)ずつ増える。あいこになったのが $10 \div 2 = 5$ (セット)だとすると，2人の持ち点は $2 \times 5 = 10$(点)増えることになり，実際よりも $10 - 6 = 4$ (点)多くなる。1セットの結果があいこ2回から1勝1敗に変わると，2人の持ち点の変化は $2 - 1 = 1$ (点)少なくなるから，1勝1敗となるセットは $4 \div 1 = 4$ (セット)となる。よって，A君が勝った回数は⑮**4**回である。

⑷ ①のルールから，1001〜2013年の間にある4の倍数の回数を考える。$2013 \div 4 = 503$ 余り 1，$1000 \div 4 = 250$ より，1001〜2013年の間に4の倍数の回数は $503 - 250 = 253$(回)ある。このうち，②と③のルールによって除かれるのは，

1100年，1300年，1400年，1500年，1700年，1800年，1900年

の7回ある。よって，求めるうるう年の回数は，⑯$253 - 7 = \mathbf{246}$(回)

⑸ 大きい円の直径は10cmだから，その半径は，⑰$10 \div 2 = \mathbf{5}$ (cm)

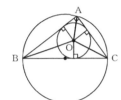

右図のように補助線を引き，記号をおく。直角三角形ABCの面積は，

$6 \times 8 \div 2 = 24$(cm²)

また，直角三角形ABCの面積は，3つの三角形OAB，OBC，OCAの面積の和に等しいから，小さい円の半径を x cmとすると，$8 \times x \div 2 + 10 \times x \div 2 + 6 \times x \div 2 = (4 + 5 + 3) \times x = 12 \times x$ (cm²)と表せる。

$12 \times x = 24$ より，$x = 2$　よって，小さい円の半径は⑱**2** cmである。

⑹ 小さい方の円の直径は，正方形の1辺の長さに等しく10cmだから，半径は $10 \div 2 = 5$ (cm)であり，面積は，

$5 \times 5 \times 3.14 = 25 \times 3.14$(cm²)　また，正方形の面積は，$10 \times 10 = 100$(cm²)

大きい円の半径は，正方形の対角線の長さに等しく，正方形の面積は(対角線の長さ)×(対角線の長さ)÷2の計算で求められることから，大きい円の半径×半径の値は，$100 \times 2 = 200$ とわかる。

このことから，大きい円の面積は，(200×3.14) cm²求める面積は，大きい円の面積から，正方形2個の面積を引き，小さい円2個の面積を加えた値だから，

⑲ $(200 \times 3.14) - 100 \times 2 + (25 \times 3.14) \times 2 = (200 + 50) \times 3.14 - 200 = 785 - 200 = \mathbf{585}$(cm²)

⑺ 組み立てるときに重なる辺に注目して，下図のように解答用紙の展開図を変形して考える。

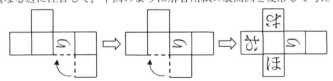

このように変形すると，2つの「お」の向きがわかる。

また，「ほ」については，2回90度ずつ回転すると上図のようになることから，元の展開図では解答の向きになる。

3 ⑴ 7段目から10段目を書くと，右図のようになる。

この図から，10段目の右から2つ目の数は㉑**9**で，左から3つ目の数は㉒**36**とわかる。

7段目……| 1 | 6 | 15 | 20 | 15 | 6 | 1 |

8段目……| 1 | 7 | 21 | 35 | 35 | 21 | 7 | 1 |

9段目……| 1 | 8 | 28 | 56 | 70 | 56 | 28 | 8 | 1 |

10段目……| 1 | 9 | 36 | 84 | 126 | 126 | 84 | 36 | 9 | 1 |

⑵ ⑴の図から求める和は，㉓$1 + 9 + 36 + 84 + 126 + 126 + 84 + 36 + 9 + 1 = \mathbf{512}$

⑶ それぞれの段の和に注目すると，1段目は1，2段目は $1 + 1 = 2 = 1 \times 2$，

3段目は $1 + 2 + 1 = 4 = 2 \times 2$，4段目は $1 + 3 + 3 + 1 = 8 = 4 \times 2$，…となり，1つ上の段の和を2倍に

した数になる。このことから，5段目の和は $8 \times 2 = 16$，6段目の和は $16 \times 2 = 32$，7段目の和は $32 \times 2 = 64$，8段目の和は $64 \times 2 = 128$，9段目の和は $128 \times 2 = 256$ となる。

以上のことから，求める和は，㉔ $1 + 2 + 4 + 8 + 16 + 32 + 64 + 128 + 256 + 512 = \mathbf{1023}$

⑷ 1段目から10段目までがちょうど入る四角形を考えると，右図のようになる。

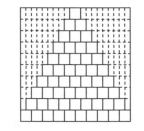

10段目には，1辺が1cmの正方形が10個並んでいるから，この四角形の横の長さは $1 \times 10 = 10$(cm)である。また，縦の長さは $1 \times 10 = 10$(cm)である。長さが等しい部分に注目すると，1段目から10段目までの周りの長さは，この四角形，つまり1辺が10cmの正方形の周りの長さに等しいとわかるから，求める長さは，

㉕ $10 \times 4 = \mathbf{40}$(cm)

⑸ 1段目から10段目までで，偶数がある段に注目すると，3段目に2が1個，5段目に4と6が合わせて3個，6段目に10が2個，7段目に6と20が合わせて3個，9段目に8と28と56と70が合わせて7個，10段目に36と84と126が合わせて6個ある。よって，偶数は全部で㉖ $1 + 3 + 2 + 3 + 7 + 6 = \mathbf{22}$(個)ある。

⑹ ⑴より，11段目の数字の中で一番大きい数は，㉗ $126 + 126 = \mathbf{252}$

また，20段目には1辺が1cmの正方形が20個並ぶから，⑷と同様に考えると，11段目から20段目の $20 - 11 + 1 = 10$(段)の周りの長さは，縦 $10 \times 1 = 10$(cm)，横 $20 \times 1 = 20$(cm)の長方形の周りの長さに等しく，

㉘ $10 + 20 + 10 + 20 = \mathbf{60}$(cm)

$\boxed{4}$ ⑴ 三角形ＡＣＥの面積は，三角形ＡＢＣの面積から，三角形ＡＢＥの面積と三角形ＢＣＥの面積を引いた値に等しい。三角形ＡＢＣの面積は正方形ＡＢＣＤの面積の半分に等しく $160 \times \frac{1}{2} = 80$(cm²)だから，求める面積は，

㉙ $80 - 46 - 33 = \mathbf{1}$(cm²)

⑵ 三角形ＡＢＥの面積は，$a \times b \div 2$ の計算で求められるから，㉚ $a \times b = 46 \times 2 = \mathbf{92}$

⑶ 右図のように補助線を引き，記号をおく。4つの四角形ＡＰＥＳ，ＢＱＥＰ，ＣＲＥＱ，ＤＳＥＲは長方形であり，ＡＥ，ＢＥ，ＣＥ，ＤＥはこれらの長方形の対角線となる。長方形は1本の対角線によって面積が2等分されることから，

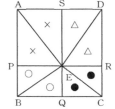

右図のように面積が等しい部分に同じ記号をおいて考えると，四角形ＰＢＣＲの面積は三角形ＢＣＥの面積の2倍に等しく，$33 \times 2 = 66$(cm²)

四角形ＡＰＲＤの面積は $160 - 66 = 94$(cm²)であり，これは三角形ＡＤＥの面積の2倍に等しいから，三角形ＡＤＥの面積は，㉛ $94 \div 2 = \mathbf{47}$(cm²)

⑷ 三角形ＢＤＥの面積は，三角形ＡＢＥの面積と三角形ＡＤＥの面積の和から，三角形ＡＢＤの面積を引けば求められる。三角形ＡＢＤの面積は三角形ＡＢＣの面積と等しく80cm²だから，求める面積は，

㉜ $(46 + 47) - 80 = \mathbf{13}$(cm²)

⑸ 三角形ＣＤＧと三角形ＣＤＥに注目すると，これらはともに三角形ＤＦＣをふくむから，面積の差は三角形ＤＦＣを除いた，三角形ＤＦＧと三角形ＣＥＦの面積の差に等しい。

三角形ＣＤＧの面積は正方形ＡＢＣＤの $\frac{1}{4}$ に等しく，$160 \times \frac{1}{4} = 40$(cm²)

三角形ＣＤＥの面積は，正方形ＡＢＣＤの面積から，3つの三角形ＡＢＥ，ＢＣＥ，ＡＤＥの面積を引いた値に等しく，$160 - 46 - 33 - 47 = 34$(cm²) 以上のことから，求める面積は，㉝ $40 - 34 = \mathbf{6}$(cm²)

$\boxed{5}$ ⑴ 水が入っている部分を，直角三角形ＢＦＧを底面とする高さがＥＦに等しい三角柱と考える。高さが等しい直方体と三角柱の体積の比は底面積の比に等しく，直角三角形ＢＦＧの面積は長方形ＢＦＧＣの面積の半分だから，入っている水の体積は，㉞ $216 \times \frac{1}{2} = \mathbf{108}$(cm³)

⑵ 水が入っている部分を，台形ＥＦＢＭを底面とする高さがＡＤに等しい四角柱と考える。長方形ＡＥＦＢの面

積を1として，BとEを結ぶと，三角形ABEの面積は$1 \times \dfrac{1}{2} = \dfrac{1}{2}$と表せる。

三角形ABEと三角形AEMにおいて，底辺をそれぞれAB，AMとしたときの高さが等しいから，面積の比は底辺の長さの比に等しい。点Mは辺ABの真ん中の点だから，AB：AM＝2：1より，

三角形AEMの面積は，$\dfrac{1}{2} \times \dfrac{1}{2} = \dfrac{1}{4}$

台形EFBMの面積は$1 - \dfrac{1}{4} = \dfrac{3}{4}$だから，入っている水の体積は，㉟$216 \times \dfrac{3}{4} = 162 (\mathrm{cm}^3)$

⑶ 水が入っている部分を，底面が直角三角形AEFで高さがEHに等しい三角すいと考える。高さが等しい直方体と四角すいの体積の比は3：1となるから，四角すいH - AEFBの体積は，$216 \times \dfrac{1}{3} = 72 (\mathrm{cm}^3)$

高さが等しい三角すいと四角すいの体積の比は底面の面積の比に等しく，直角三角形AEFの面積は長方形AEFBの面積の半分だから，三角すいH - AEFと四角すいH - AEFBの体積の比は1：2より，

入っている水の体積は，㊱$72 \times \dfrac{1}{2} = 36 (\mathrm{cm}^3)$

⑷ 水が入っている部分の直方体の表面の図形と，水が入っていない部分の直方体の表面の図形が合同であることに注目する。このとき，直方体はP，Q，R，Sを通る平面で2等分されるから，入っている水の体積は容器の容積の半分に等しく，㊲$216 \times \dfrac{1}{2} = 108 (\mathrm{cm}^3)$

理 科

平成 ③1 年度 解答例・解説

《解答例》

1 問1．ウ　　問2．ア，イ　　問3．ア，イ，ウ　　問4．3　　問5．2　　問6．1

2 問1．ウ　　問2．オ　　問3．イ　　問4．エ

3 問1．C．ア　D．イ　　問2．イ，ウ　　問3．7.2　　問4．4.0

4 問1．21.9　　問2．ア　　問3．イ　　問4．ウ，オ　　問5．ウ

5 問1．ア　　問2．イ，エ　　問3．イ，ウ　　問4．16　　問5．①ア　②カ　　問6．イ

6 問1．イ　　問2．(1)50　(2)2　　問3．ア，エ　　問4．ウ

7 問1．①ア　②ウ　③エ　④オ　　問2．エ　　問3．ア，イ，ウ　　問4．オ　　問5．②

8 問1．図1…エ　図2…ウ　　問2．図1…カ　図2…ア

《解　説》

1 **問1**　鏡にあてた光と鏡に対する垂線との間の角度が45度だから，反射した光と鏡に対する垂線との間の角度も45度になるように進む。よって，ウが正答である。

問2，3　鏡に映っている人は，鏡に対して線対称の位置にいるように見えるので，図Ⅰのように，ア〜エにいる人の像を「あ」〜「え」として作図し，A点と「あ」〜「え」をそれぞれ直線で結ぶ。このとき，直線が鏡の面を通ったものがA点から見える人の像になる。よって，A点からはア，イの人が見える。B点からも同様に直線を引けば，ア，イ，ウの人が見えることがわかる。

問4　図Ⅱのように，鏡①と鏡④で1回反射した像（○）が1つずつと，鏡②→鏡③の順に1回ずつ反射した像（●）が1つ見える。

問5　図Ⅲ参照。鏡③で1回反射した像（○）が1つと，鏡②→鏡③の順に1回ずつ反射した像（●）が1つ見える。

問5　図Ⅲ参照。鏡②を取り外すと，鏡③で1回反射した像（○）が1つだけ見える。

2 **問1**　図1で，左右の皿にのせたBの重さは同じだから，AはCよりも重い。

問2　図2で，左右の皿にのせたCの重さは同じだから，BはAよりも重い。よって，問1の結果を合わせると，重いものから順にB，A，Cとなる。

問3　てこは，支点の左右で棒をかたむけるはたらき〔おもりの重さ×支点からの距離〕が等しいとき，つり合う。このとき，支点の左右のおもりの重さの比と，支点から左右のおもりまでの距離の逆比が等しくなる。図3の状態でつり合うには，重さの比がC：（A＋B）＝1：2でなければならないが，問2より，AとBはどちらもCより重

いので，Cの重さを1としたとき，AとBの重さの合計は必ず2より大きくなり，棒を右にかたむけるはたらきの方が大きくなる。よって，イが正答である。

問4　問3と同様に考えると，図4の状態でつり合うには，重さの比がA：（B＋C）＝1：2でなければならない。問2の条件を満たし，重さの比がA：B：C＝2：3：1であればつり合うが，A：B：C＝3：4：1であれば左のうでが下がり，A：B：C＝2：4：1であれば右のうでが下がるので，エが正答である。

3 酸性の塩酸とアルカリ性の水酸化ナトリウム水溶液を混ぜると，たがいの性質を打ち消し合う中和という反応が起こり，塩化ナトリウム水溶液ができる。中和後に水を蒸発させると，塩酸が余っていたときは塩化ナトリウムしか残らないが，水酸化ナトリウム水溶液が余っていたときは塩化ナトリウムと水酸化ナトリウムが残る。

問1　グラフで折れ曲がった点が過不足なく中和した点だから，これより左では塩酸が余って酸性になり，右では水酸化ナトリウム水溶液が余ってアルカリ性になる。よって，Cはア，Dはイである。

問2　Eの水溶液には，中和でできた塩化ナトリウムと，中和できずに余った水酸化ナトリウムがとけている。なお，アの塩化水素は塩酸にとけている気体である。

問3　グラフの折れ曲がる点の左では水酸化ナトリウム水溶液が10㎤増えると残った固体が0.6g増え，右では水酸化ナトリウム水溶液が10㎤減ると残った固体が0.1g減る。これらをもとに折れ曲がる点の水酸化ナトリウム水溶液の体積と残った固体の重さを求めると，折れ曲がる点の左では水酸化ナトリウム水溶液が100㎤から20㎤増えて120㎤になると残った固体が6.0gから1.2g増えて7.2gになり，折れ曲がる点の右では水酸化ナトリウム水溶液が140㎤から20㎤減って120㎤になると残った固体が7.4gから0.2g減って7.2gになることがわかる。なお，このとき塩酸の体積は200－120＝80（㎤）である。

問4　問3解説より，塩酸と水酸化ナトリウ水溶液は，体積比80：120＝2：3で過不足なく反応することがわかる。Dでは，塩酸60㎤と水酸化ナトリウム水溶液$60 \times \frac{3}{2} = 90$（㎤）が中和して，水酸化ナトリウム水溶液が140－90＝50（㎤）余る。このとき中和によって塩化ナトリウムが$7.2 \times \frac{90}{120} = 5.4$（g）できるから，残った固体のうち7.4－5.4＝2.0（g）が水酸化ナトリウムである。つまり，この水酸化ナトリウム水溶液50㎤にとけている水酸化ナトリウムが2.0gということだから，100㎤には4.0gがとけている。

4 **問1**　146×0.15＝21.9（g）

問2　塩化水素とアルミニウムが反応して，塩化アルミニウムと水素が生じる。このとき，反応の前後で全体の重さは変化しないから，発生した水素7.5Lの重さは，5.4＋21.9－26.7＝0.6（g）である。よって，水素1Lの重さは0.6÷7.5＝0.08（g）である。

問3　ア，エ．気体は発生しない。ウ．酸素が発生する。オ．アンモニアが発生する。

問4　炭酸カルシウム（石灰石の主成分）と塩酸が反応して発生する気体Xは二酸化炭素である。よって，ウとオが正答である。なお，アとエは酸素，イは水素について述べたものである。

問5　発生した水素は5.0－1.25＝3.75（L）だから，反応したアルミニウムは，$5.4 \times \frac{3.75}{7.5} = 2.7$（g）である。よって，混合物7.7g中に含まれる炭酸カルシウムは，7.7－2.7＝5.0（g）である。

5 **問4**　葉状体が2枚のものを8つ入れたから，2×8＝16（枚）である。

問6　文章に「14日目には水そうの水面全部を覆った。」とあるので，イが正答である。

6 **問1**　メダカの心臓は心房と心室が1つずつあり，それらがつながっているので，どちらの部屋にも同じ性質の血液が流れている。よって，イが正答である。

問2(1)　心臓から1分間に送り出される血液は75×72＝5400（mL）→5.4Lだから，4.5Lの血液が全身をめぐり心臓にもどってくるまでの時間は$\frac{4.5}{5.4} = \frac{5}{6}$（分）→50秒である。　　(2)　100mLの血液から筋肉の細胞に渡される酸素量

は，安静時が 20−10＝10(mL)，運動時が 20−8＝12(mL)である。また，1分間の心臓の拍動は，安静時が 72 回，運動時が 120 回だから，$\frac{12}{10} \times \frac{120}{72} = 2$ (倍)が正答である。

問3　ペンギンは鳥類，コウモリとクジラは哺乳類，タツノオトシゴは魚類で，これらは背骨をもつセキツイ動物である。ミジンコは背骨をもたない無セキツイ動物で，エビやカニと同じなかまの甲殻類に分類される。

問4　メダカは，同じ位置にとどまるように泳いでいるから，しま模様が矢印の向きに動くとそれを目で追って，自分の位置が変わらないようにするために，しま模様が動く向きと同じ向きに泳ぐ。

7　**問4**　火力発電のエネルギー源である石炭，石油，天然ガスの割合を足すと 39＋4＋23＝66(％)になる。

問5　図1の 2015 年のグラフとエネルギー源の割合が一致するものを選べばよいから，②が正答である。

8　図1の岩石には，丸みをおびた直径2mmより大きい粒(れき)が含まれているから，れき岩である。図2の岩石は全体が白っぽく，ところどころに黒い粒が見えるから花こう岩である。花こう岩は，マグマが地下深くでゆっくり冷えて固まってできたため，同じくらいの大きさの結晶が組み合わさってできている。

━━━━━━━━━━━━━━━━━━━━━━ 《解答例》 ━━━━━━━━━━━━━━━━━━━━━━

1 問1．同じ　　問2．d　　問3．b　　問4．c

2 問1．90　　問2．110　　問3．80　　問4．115

3 問1．キ，エ，オ，ア　　問2．⑴B　⑵24　　問3．ア　　問4．イ

4 問1．①エ　②イ　　問2．①ウ　②オ　　問3．ウ　　問4．エ　　問5．750

5 問1．116　　問2．14　　問3．72　　問4．名称…ホウ酸　重さ…12　　問5．140　　問6．36

6 問1．A．重曹　　B．炭酸カルシウム　　C．水酸化カルシウム　　D．砂糖　　問2．イ，エ，カ

　　問3．炭酸ナトリウム

7 問1．イ　　問2．エ　　問3．エ　　問4．①エ　②ア　③ウ　④イ

8 問1．a　　問2．ウ　　問3．ア　　問4．イ　　問5．エ

━━━━━━━━━━━━━━━━━━━━━━ 《解　説》 ━━━━━━━━━━━━━━━━━━━━━━

1 **問1**　スイッチ１もスイッチ２
も閉じない場合，図Ⅰの回路と
同じである。これは，豆電球ｃ
と豆電球ｄが電池１個と直列に

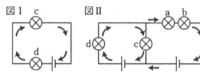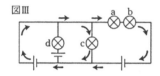

つながれている状態なので，豆電球ｃと豆電球ｄの明るさは同じになる。

問2，3　スイッチ１だけを閉じた場合，図Ⅱの回路と同じである。豆電球ａと豆電球ｂを流れてきた電流と，豆
電球ｃを流れてきた電流が合わさったものが豆電球ｄを流れるので，豆電球ｄの方が豆電球ｃよりも明るい。また，
豆電球ａと同じ明るさなのは，豆電球ａと直列につながれている豆電球ｂである。

問4　スイッチ１とスイッチ２を閉じた場合，図Ⅲの回路と同じである。豆電球ｄには，反対向きの電池がつなが
れているのと同じになるため電流が流れない。したがって，豆電球ｃの方が豆電球ｄよりも明るい。

2 棒の重さは棒の中心にかかると考える。上にある棒の重さがかかる点(重心という)が，下にある棒や机の右端にくるように置いていけばよい。また，全体の重心は，それぞれの棒の重心の水平距離を重さの比の逆の比で分ける点にある。図Ⅳ〜Ⅶでは，1本の棒Aの重さを①で表している。

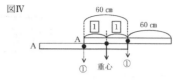

図Ⅳ

問1　図Ⅳ参照。棒の重さの比が1：1なので，全体の重心は下の棒Aの右端から左に $60×\dfrac{1}{1+1}=30$(cm)の位置にあり，この点が机の右端にくればよいので，はみ出る長さは $60+30=90$(cm)である。

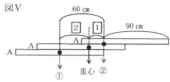

図Ⅴ

問2　上の2本の棒Aの重心の下に，一番下の棒Aの右端がくるようにすればよい。2つの重心の水平距離 60 cmを図Ⅴのように分ける点に全体の重心があるので，はみ出る長さは $90+60×\dfrac{1}{2+1}=110$(cm)である。

問3　棒Aと棒Bの重さの比は1：2なので，図Ⅵのように考えて，はみ出る長さは $60+60×\dfrac{1}{2+1}=80$(cm)である。

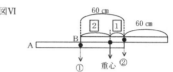

図Ⅵ

問4　上の棒Aと棒Bの重心は，問3と同様に考えて上の棒Aの右端から $60+60×\dfrac{2}{1+2}=100$(cm)で，ここに③の重さがかかっている。下の棒Aの重さは①なので，図Ⅶのように考えてはみ出る長さは $100+60×\dfrac{1}{3+1}=115$(cm)である。

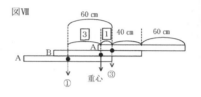

図Ⅶ

3 問1　口に入った食べ物は，食道→胃→小腸→大腸の順に移動し，その間に栄養分が消化・吸収されて肛門から排出される。

問2(1)　背骨側が後ろ，胸骨側が前なので，上から見た場合Bが右肺，Cが左肺である。　　　(2)　吸気と呼気の体積は同じと考えて，それを 100 とすると，呼気中の酸素の割合は吸気中の酸素の割合よりも $21-16=5$ 減っている。したがって，吸気中の酸素に対する割合は，$\dfrac{5}{21}×100=23.8\cdots→24$％である。

問3　心臓から血液を送り出す血管は動脈であり，動脈には弁がないのでXである。

問4　左心室が広くなることでためられた血液は，左心室がせまくなることで放出されるので，左心室の容積が 120mL から 40mL に変化している①が，血液を放出している時期であり，放出される血液は $120-40=80$(mL)である。

4 問1①　昆虫は，頭から2本(1対で)生えている触角によってにおいを感知する。　　　②　昆虫の目は，小さな目が多数集まってできていて複眼とよばれる。

問2①　ア〜カの中で，さなぎで冬を越すものはアゲハチョウだけである。　　　②　ア〜カの中で，成虫で冬を越すものはミツバチ，テントウムシ，ゲンゴロウであるが，ミツバチは巣の中で，ゲンゴロウは水辺の流木などのすき間で冬を越し，落ち葉の下などにかくれて冬を越すのはテントウムシである。

問3　地球温暖化によって，北極や南極の氷が少なくなり，北極や南極にすむ生物の分布地域はせまくなると考えられるのでウが誤りである。

問4　ラッコが乱獲されていなくなると，ウニの天敵がいなくなり，ウニが大繁殖する。その結果，ケルプが食べ尽くされ，そこを住みかとしていた多様な生物もいなくなる。したがって，エが正答である。

問5　ウニ1匹の食用部分の重さは8gで，1gあたりのエネルギー量は5kJ なので，ウニ1匹あたりのエネルギー量は $8×5=40$(kJ)である。ラッコはそのうちの 80％を取り入れるので，ウニ1匹からラッコが得るエネルギー量は $40×0.8=32$(kJ)である。ラッコ1頭が1日に必要とするエネルギー量は 24000kJ なので，ラッコ1頭で1日あたり $24000÷32=750$(匹)のウニが必要である。

5 問1　表より，30℃の水50mLに溶けるミョウバンの重さは8.0gなので，30℃の水100mLに溶けるミョウバンの重さは$8.0×\dfrac{100}{50}=16（g）$である。水100mLの重さは100gなので，水溶液の重さは$100+16=116（g）$である。

問2　60℃の水25mLに溶けていたミョウバンが結晶となって出てきたのだから，表より，$28×\dfrac{25}{50}=14（g）$である。

問3　表より，60℃の水50mLに28gのミョウバンが溶けるので，60℃の水溶液$50+28=78（g）$中に28gのミョウバンが溶けている。したがって，60℃の水溶液234g中には$28×\dfrac{234}{78}=84（g）$のミョウバンが溶けていて，水は$234-84=150（g）$である。10℃の水150mLに溶けるミョウバンの重さは$4.0×\dfrac{150}{50}=12（g）$なので，結晶として出てきたミョウバンは$84-12=72（g）$である。

問4　表より，10℃の水500mLに溶ける重さは，食塩が$18×\dfrac{500}{50}=180（g）$，ミョウバンが$4.0×\dfrac{500}{50}=40（g）$，ホウ酸が$1.8×\dfrac{500}{50}=18（g）$なので，30gより少ないホウ酸の結晶が，$30-18=12（g）$生じる。

問5　10℃の水100mLにミョウバンは$4.0×\dfrac{100}{50}=8（g）$までしか溶けないので，10gのうち8gが溶けて，水100mLに8gのミョウバンが溶けた水溶液ができる（固体のミョウバンが2g残るが，溶け残った固体は水溶液にはふくまれない）。また，30℃の水200mLにミョウバンは$8.0×\dfrac{200}{50}=32（g）$溶けるので，水200mLに20gのミョウバンが溶けた水溶液ができる。これらの水溶液を混ぜ合わせると，水は$100+200=300（mL）$，溶けているミョウバンは$8+20=28（g）$となる。60℃の水300mLにミョウバンは$28×\dfrac{300}{50}=168（g）$まで溶けるので，あと$168-28=140（g）$のミョウバンを溶かすことができる。

問6　$\left[濃度（％）=\dfrac{溶けているものの重さ（g）}{水溶液の重さ（g）}×100\right]$より，$\dfrac{168}{300+168}×100=35.8\cdots→36％$である。

6 問1　実験1より，この5種類の物質のうち，塩酸と反応して気体が発生するAまたはBは，炭酸カルシウムか重曹（炭酸水素ナトリウム）で，発生する気体Xは二酸化炭素である。また，実験2より，二酸化炭素と反応して白色の物質が生じたので，Cの水溶液は水酸化カルシウムの水溶液（石灰水）で，生じた白色の物質Bは炭酸カルシウムである。したがって，Aが重曹，Bが炭酸カルシウム，Cが水酸化カルシウムである。実験4より，砂糖は加熱するとこげる（黒くなる）ので，Dは砂糖である。残ったEは食塩である。

問3　炭酸水素ナトリウムを加熱すると，炭酸ナトリウムと水と二酸化炭素に分解される。

7 問1　台風の中心には，反時計回りに風が吹きこんでいるので，台風の東側では，南よりの風が吹き，南から進んでくる台風の進行方向の速さと風の速さが合わさって，台風の西側よりも強い風となる場合が多い。

問2　図の福岡市は，台風の中心に対して北→西→南になるので，風は東→北→西になる。

問3　台風は積乱雲が集まって発達しているものなのでエが誤りである。

問4①　はっきりした台風の目がみえているのでエである。　　②　東西に連なった雲が日本にかかっており，停滞前線（梅雨前線）と考えられるのでアである。　　③　九州に雲がかかっているところなのでウである。

④　九州より東に雲が過ぎていった後なのでイである。

8 問1　太陽が正面にあるaが正午である。なお，bが夕方6時，cが夜中の12時，dが朝6時である。

問2　地球からAの月を見ると，満月を過ぎて右が少し欠けた月になるのでウである。

問3　満月は夜中の12時には南の空に見える。

問4　地球は西から東に自転しているので，北半球でも南半球でも日の出は東，日の入りは西で変わらないが，赤道をはさんで南北が反対なので，北半球で南の空を通る太陽は，南半球では北の空を通る。

問5　エ．太陽の通り道は季節によって異なり，春分・秋分，夏至，冬至の太陽の通り道は図Ⅷのようになる（冬至の太陽がもっとも南よりの場所からのぼる）。これは，図Ⅸのように，地球の回転軸（地軸）が太陽に対してかたむいているためであり，このかたむき方が，夏至の満月を見るときと冬至の太陽を見るときで同じになるので，夏至の満月の通り道は，冬至の太陽と同じようになる。

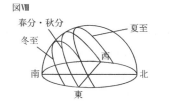

図Ⅷ

図Ⅸ

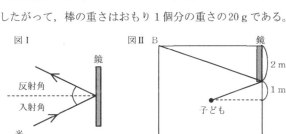

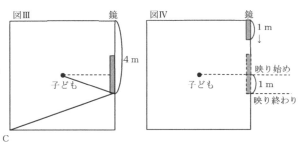

平成 29 年度 解答例・解説

《解答例》

1　問1．4　　問2．3　　問3．20

2　問1．2　　問2．4　　問3．4　　問4．12　　問5．10

3　問1．水素　　問2．ア，エ　　問3．1：10　　問4．70

　　問5．150

4　問1．(1)塩化水素　(2)ア　　問2．ウ　　問3．右グラフ

　　問4．33　　問5．2

5　問1．ウ　　問2．ウ　　問3．ア　　問4．ウ　　問5．エ　　問6．ウ

6　問1．ウ　　問2．オ　　問3．111

7　問1．ア　　問2．ウ，エ　　問3．子葉　　問4．ア，エ　　問5．①ウ　②エ

8　問1．(1)①オ　②ア　(2)12　(3)イ　　問2．ア　　問3．①エ　②ウ　③ア　④エ

右グラフ（白い固体の重さ・塩酸Xの体積）:
- 縦軸：白い固体の重さ〔g〕　0〜2.5
- 横軸：塩酸Xの体積〔mL〕　0〜50

《解　説》

1　問1　てこを左右に回転させるはたらきを〔ものの重さ×支点からの距離〕で表すことができ，この値が左右で等しくなるときにつり合う。棒の右端から 10 cmの位置(支点から右に 10 cmの位置)につるすおもりの個数を□個とすると，2×20＝□×10 より，□＝4 (個)となる。

　　問2　棒の右端から 10 cmの位置(支点から右に 10 cmの位置)につるすおもりの個数を□個とすると，

　　1×20＋1×10＝□×10 より，□＝3 (個)となる。

　　問3　棒の重さをおもり□個分とする。棒の重さは棒の中央(図3の支点から左に 10 cmの位置)にかかるので，

　　2×30＋□×10＝7×10 より，□＝1 (個分)となる。したがって，棒の重さはおもり1個分の重さの20 gである。

2　問1　鏡などに反射する光は右図Ⅰのように進み，このとき入射角と反射角は等しくなる。このことを使って，点Bからの光が鏡で反射して子どもに届くときの道筋を考えると右図Ⅱのようになる。したがって，鏡の横幅は少なくとも2 m必要である。

　　問2　図Ⅲのように光が進むと点Cが見えるので，鏡の右端の位置は点Aから4 mである。

　　問3　子どもから見て，自分の正面に鏡があるときに，自分の姿が鏡に映って見える(右図Ⅳ)。映り始めから映り終わりまでに1 m→100 cm進むので，100÷25＝4 (秒間)である。

問4 点Bが見え始めるときと点Cが見えなくなるときの鏡の位置はそれぞれ図Ⅴの通りである。この図から，鏡は3 m→300 cm進むことがわかるので，300÷25＝12（秒間）となる。

問5 図ⅥでBとCからの光が反射して子どもに届くとき，BとCからの光は東側のかべの半分をそれぞれ3：1に分ける点で反射するので，①にあたる部分の長さは

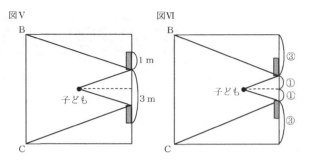

図Ⅴ　　　　　　　図Ⅵ

6÷（3＋1＋1＋3）＝0.75（m）である。したがって，0.75×2＋1＝2.5（m）→250 cmより，点Bが映ってから点Cが見えなくなるまでの時間は250÷25＝10（秒間）となる。

3　**問3** 水素と酸素が反応すると，できる物質は水だけであり，水素100mLが燃えるときに使われた酸素は900－850＝50（mL）である。また，プロパン100mLが燃えて残った気体700mLのうち，石灰水によって減った700－400＝300（mL）が発生した二酸化炭素の体積だから，残った400mLは酸素である。したがって，使われた酸素は900－400＝500（mL）であり，50：500＝1：10となる。

問4 二酸化炭素の発生量からプロパンの体積を求めることができる。プロパン100mLから発生する二酸化炭素は300mLだから，805－715＝90（mL）の二酸化炭素が発生するとき，プロパンの体積は$100×\frac{90}{300}＝30$（mL）となる。したがって，気体Xの体積は100－30＝70（mL）となる。

問5 プロパン30mLと反応する酸素は，$500×\frac{30}{100}＝150$（mL）となる。

4　**問2，4** 塩酸にアンモニア水を加えると，中和して白い固体（塩化アンモニウムという）と水ができる。表より，塩酸10mLが反応すると0.75gの白い固体ができることから，白い固体が2.5gできるとき，中和する塩酸は$10×\frac{2.5}{0.75}＝\frac{100}{3}＝33.3…→33$mLとなる。したがって，Dの水よう液では塩酸が余って酸性になるので，pHは7より小さくなる。

問3 それぞれの点をとり直線で結ぶ。白い固体の重さが2.5gになるまでは，白い固体の重さが一定の割合で増え続け，その後2.5gで一定になることに注意する。

問5 アンモニア水の濃さを1.5倍にしたので，完全に中和するには，塩酸Xは$\frac{100}{3}×1.5＝50$（mL）必要である。塩酸Yを25mL加えるとこのアンモニア水がすべて中和したので，塩酸Yの濃さは塩酸Xの2倍である。

5　**問6** 発電能力11万キロワットで発電すると，4×11＝44万（人）の電力をまかなえるので，150万人の電力をすべてまかなうためには，150÷44＝3.4…→4ヶ所の地熱発電所が必要である。

6　**問2** 1 km→1000mより，1 km²→1000×1000×1000＝1000000000 m³となる。

問3 海上で蒸発する水と降水する水の差は436.5－391＝45.5であり，蒸発する量の方が多いので，陸上では降水する量の方が45.5多いはずである。したがって，Aにあてはまる数字は65.5＋45.5＝111となる。

7　**問4** ダイズが発芽すると，最初に2枚の子葉が出てから本葉が出てくる。本葉は成長して大きくなると，子葉よりも大きくなる。

問5 ①条件1と条件4では，空気の条件が異なり，空気があると発芽しているので，ダイズの種子の発芽には空気が必要だとわかる。②条件1と条件8では，温度の条件が異なり，温度が20℃だと発芽しているので，ダイズの種子の発芽には適度な温度が必要だとわかる。

8　**問1⑵** てこでは〔力の大きさ×支点からの距離〕が左右で等しくなるときにつり合う。筋肉をあらわすばねにかかる力を□kgとすると，支点から鉄アレイまでの距離は5＋20＋5＝30（cm）だから，□×5＝2×30より，□＝12（kg）となる。　　⑶　筋肉は関節をまたいでついている。eとfについている筋肉が縮むとき，aとdについている筋肉がゆる

んでうでが曲がり，ａとｄについている筋肉が縮むとき，ｅとｆについている筋肉がゆるんでうでが伸びる。

問2　心臓は1分間で 70×70＝4900(mL)→4.9Lの血液を全身へ送るので，4Lすべての血液が心臓から送り出されるのにかかる時間は1分未満である。

平成 28 年度　解答例・解説

《解答例》

1　問1．(a)黄　(b)青　問2．エ　問3．0.8　問4．緑　問5．1.17　問6．1.133

2　問1．50　問2．気体Bの体積…70　水の重さ…22.5　問3．C．エ，キ　D．イ，カ

3　問1．400　問2．1億5200　問3．ウ　問4．月食…エ　日食…イ　問5．エ

4　問1．ア　問2．ウ　問3．ウ　問4．ク

5　問1．イ　問2．図1…ア　図2…ウ　問3．(1)0.4　(2)5.6　(3)0.8　問4．47.4

6　問1．ウ　問2．エ→ア→ウ→イ　問3．エ　問4．①エ　②ウ　③エ　問5．イ，ウ

7　問1．14.06　問2．1.4　問3．B　問4．カ　問5．b　問6．イ

8　問1．20.8　問2．C　問3．50　問4．10　問5．ウ　問6．22

《解説》

1　問1．酸性の塩酸にアルカリ性の水酸化ナトリウム水溶液を加えるとたがいの性質を打ち消し合う反応(中和)が起こり，塩化ナトリウム(食塩)と水ができる。ＢＴＢ液は酸性で黄色，アルカリ性で青色，中性で緑色になるので，④で水酸化ナトリウム水溶液Ｃを 40 ㎤加えたときに緑色(中性)になったことから，それよりも水酸化ナトリウム水溶液Ｃの体積が少ないときは酸性(黄色)，多いときはアルカリ性(青色)になる。

問2．水酸化ナトリウム水溶液には固体の水酸化ナトリウムが溶けているので，水を蒸発させると固体が残る。⑤では水酸化ナトリウム水溶液Ｃが余ってアルカリ性になっているので，水を蒸発させると中和してできた塩化ナトリウムと水酸化ナトリウムの固体が残る。なお，塩酸には気体の塩化水素が溶けている。

問3．表2の④から⑤で 0.548－0.468＝0.08(g)の固体が増えたので，水酸化ナトリウム水溶液Ｃ10mL に溶けている固体の重さが 0.08gだとわかり，水酸化ナトリウム水溶液Ｃ100mL では 0.08×$\frac{100}{10}$＝0.8(g)の固体が残る。

問4．塩酸Ｂ50mL と水酸化ナトリウム水溶液Ｃ40mL がちょうど中和したので，塩酸Ａ100mL に溶けている塩化水素と塩酸Ｂ100×$\frac{500}{400}$＝125(mL)に溶けている塩化水素の量が同じであることから，ちょうど中和するのに必要な水酸化ナトリウム水溶液Ｃは 40×$\frac{125}{50}$＝100(mL)となる。したがって，ちょうど中和して中性(緑色)になる。

問5．ちょうど中和するときの固体の重さは，中和した水酸化ナトリウム水溶液Ｃの体積に比例する。水酸化ナトリウム水溶液Ｃ40mL のときのビーカー内に残った固体の重さが 0.468gだから，水酸化ナトリウム水溶液Ｃ100mL では，0.468×$\frac{100}{40}$＝1.17(g)の固体が残る。

問6．塩酸Ａ50mL は塩酸Ｂ50×$\frac{500}{400}$＝62.5(mL)として計算する。塩酸Ｂ50＋62.5＝112.5(mL)は 112.5×$\frac{40}{50}$＝90(mL)の水酸化ナトリウム水溶液Ｃと中和するので，水酸化ナトリウム水溶液Ｃ100mL を加えると 100－90＝10(mL)残る。したがって，ビーカー内に残った固体の重さは 0.468×$\frac{90}{40}$＋0.08＝1.053＋0.08＝1.133(g)となる。

2　問1．生じた水の重さが 11.25gで一定になっていることに着目し，気体Ａ15Lと過不足なく反応する気体Bの体積を求める。気体Ｂ2Lが反応すると3gの水が生じるから，11.25gの水が生じるとき2×$\frac{11.25}{3}$＝7.5(L)の気

体Bが反応する。したがって，100Lの気体Aと過不足なく反応する気体Bは $7.5 \times \dfrac{100}{15} = 50(L)$ となる。

問2．残った気体に気体B10Lを加えて点火したときに変化がなかったので，残った気体は気体Bだとわかる。

気体Aと気体Bは気体A：気体B＝15：7.5＝2：1の体積比で反応するので，反応した 100－55＝45(L) のうち，$45 \times \dfrac{1}{2+1} = 15(L)$ は気体Bであり，含まれていた気体Bの体積は 15＋55＝70(L) となる。また，気体B7.5Lが反応すると 11.25gの水が生じるので，気体B15Lが反応すると $11.25 \times \dfrac{15}{7.5} = 22.5(g)$ の水が生じる。

問3．気体Cは二酸化炭素，気体Dはアンモニアである。

3 問1．$100 \div \dfrac{1}{4} = 400(倍)$

問2．月と太陽の半径の比と地球からの距離の比がほぼ等しくなるため，月と太陽は地球から見てほぼ同じ大きさに見える。したがって，地球から太陽までの距離を□kmとすると，1：400＝38万：□より，□＝15200万(km)→1億5200万kmとなる。

問3．27日は 27×24＝648(時間) だから1時間で移動する距離は 240万÷648＝3703…(km) で，ウが正答となる。

問4．月食は満月(エ)，日食は新月(イ)のときに起こることがある。

問5．太陽が地球によってかくされて欠けて見えると考えられる。太陽，地球，月の順にならぶエが正答となる。

4 問2．風向きが東から南に変わったので台風は大濠中の西から北へ動いたことがわかり，ウが正答となる。

5 問1．水面の中央部分が 55.0mL のイが正答となる。

問3．(1)右表より，葉の表からの蒸散量はB－C＝1.5－1.1＝0.4(mL)となる。　(2)A－C＝6.7－1.1＝5.6(mL)となる。　(3)Dの放出量の0.8mLである。

	水が減少した部分			放出量(mL)
A	葉の裏	茎	水面	6.7
B	葉の表	茎	水面	1.5
C		茎	水面	1.1
D			水面	0.8

問4．この実験で使ったアジサイは4枚の葉がついていたので，1枚の葉の裏からの蒸散量は問3の(2)で求めた量の $\dfrac{1}{4}$ 倍になる。葉を1枚だけ取り除いたので，実験後の体積が $5.6 \times \dfrac{1}{4} = 1.4(mL)$ 増えて，46.0＋1.4＝47.4(mL) となる。

6 問3．図2より，水温15℃でのふ化率は約40％とわかるので，30×0.4＝12より，エが正答となる。

問4．①図1より水温が高いほどふ化日数が短いことがわかる。②図2より約23℃でのふ化率が最も高いことがわかる。③30℃だとふか日数は短いがふ化率が低いので，次にふ化日数が短くふ化率も高い 25℃が最適である。

7 問1．(14.08＋14.03＋14.10＋14.07＋14.02)÷5＝14.06(秒)

問2．14.06÷10＝1.406→1.4秒

問3．ふりこの長さが長いほど1往復する時間は長くなるので，Bが正答となる。

問4．おもりの最高点と最下点の高さの差が最も大きいものを選べばよいので，カが正答となる。

問5．メトロノームを逆さ向きのふりこと考えると，ふりこの長さが短いほど，1往復する時間が短くなるので，bが正答となる。

問6．ブランコをふりこと考えると，ブランコに座った状態から立ち上がることは，おもりがついている位置が高くなってふりこが短くなることを意味する。したがって，1往復する時間は短くなり，スピードが上がる。

8 問1．水の温度は一定の割合で上昇していく。実験2では1分に0.4℃ずつ水温が上昇していくので，20.4＋0.4＝20.8(℃) が正答となる。

問2．電熱線が太いほど電流が流れやすく，水温が上昇しやすいので，水温が最も上昇しているCが正答となる。

問3．Aは100gの水を1分間に0.2℃上昇させるので，10℃上昇させるために，電流を 10÷0.2＝50(分間) 流す。

問4．Cは100gの水を1分間に0.8℃上昇させるので，80gの水を10℃上昇させるために，電流を $10÷0.8×\dfrac{80}{100}=10$（分間）流す。

問5．3つの電熱線が並列につながれているので，図1のように1つずつ電源装置につないだときと同様に考えることができる。したがって，Cを入れた容器の水温が一番上がる。

問6．Aは100gの水を1分間に0.2℃上昇させるので，10分間では $0.2×10=2$（℃）上昇させ，$20+2=22$（℃）になる。

平成㉗年度 解答例・解説

《解答例》

1. 問1．イ，エ，オ，キ　問2．ア，エ，オ　問3．7　問4．60　問5．35　問6．100
2. 問1．(1)ア，ウ，エ，キ　(2)ア，キ　問2．(1)ア　(2)ウ　(3)エ，オ
3. 問1．3番目…カ　5番目…オ　問2．C　問3．2.8　問4．2.7　問5．400
4. 問1．1.4　問2．1.5　問3．7.5　問4．29　問5．1.4
5. 問1．エ　問2．オ　問3．ウ，イ，ア　問4．ア　問5．ウ，イ，ア
6. 問1．イ　問2．50　問3．④　問4．③
7. 問1．エ　問2．イ　問3．ア　問4．エ　問5．ア
8. 問1．ウ　問2．エ　問3．ア　問4．カ　問5．①，③　問6．④，⑤

《解　説》

1. A．問1．分銅は重いものからのせる。指針が左右に均等にふれていればつりあっている。指でつまむと重さが変化する原因になるので，必ずピンセットを使う。測定を始める前に皿を置いて調節する。　問2．左右の重さが同じだとつり合う。イ．鉄と木は同じ体積での重さが異なる。同じ体積であれば鉄の方が重い。ウ．同じ材質で体積が異なるので，重さも異なる。　問3．重い分銅から順に考えると，$68.3=50+10+5+2+1+0.2+0.1$であるので，7個使う。　B．問4．中央下のモビールに注目すると，$20×A=40×30$より，Aは60gとなる。　問5．左のモビールに注目すると，$x×120=20×30+40×(60+30)$より，xは35 ㎝となる。　問6．中央上のモビールに注目すると，左側のおもりは，$120+30+60+30=240$（g）　$60×240=40×(260+B)$より，Bは100gとなる。

2. 問1．金属であれば電気を通す性質があるが，磁石で引きつけられるものは，鉄，ニッケル，コバルトなどである。　問2．(1)(2)回路図より（右表）が読み取れる。電流の強さとの関係を調べたいときは，電池の個数だけが異なるペア（AとB）を，コイルの巻き数との関係を調べたいときは，コイルの巻き数だけが異なるペア（AとC）を選べばよい。　(3)エナメルをはが

	コイル	電池
A	100回	1個
B	100回	2個
C	200回	1個

さないと電気が通らない。電磁石では電流の向きによって極をかえられる。芯の材質や導線の太さによっても電磁石の強さは変わる。鉄心を入れないコイルでもモーターは作ることができる。スピーカーは，電磁石のはたらきによりコイルが振動し音が出る仕組みである。

3 　5種類の固体の性質をまとめたのが下表である。　　問1．ガスバーナーの火のつけ方は，エ→キ→カ→ア→
オ→イ→ク→ウの順である。　　問2．5つの中で塩酸にとけないものは銅のみである。　　問3．実験1の結果
より，食塩は 10－9＝1（g）である。実験2の結果より，銅は 1.5g である。実験4と実験5の結果より，石
灰石は 448÷224×1＝2（g）あるとわかる。これらをふまえて，実験3の結果を見ると，とけ残った 6.3g は
鉄，銅（1.5g），石灰石（2g）であるので，鉄は 6.3－(1.5＋2)＝2.8（g）となる。　　問4．10－(6.3＋1)＝
2.7（g）　　問5．実験2で発生した気体 4928mL は，アルミニウム（実験3より 3360mL），鉄，石灰石（実験4よ
り 448mL）によるものである。鉄1gから発生する気体は，(4928－3360－448)÷2.8＝400（mL）となる。

	アルミニウム	鉄	銅	食塩	石灰石
蒸留水	とけない	とけない	とけない	とける	とけない
塩酸	とける 水素発生	とける 水素発生	とけない	とける	とける 二酸化炭素発生
水酸化ナトリウム水溶液	とける 水素発生	とけない	とけない	とける	とけない
加熱	気体は発生しない	気体は発生しない	気体は発生しない	気体は発生しない	二酸化炭素発生

4 　問1．二酸化炭素 0.7L の重さは，0.7×2＝1.4（g）となる。　　問2．二酸化炭素 0.95L の重さは，2×0.95
＝1.9（g）である。実験3ではアルコールB 1g と酸素から二酸化炭素 1.9g と水 1.2g ができたので，酸素の重
さは 1.9＋1.2－1＝2.1（g），2.1g の酸素の体積は，2.1÷1.4＝1.5（L）となる。　　問3．空気中にふくまれ
る酸素は 20%とあるので，1.5÷0.2＝7.5（L）の空気が必要である。　　問4．ここまでにわかった事もふくめて，
実験結果をまとめると右表のようになる。30L の空
気にふくまれる酸素は 6L，窒素は 24L。アルコー
ルA 2.8g と反応する酸素は，1.5×2.8÷1.4＝3
（L）となり，酸素が十分あることがわかる。二酸化
炭素は 3×0.7＝2.1（L）できる。よって，残る気体

	A	酸素	→	二酸化炭素	水
重さ	1g	1.5g		1.4g	1.1g
体積		1L		0.7L	
	B	酸素	→	二酸化炭素	水
重さ	1g	2.1g		1.9g	1.2g
体積		1.5L		0.95L	

は 30－3＋2.1＝29.1→29L になる。　　問5．仮に2gすべてがアルコールAであったと仮定して考える。こ
のとき水は 1.1×2＝2.2（g）できるので，実際にできた 2.34g との差は 2.34－2.2＝0.14（g）である。アルコ
ールA 1g をアルコールB 1g にかえると水が 1.2－1.1＝0.1（g）ふえるので，アルコールBは 0.14÷0.1＝
1.4（g）ふくまれている。

5 　図1は冬至の図である。　　問1．太陽光の反対側が夜である。　　問2．自転しても太陽光が当たらない地域
は一日中夜である。　　問3．南極に近いほど，昼の長さが長い。　　問4．太陽の高度は地面に対して太陽光が
あたる角度で表したものである。　　問5．南中高度は北半球の場合は〔90度－(緯度＋23.4度)〕，南半球の場
合は〔90度－(緯度－23.4度)〕で計算することができる。地点ア：90－(33＋23.4)＝33.6（度），
地点イ：90－(1＋23.4)＝65.6（度），地点ウ：90－(34－23.4)＝79.4（度）となる。

6 　問1．深さ 10m から 30m において，地層に含まれる粒が上にくるほど粗くなっているので，どんどん河口
に近づいたと考えられる。よって海水面は下降した。　　問2．東西方向の地層は水平で，南北方向の地層は一
定の角度で傾いているということから，地層の断面を考える。A，Bを見比べると，一番上の地層以外は同じ
深さずつあり，BはAに対して地表からの深さが5m低いことがわかる。したがって，石灰岩はB地点では深
さ 50m のところであらわれる。　　問3．D地点の深さ 20m の地層はAの深さ 30m の地層と同じである。
問4．Cの深さ 20m の地層はAの深さ 10m の地層と同じである。

7 　A．問1．アジサイは葉が向かい合ってつく（対生）。　　問2．タンポポは多年生である。　　問3．タンポポ
は風を利用して，カキ，クリは実が動物に食べられて種が運ばれる。

B．問４．２，４は翌朝アルミホイルを外しているので，葉全体で光合成を行い，でんぷんが残っている。一方１，３は翌朝もアルミホイルで包んだままなので，包まれた部分では光合成が行われていない。　問５．ア以外にも，翌朝にアルミホイルで包むと，日の出から包むまでの間に太陽光にあたってしまい，光合成が起こることも理由として考えられる。

8　A．問１．セミは木の幹や枝の皮に穴をあけて卵を産みつける。卵からかえった幼虫は地面におりて土の中に入り数年間地中生活を送る。　問２．アはカマキリ，イはハエ，ウはバッタである。　B．２つの実験を比べてある条件について調べたいときは，調べたい条件のみを変え，他の条件は同じにしておく必要がある。問５．眼に関する実験は実験③であり，両眼以外の条件が同じ実験は実験①である。　問６．触角に関する実験は実験⑤であり，触角以外の条件が同じ実験は実験④である。

平成 26 年度　解答例・解説

《解答例》

1　問１．イ　問２．消化管　問３．⑴番号…４　名称…小腸　⑵ア，カ　問４．記号…ア　名称…赤血球
　　問５．エ，オ

2　問１．ア，ウ，エ　問２．ウ→ア→イ→エ　問３．11　問４．38

3　問１．ア，ウ　問２．エ　問３．ウ　問４．エ　問５．ウ　問６．イ

4　問１．90　問２．60　問３．40　問４．70

5　問１．ウ　問２．ア　問３．ア　問４．エ　問５．カ

6　問１．A　問２．D　問３．エ　問４．図１…オ　図２…ア

7　問１．150　問２．ア．1512　イ．1680　問３．エ　問４．ウ，カ　問５．ウ　問６．2.3
　　問７．3920

8　問１．24　問２．6.4　問３．27

《解　説》

1　問１．試験管２と試験管５では，条件が２つ異なるため対照実験になっておらず，だ液のはたらきについて結果を比較することはできない。なお，だ液にはデンプンを分解するはたらきがあり，ヒトの体温くらいでよくはたらき，高温や低温でははたらかない。

問３．⑴養分はおもに，４の小腸で吸収される。⑵Aは２の肝臓，Bは４の小腸，Cは１の肺，Dは３のじん臓についての説明である。

問５．右図参照。

＜全身へ（酸素が多い）／肺へ（二酸化炭素が多い）／左心房／肺から（酸素が多い）／全身から（二酸化炭素が多い）／右心房／左心室／右心室／全身から（二酸化炭素が多い）＞

2　問３．0.5gで 149＋136＋151＋154＝590個 の卵があるので，97gでは 590個×$\frac{97g}{0.5g}$＝114460→11万個となる。

問４．体長が60cmから40cmになる（20cm小さくなる）と，産卵数が80万個へることから，産卵数が20万個から11万個になる（9万個へる）と，体長は 20cm×$\frac{9万個}{80万個}$＝2.25cm 小さくなると考えて，40cm−2.25cm＝37.75→38cm を正答とした。

3　問１．ソケットのない豆電球は側面と底に回路がつながると明かりがつく。　問２．エの回路では豆電球がつながった導線に電流が流れていかず，電池や導線が発熱し，危険である。　問３．発光ダイオードの方が明かりがつくのに必要な電気の量が少ないので，明かりがついている時間は発光ダイオードの方が長くなる。　問４．発光ダイオードは，決まった方向に電気が流れたときだけ明かりがつく。　問５．コンデンサーに電気が十分にたくわえられると

豆電球に電流が流れなくなる。　　問6．手回し発電機のハンドルを回している間はコンデンサーに電気をたくわえると同時に豆電球の明かりもついている。ハンドルを回すのを止めてもしばらくの間はコンデンサーにたくわえられた電気によって豆電球の明かりはついたままである。

4　問1．棒の重さがかかる点を重心といい，図1で糸をつるしたところが重心だとわかる。したがって，左右のおもりの支点からの距離と重さの積が等しくなればてんびんは水平につり合う。棒の右はしにつるすおもりを□gとすると，30 cm×60 g＝20 cm×□g より，□＝90 g となる。

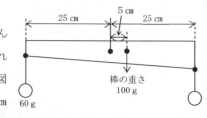

問2．左右のおもりで支点からの距離が等しいので，重さも等しければてんびんは水平につり合う。　　問3．棒の重心は支点から右に5 cmの位置にあり，これをふくめて支点の左右で支点からの距離と重さの積が等しくなればよい(右図参照)。棒の右はしにつるすおもりの重さを□gとすると，25 cm×60 g＝5 cm×100 g（棒の重さ）＋25 cm×□g より，□＝40 g となる。　　問4．上下に動くかっ車におもりをつるすと，それにつるしたおもりとかっ車の重さは左右の糸に等しく分かれてかかる。問3で，糸が棒を引く力が 40 gのときにつり合うことから，おもりとかっ車の重さの合計は 40 g×2＝80 g とわかるので，おもりの重さは 80 g－10 g（かっ車の重さ）＝70 g となる。

5　問2，3．満月は午後6時ごろに東の地平線からのぼり，その後南の空高くに(図1のアの方向に)上がっていく。　　問4，5．図3のア，ウ，オ，カ，キの月のよび方を覚えておこう(右図参照)。図2は，三日月であり，満月から満月までを約30 日とすると，満月から新月までが約 15 日であり，新月から三日月までは3日だから約 18 日だとわかる。

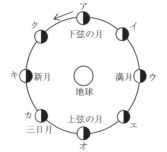

6　問1，2，4．図1のような等圧線の並び方から，冬型の気圧配置(西高東低)になっていると考えられ，日本海側の広い範囲で雪になることが多い。したがって，図1は12月の天気図で，Aが高気圧である。また，図2は4月の天気図であり，春は低気圧と高気圧が交互に日本を通過していくので，前線をともなうCが低気圧，Dが高気圧である。このとき，低気圧の影響で西日本では大荒れの天気となり，この後，低気圧が東へ移動するとともに関東でも雨が降り出すと考えられる。

問3．右図で温暖前線と寒冷前線の下側には暖気，上側には寒気があり，寒冷前線が通過すると，暖気から寒気の中に入るため，気温は下がる。また，低気圧の中心に向かって風がふき込んでいるので，寒冷前線通過前は南よりの風，通過後は北よりの風になる。

7　問1．表1から，A液 50 cm³がすべて反応すると1120 cm³の気体Xが発生することがわかる。このとき必要なスチールウールは 1.0 g×$\frac{1120 cm³}{400 cm³}$＝2.8 g であるので，8.4 gのスチールウールを溶かすには 50 cm³×$\frac{8.4 g}{2.8 g}$＝150 cm³ のA液が必要である。　　問2．(ア)504 cm³×$\frac{45 cm³}{15 cm³}$＝1512 cm³　(イ)504 cm³×$\frac{60 cm³}{15 cm³}$＝2016 cm³ となるが，⑤と⑥の結果から，アルミニウム 1.35 gからは1680 cm³までしか気体Xは発生しないので，1680 が正答となる。

問3．A液とB液を混ぜ合わせるとたがいの性質を打ち消し合う反応(中和)が起こり，食塩と水ができる。A液とB液がちょうど反応すると中性の水溶液(食塩水)ができるので，BTB液を加えたときの色が緑色になる。表4から，A液：B液＝20 cm³：40 cm³＝1：2 のときにちょうど中性になることがわかるので，この割合よりもA液が多ければ黄色(酸性)，B液が多ければ青色(アルカリ性)となる。　　問4，5．A液やB液に金属を加えたときに発生する気体は水素である。スチールウールはA液には溶け，B液には溶けないが，亜鉛やアルミニウムはA液にもB液にも溶ける。　　問6．A液 50 cm³とB液 200 cm³では，問3解説より，A液 50 cm³とB液 100 cm³が反応して，B液 100 cm³が残る。表3から，15 cm³×$\frac{1680 cm³}{504 cm³}$＝50 cm³ のB液とアルミニウム 1.35 gがちょうど反応することがわかるので，100 cm³のB液では 1.35 g×$\frac{100 cm³}{50 cm³}$＝2.7 g のアルミニウムを溶かすことができる。B液はスチールウールを溶かさないので，溶けずに残る混合物の重さは (4.0 g－2.7 g)＋1.0 g＝2.3 g となる。

問7．A液 200 ㎤ と B液 40 ㎤ では，A液が 180 ㎤ 残る。表2から，1.35 g のアルミニウムを溶かすのに必要な A液が 75 ㎤ だとわかる。また，問1解説で 2.8 g のスチールウールを溶かすのに必要な A液が 50 ㎤ であることから，5.6 g のスチールウールを溶かすには 100 ㎤ 必要だとわかる。以上から，残った A液 180 ㎤ で混合物をすべて溶かすことができるとわかり，1.35 g のアルミニウムからは 1680 ㎤，5.6 g のスチールウールからは

$1120 \text{ ㎤} \times \dfrac{5.6 \text{ g}}{2.8 \text{ g}} = 2240 \text{ ㎤}$ の気体Xが発生するので，1680 ㎤ ＋ 2240 ㎤ ＝ 3920 ㎤ が正答となる。

⑧　問1．水に溶ける最大量は水の重さに比例するので，$4.8 \text{ g} \times \dfrac{500 \text{ g}}{100 \text{ g}} = 24 \text{ g}$ が正答となる。　問2．30℃の水 500 g

には $6.8 \text{ g} \times \dfrac{500 \text{ g}}{100 \text{ g}} = 34 \text{ g}$ まで溶ける。〔水溶液の濃さ(%) ＝ $\dfrac{\text{溶けている物質の重さ(g)}}{\text{水溶液全体の重さ(g)}} \times 100$〕で求めることができる

ので，$\dfrac{34 \text{ g}}{500 \text{ g} + 34 \text{ g}} \times 100 = 6.36 \cdots \to 6.4\%$ が正答となる。　問3．40℃の水 100 g に最大量溶かすと，

100 g ＋ 8.8 g ＝ 108.8 g の水溶液ができる。これを 10℃ まで冷やすと 8.8 g － 3.4 g ＝ 5.4 g の結晶が生じるので，

$5.4 \text{ g} \times \dfrac{544 \text{ g}}{108.8 \text{ g}} = 27 \text{ g}$ が正答となる。

平成 ㉕ 年度 解答例・解説

=== 《解答例》 ===

1　問1．カ　問2．イ　問3．A　問4．イ　問5．ウ

2　問1．ウ　問2．3.2　問3．75　問4．5.8　問5．ウ

3　問1．(1)ネコ…ア　ウマ…ウ　(2)オ　(3)ウ　問2．エ　問3．(1)20　(2)イ，オ

4　問1．ア，オ　問2．エ　問3．ア　問4．(1)子房　(2)イ　問5．イ，エ

5　問1．エ　問2．ア　問3．ウ　問4．ア　問5．イ　問6．イ

6　問1．S　問2．ウ，エ，ク　問3．ウ　問4．イ，エ，オ，キ　問5．カ，ク

7　問1．(1)イ　(2)エ　(3)ア　(4)ウ　問2．水酸化ナトリウム水よう液　問3．食塩水

8　問1．ア，エ　問2．X．0.88　Y．1.01　Z．1.01　問3．2.3　問4．エ

=== 《解　説》 ===

1　問2．上流は流れが速く，川底をしん食するはたらきが強いため，深い谷をつくる。三角州は河口付近で，扇状地は川が山から平地に出るところでできやすい。三日月湖は，中流や下流のだ行した川で大洪水などが起こると，勢いのついた水が曲がった部分を通らずに進み，やがて曲がった部分が取り残されることでできる。　問3〜5．曲がった部分ではカーブの外側(A)ほど流れが速いため，川底をしん食するはたらきが強く，深くなっている。また，小さな石は速い流れで流されてしまうため，大きな石が多く見られる。なお，まっすぐな部分では，川の中央ほど流れが速い。

2　問1．表より，温度が 5℃ ずつ上がっているのに対し，飽和水蒸気量の変化は，同じ 5℃ での変化で比べたときに，温度が高くなるほど大きくなっている。　問2．12.8(g) － 9.6(g) ＝ 3.2(g)　問3．湿度の求め方の式より，

$\dfrac{9.6(\text{g})}{12.8(\text{g})} \times 100 = 75(\%)$ が正答となる。　問4．気温 30℃(飽和水蒸気量 30.4 g)で湿度 50% の空気には，水蒸気が

$30.4(\text{g}) \times \dfrac{50(\%)}{100} = 15.2(\text{g})$ ふくまれている。気温 10℃ では 9.4 g までしか水蒸気をふくむことができないので，

15.2(g) － 9.4(g) ＝ 5.8(g) の水蒸気が水滴となる。　問5．空気中にふくまれる水蒸気量は変わらないため，気温が低くなり，飽和水蒸気量が少なくなると，水蒸気のふくまれる割合は大きくなるので，湿度は高くなる。

3　問1．(2)①はツル，②は水かきがあるのでカモ，③はキツツキ，④はタカの足である。鳥の足のゆびはふつう前に3本，後ろに1本だが，キツツキは前に2本，後ろに2本になっている(木に垂直に止まりやすいように)。

問2．寒冷の地域のウサギは，耳の毛細血管から熱が逃げるのをおさえるため，体に対して耳が小さい。

問3．⑴〔80（mL）÷1000〕（L）×〔120（回）－70（回）〕×5（分）＝20（L）　⑵メダカ（魚類）はえらで呼吸をし，バッタ（こん虫）は気門という小さな穴から空気を出し入れしている。

④　問1．キュウリは実，ニンジンは根，ジャガイモは地下の茎を主に食用としている。　　問3．水に赤インクを混ぜたので水の通り道である道管が赤くなる。　　問4．⑵イチゴで主に食用となる赤い部分は果床（かたく）という。表面についているつぶつぶは，子房につつまれた種子である。　　問5．子葉が2枚の植物を双子葉類といい，その中で花びらが離れているものを離弁花類，根元でくっついて1枚になっているものを合弁花類という。双子葉類の根は，主根と側根からなり，葉脈は網目状になっている。オクラは双子葉類の離弁花類である。

⑤　問1．ふりこの周期は，おもりの重さやふれはばには関係なく，ふりこの長さによって決まる。

問2・3．問1の解説にあるように，ふりこの周期はふれはばには関係ない。ふりこの長さが同じなら，ふれはばを大きくすると移動する距離が長くなるので，周期を同じにするために，支点の真下を通るときの速さを速くする必要がある。また，ふりこの速さは支点の真下に近いほど速くなるので，問3で，一定時間ごとに写真をとると，支点の真下に近いほどおもりの間かくが広くなる。　　問4．糸がO点でくぎに当たり，ふれる糸の長さが短くなるので，周期は短くなる。　　問5．A点からB点までに加速していく割合と，B点からA点までに減速していく割合は同じになる（どちらも問3のウの左半分の動きかたになる）ので，B点を通過するときの速さは等しくなる。

⑥　問1．コイルを流れる電流がつくる磁界の向きは右図のようにして考える。

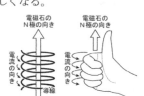

問2．コイルの巻く向きはすべて同じであるため電流の向きがアと逆になるものを選べばよい。　　問3．電磁石の強さは，コイルの巻き数と電流の大きさに比例する。したがって，50回巻きで直列につながれた電池の数が1つであるウが正答となる。

問4．問3の解説より，コイルの巻き数か直列につながれた電池の数のどちらかがアの2倍になっているものを選べばよい。イ，エは電池の数のみが2倍，オはコイルの巻き数のみが2倍になっている。また，キは電池が3個つながっているが，そのうちの1個が逆向きになっているため，1個の電池をつないでいる状態と同じである。したがって，アと比べて巻き数のみが2倍になっているのでキも正答となる。　　問5．問4と同様に考えて，カとクは，アと比べて巻き数も電池の数も2倍になっているため，2（倍）×2（倍）＝4（倍）　となる。クで，並列でつながれた2個の電池の電流を流すはたらきの大きさは，1個の電池と同じになる。

⑦　塩酸は気体の塩化水素が水にとけており，酸性を示す。石灰水は，固体の水酸化カルシウムが水にとけており，アルカリ性を示す。食塩水は，固体の食塩が水にとけており，中性を示す。アンモニア水は，気体のアンモニアが水にとけており，アルカリ性を示す。水酸化ナトリウム水よう液は，固体の水酸化ナトリウムが水にとけており，アルカリ性を示す。AとDは強いにおいがしたことから，塩酸かアンモニア水かのどちらかであり，それ以外でアルミニウムをとかす水よう液Cは水酸化ナトリウム水よう液である。⑴で塩酸とアンモニア水の結果がことなるような操作をしなければならないので，イかウのどちらかだが，ウだと結果を3：2に分けることができない（酸性が1つしかない）ので，⑴はイが正答となる。ここで，Aはアンモニア水だとわかるので，⑵はエ，⑶はアが正答となる。また，Dは塩酸なので，Eは食塩水である。

⑧　問1．イは酸素，ウは二酸化炭素，オでは気体は発生せず，カは硫黄酸化物やちっ素酸化物などである。

問2．塩酸とスチールウールが十分にあると，発生する気体の体積や残った固体の重さは塩酸の体積やスチールウールの重さに比例する。したがって，Xではスチールウールと残った固体の重さが比例の関係にあるので，発生した気体の体積は　0.44（L）×$\frac{2}{1}$＝0.88（L）　となるが，YとZは比例の関係にないため，塩酸100㎤がすべて反応してしまい，気体が十分に発生していないことがわかる。Eの結果より，塩酸100㎤からは1.01Lまでしか気体は発生しない。

問3．スチールウールが1gとけると0.44Lの気体が発生することから，1.01Lの気体が発生するには
$1（g）\times\dfrac{1.01（L）}{0.44（L）}=2.29\cdots\fallingdotseq2.3（g）$ が正答となる。　　問4．問3より，塩酸100cm³で約2.3gのスチールウールが
とけるので，スチールウール7gをとかすには $100（cm³）\times\dfrac{7（g）}{2.3（g）}=304.3\cdots（cm³）$ 必要となる。したがって，最も近
いエが正答となる。

社 会

平成 31 年度 解答例・解説

=== 《解答例》 ===

1 問1．ニ　問2．イ　問3．X．尖閣　Y．小笠原　問4．イ　問5．(排他的)経済水域　問6．イ
　問7．⑴ニ　⑵ロ

2 問1．ハ　問2．ロ　問3．ホ　問4．ニ　問5．⑴神奈川　⑵静岡　問6．ハ　問7．ヘ
　問8．都心の人口が減り，郊外の人口が増えるドーナツ化現象が起きている。

3 問1．卑弥呼　問2．ハ　問3．イ　問4．ニ　問5．ハ
　問6．臨済宗では，座禅を組み自分の力で悟りを開くことを教えとしていた。

4 問1．ハ　問2．イ　問3．ロ　問4．ニ　問5．ニ
　問6．朝廷の命令を無視して，日米修好通商条約を結んだこと。

5 問1．岩倉具視　問2．生産した生糸，絹織物を横浜に運んで，港から輸出するため。　問3．ハ
　問4．イ　問5．ニ

6 問1．世界人権宣言　問2．ハ　問3．労働者の権利が保障された社会ではなかったから。　問4．ロ
　問5．幸福　問6．イ　問7．ニ

=== 《解　説》 ===

1 　問1　ニが誤り。北回帰線と南回帰線は，南北の 23.26 度の緯線に沿った線だから，赤道直下のケニアは通らない。
　問2　イが正しい。日本は，およそ北緯 20〜46 度，東経 122〜153 度の範囲にある。
　問3　X．尖閣諸島は，中国との間で領土問題が発生している。
Y．小笠原諸島(東京都)は，大陸から遠く離れているために独自の
進化を遂げた生物が存在することで，世界自然遺産に登録され，
「東洋のガラパゴス」とよばれている。

　問4　イが正しい。①には日本海溝，②には南西諸島海溝がある。
　問6　イが誤り。日本近海で流氷が見られるのは，北海道東岸の
オホーツク海沿岸だけである。
　問7⑴　ニが適当である。北大東村は，中央部が沿岸部より低く
くぼんだ地形であることが等高線からわかる。また，図3の○印
側の部分に2つのコブの間に平坦な地形があることから，内側のコブが天狗岩，平坦な地形が空港滑走路と判断する。　⑵　ロが誤り。地図記号を見ると，「江崎港」から島の南西部にかけての海岸はがけになっている。

2 　問1　ハが正しい。日本の国土の $\frac{3}{4}$ が山地だから 75%がふさわしい。日本ではスギ，ヒノキ，マツなどの針葉樹が植林され，人工林を形成する。日本の天然林は広葉樹林が多い。
　問2　ロが正しい。銚子港が日本一の水揚げ量をほこる。注意することは，水揚げ量は日本一だが漁獲高は日本一ではないことで，魚種がいわし類・さば類などの大衆魚が多いため，漁獲高では焼津港の方が多くなる。

問3　ホが正しい。すいか＝熊本県，桃＝山梨県，りんご＝青森県の各1位は必ず覚えておきたい。

問4　ニが正しい。1980年代から急激に伸びている「え」は電気・電子，逆に1990年以降急激に落ち込んでいる「お」は，東南アジアに生産の拠点が移った繊維・衣服と判断すればニが導き出される。

問5(1)　「県の東部に位置する県庁所在地」は横浜市，「その北に位置する都市」は川崎市だから，神奈川県である。神奈川県にはNISSANの組み立て工場があり，沿岸部には多くの石油化学コンビナートが存在する。

(2)　「西部に位置する県内で人口最大の都市」は浜松市だから，静岡県である。浜松市や周辺都市にはHONDA・YAMAHA・SUZUKIなどの自動車・オートバイメーカーがあり，KAWAI・YAMAHAなどの楽器メーカーもある。

問6　福井県鯖江市は「眼鏡フレーム」が特産品だからハが誤り。洋食器は新潟県燕市や三条市の特産品である。

問7　ヘが正しい。高度経済成長期には多くの地方で大幅な人口減少が起きたからAは「人口大幅減少」である。2000年〜2010年の人口増減の図を見ると，福岡県だけがCで，隣接県や岡山県・広島県がBになっていることから，Bが「人口減少」Cが「人口増加」と判断する。

問8　都心が減少傾向にあり，都心から同心円状に増加地域が存在することから「ドーナツ化現象」を導き出す。

③　問1　「邪馬台国」の女王卑弥呼は，魏に朝貢し，『親魏倭王』の称号と100枚あまりの銅鏡を贈られたことが，『魏志倭人伝』に記されている。

問2　「邪馬台国」がさかえたのは弥生時代だから，ハの銅鐸が正しい。埴輪は古墳時代，土偶は縄文時代，須恵器は古墳時代〜平安時代に使われた。

問3　イが誤り。はじめて戸籍を作成したのは，持統天皇ではなく天智天皇である。持統天皇は天武天皇の皇后であった。図1は，天武天皇が建てた薬師寺五重塔である。

問4　史料2は，聖武天皇が出した『国分寺建立の詔』だから，ニを選ぶ。

問5　ハが誤り。延暦寺は，足利義教，細川政元，織田信長らによって焼打ちにあったことはあるが，源平の戦いで延暦寺は消失していない。源平の戦いでは，奈良の東大寺・興福寺などが焼失した(南都焼討)。

問6　平安時代に広まった浄土の教えは，念仏を唱えることで阿弥陀仏に救ってもらうという「他力本願」なものであったが，自分の力で悟りを開くという禅宗の教えは，武士の気風に合っていたと考えられる。

④　問1　ハの北条義時が正しい。承久の乱は，源氏の将軍が三代で途絶えたことを契機に，後鳥羽上皇が政権の返上を訴えて，義時追討の院旨を与えたことから始まった。北条泰時は承久の変のときは総大将として活躍し，その後三代執権となって御成敗式目を制定した。北条時宗は元寇の時の執権，北条時政は初代執権である。

問2　イが誤り。足利尊氏は北朝の天皇から征夷大将軍に任命された。南朝は，足利尊氏と対立した後醍醐天皇が奈良の吉野にたてた朝廷である。

問3　ロが正しい。豊臣秀吉は，1585年3月に内大臣に就任し，その後7月に関白に就任したが，内大臣には織田信長が先になっているため，条件にあわない。

問4　ニが誤り。幕府の学問所(昌平坂学問所)で朱子学以外の儒学を学ぶことを禁じたのは，松平定信である。

問5　ニが正しい。本居宣長は，『古事記伝』を著し，仏教や儒教が伝わる前の，日本古来の日本人の考え方を学ぼうとする国学を大成させた。国学は，その後の尊王攘夷運動に影響を与えた。

問6　「1958年に著した」「アメリカとの条約」から日米修好通商条約と判断して，「天皇陛下の命令に反している」から，解答例のようにつなげる。

⑤　問1　岩倉使節団は，条約改正の予備交渉を第一の目的としたが，成果は得られず，欧米の進んだ文化・制度・教育などの視察に切り替えて続けられた。

問2　高崎市が富岡市に隣接していること，富岡製糸場は1872年に操業を始めていることなどから，生糸・絹織

物の輸出と結びつける。

問3　ハが正しい。西南戦争は 1877 年に起きた。

問4　イが正しい。与謝野晶子は出征した弟を案じた「君死にたまふことなかれ」を発表し，歌人の立場から日露戦争を批判した。彼女以外に日露戦争に反対した人物として，社会主義者の幸徳秋水とキリスト教徒の内村鑑三を覚えておきたい。米騒動は第一次世界大戦の終わりごろに起きたからロは誤り。日露戦争の講和会議は，アメリカの仲介でアメリカのポーツマスで開かれたからハは誤り。韓国併合は日露戦争(1904 年)より後の 1910 年に行われたからニは誤り。

問5　ニが誤り。日中戦争は 1937 年，五・一五事件は 1932 年に起きている。

⑥　問1　1948 年に採択された世界人権宣言には法的拘束力がなかったので，1966 年に法的拘束力をもった国際人権規約が採択されたことも覚えておきたい。

問2　ハが正しい。中江兆民は「日本のルソー」と呼ばれ，ルソーの『社会契約論』を『民約訳解』に翻訳した。

問3　「人手不足なうえに，機械化によって，熟練した技術を必要としなくなったから」などでもよい。

問4　ロの国連難民高等弁務官事務所が正しい。イは国際通貨基金，ハは世界貿易機関，ニは国連貿易開発会議。

問5　日本国憲法第 13 条を幸福追求権という。

問6　イが社会権である。ロは自由権(経済活動の自由)，ハは平等権，ニは自由権(精神の自由)。

問7　ニが正しい。公害対策基本法(1967 年)→環境基本法(1993 年)→循環型社会形成推進基本法(2000 年)

── 《解答例》 ──

1 問1．A．関東　B．紀伊　C．淡路　D．名古屋　　問2．ニ　　問3．河川がまわりより高い天井川になっている。　　問4．ヘ　問5．ハ

2 問1．ニ　　問2．ハ　　問3．ホ　　問4．減反　　問5．経営規模の小さな日本の農家は，1人当たりの収穫量が少なく，1ha当たりの肥料消費量が多いから。　　問6．イ　　問7．イ　　問8．ロ

3 問1．ハ　　問2．ニ　　問3．白村江の戦い　　問4．ロ　　問5．平将門の乱を鎮圧するために武士の力を必要としたから。　　問6．ロ

4 問1．生活に苦しむ農民たちが，借金の帳消しを幕府に認めさせるため。　　問2．応仁の乱　　問3．ロ
問4．ニ　　問5．イ

5 問1．ニ　　問2．ニ　　問3．ハ　　問4．日本とアメリカの間で太平洋戦争が始まったから。
問5．八幡製鉄所

6 問1．ロ　　問2．普通選挙　　問3．(1)ハ　(2)イ　(3)与党　　問4．死票が多くなる点。　　問5．公職選挙法

── 《解　説》 ──

1 問1 A　七地方区分別の人口は，関東＞近畿＞中部＞九州＞中国・四国＞東北＞北海道の順に多い。
C　北海道・本州・四国・九州を除くと，日本の島は，沖縄島(九州地方)＞佐渡島(中部地方)＞奄美大島(九州地方)＞対馬島(九州地方)＞淡路島(近畿地方)の順に大きい。　　D　日本の三大都市は，東京・大阪・名古屋である。
問2　日本海に面するEは，冬の降水量が多くなる日本海側の気候の(3)，瀬戸内海に面するFは，比較的温暖で1年を通して降水量が少ない瀬戸内の気候の(1)，太平洋に面するGは，夏の降水量が多くなる太平洋側の気候の(2)だから，ニを選ぶ。
問3　図2では等高線がほとんど見えないことから高低差がわからないが，図3では天井川になっていることがはっきりわかる。天井川は，大雨が降るたびに土砂が流出し氾濫するため，堤防が築かれ，より高くなっていく。
問4　Iの地域に官公署(○)，郵便局(〒)，裁判所(△)，博物館(血)などの役所や公共施設が集まっていることが読み取れる。Jの地域に学校(文・⊗)，寺院(卍)が多く集まっていることが読み取れる。
問5　近畿地方の内陸県は奈良県と滋賀県だから，「…」該当数なしのある項目Yが海面漁獲量と判断する。そうすれば，項目Xは肉用牛飼育頭数，K県が奈良県，L県が和歌山県と決まる。

2 問1　(1)は稲，(2)は麦，(3)はばれいしょ(じゃがいも)，(4)はとうもろこしの写真である。
問2　ステンレス鋼は，鉄・クロム・ニッケルの合金である。大分県や山口県には，秋吉台のようなカルスト地形が広がっているので，多量の石灰石が採掘される。
問3　米の収穫量の上位2県の新潟県・北海道はしっかりと覚えておきたい。大根は春の七草としてスズシロとも呼ばれる。大根は全国で生産されるが青森県が3位にランキングされることは覚えておきたい。

問4　減反政策とは田の作付面積を減らすことをいう。日本では長らく，田の面積を減らし，畑の面積を増やす転作が奨励されてきたが，農家の自立を目指すことを目的に，2018年に減反政策を終了することになった。

問6　わが国の石油・天然ガスの開発は，北海道・秋田県・新潟県などの日本海側で行われている。

問7　イが正しい。日本の最西端は与那国島だから，ロは誤り。北方領土はソ連が解体した後も解決していないから，ハは誤り。わが国固有の領土である竹島の領有権を主張しているのは，中国ではなく韓国だから，ニは誤り。

問8　ソーラーパネルは，屋上や壁面に取り付けるからアは太陽光発電である。陸地や海上の風の強い地域で風車を回すのが風力発電だからイは風力発電である。地熱発電は，地下のマグマを利用して蒸気の力で発電するから，ウは地熱発電である。

3 問1　弥生時代を代表する遺跡として，佐賀県の吉野ケ里遺跡と静岡県の登呂遺跡は覚えておきたい。

問2　ニが正しい。祭りの道具である銅鏡や玉は，弥生時代に使われたからアは誤り。ワカタケル大王の名が刻まれた鉄剣や鉄刀は，九州の江田船山古墳や関東の稲荷山古墳から出土していて，大和朝廷の支配は，九州から東北までと言われているから，ロは誤り。大和朝廷は百済と結んで，高句麗と争ったから，ハは誤り。

問3　白村江の戦いに敗れた中大兄皇子が，唐や新羅の攻撃に備えて北九州の警備のための防人を配置し，水城や大野城のような山城を築いた。

問4　郡司は地方の豪族が任じられたからロは誤り。中央から送られたのは国司である。

問5　935年に関東で起きた平将門の乱と，939年に瀬戸内海で起きた藤原純友の乱を，鎮圧するために武士の力が必要だったことから，武士の地位が確立されていった。

問6　国ごとに置かれ軍事・警察の仕事をしたのが守護，荘園や公領ごとに置かれ警察や年貢の取り立てを担当したのが地頭である。これらは，源義経を捕らえることを口実に朝廷に認めさせたものである。

4 問1　史料1は正長の土一揆の資料である。鎌倉時代の永仁の徳政令以降，売却した土地をもとの持ち主に無償で返却することや，借金の帳消しをすることを徳政といった。

問2　応仁の乱は京都を主戦場として11年間続いた。被害から逃れるために地方に移り住んだ僧や公家らによって，京都の華やかな文化が地方に伝わるといった影響があった。

問3　史料2は加賀の一向一揆の旗である。守護が追い出され，約100年間にわたって自治が行われた。はじめ本願寺と和睦した上杉謙信によって能登が平定されるが謙信が亡くなってしまう。その後，織田信長配下の柴田勝家・佐久間信盛らが一向一揆の本拠を攻め，加賀一向一揆はしずめられた。

問4　ニが正しい。島原・天草一揆は1637年に起こったから，イは誤り。大塩の乱は1837年に起こったから，ロは誤り。1821年から1840年の間に起きたききんは天保のききんだから，ハは誤り。天明のききんは1782年に起きている。

問5　井伊直弼が水戸藩の浪士らによって暗殺された事件を「桜田門外の変」という。

5 問1　ニが正しい。江華島事件は日朝修好条規を締結するきっかけとなったから，イは誤り。日英同盟は，ロシアの南下政策をけんせいするために結ばれたから，ロは誤り。日露和親条約は，択捉島と得撫島の間に国境線を置くことを確認した条約だから，ハは誤り。ロシアの樺太領有と日本の千島領有を決定したのは，樺太千島交換条約である。

問2　先生のことばに，「この地域は最も初期から積極的に日本人移民を受け入れました」とあることから，ハワイと判断する。また，「沖縄でさかんに栽培されている」作物であることからサトウキビを導く。

問3　ハが正しい。1929年にアメリカで始まった世界恐慌の影響を受けて，日本の生糸の輸出は大打撃を受けた。足尾銅山鉱毒事件は19世紀末に反対運動が開始されたから，イは誤り。米騒動は1918年に起きたから，ロは誤り。大逆事件は1910年に起きたから，ニは誤り。

問4　撮影年が1942年であることに注目する。太平洋戦争は，1941年の12月8日から始まった。

問5　日清戦争の講和条約である下関条約で獲得した賠償金の一部を利用して，中国からの鉄鉱石の輸入と筑豊炭田からの石炭輸送に便利な北九州の地に官営八幡製鉄所が建設された。

6　問1　ロが正しい。ワシントンは初代大統領，ジェファソンは第3代大統領である。ウィルソンは，第一次世界大戦中の第28代大統領である。

問2　公正に選挙を行うためのルールとして，一人一票とする平等選挙の原則，誰が誰に投票したかを明らかにする必要がない秘密選挙の原則，一定の年齢に達したすべての国民に選挙権が与えられる普通選挙の原則，有権者が候補者に対して直接投票する直接選挙の原則がある。

問3(1)　臨時国会は，内閣が認めた場合といずれかの議院の総議員の4分の1以上の要求があった場合に召集しなければならないと規定されているが，召集する期限を定めていない部分に問題を残している。　(3)　政権を担当する政党を与党，それ以外の政党を野党という。2018年2月現在の与党は，自由民主党と公明党の連立与党である。

問4　当選したA氏の得票数よりも，落選したB氏とC氏の得票数の合計の方が多いことに注目する。落選した候補者に投じられた票を死票という。

平成 ㉙ 年度　解答例・解説

━━━━━━━━━━━━━━《解答例》━━━━━━━━━━━━━━

1　問1．A．神奈川　B．長野　問2．ヘ　問3．ロ　問4．イ　問5．ハ　問6．(1)イ (2)ロ

2　問1．(1)ロ (2)イ (3)干潮時の水位が低すぎるという問題。　問2．ハ　問3．イ　問4．ハ
　問5．貿易摩擦　問6．ニ

3　問1．ロ　問2．大王　問3．ニ　問4．この歌集は古今和歌集であり，かな文字が用いられている点に特色がある。　問5．ハ　問6．イ

4　問1．ニ　問2．ハ　問3．キリスト教の禁止を徹底し，幕府が貿易による利益を独占するため。
　問4．ロ　問5．ニ

5　問1．イ　問2．ヘ　問3．海外に勢力を拡大するよりも，<u>国内の改革</u>を優先すべきだと主張した。(下線部は<u>国力の充実</u>でも可)　問4．ロ　問5．イ

6　問1．イ　問2．ハ　問3．(1)公共の福祉 (2)ニ (3)法律などが合憲か違憲かを最終的に決定するから。
　問4．イ　問5．ハ

━━━━━━━━━━━━━━《解　説》━━━━━━━━━━━━━━

1　問1B　長野市は，善光寺の門前町として発達した都市である。長野市のほか，伊勢市(伊勢神宮の門前町)や日光市(日光東照宮の門前町)などが門前町の代表例である。

問2　3市のうち，最も内陸に位置している旭川市は，気温の年較差(最も暖かい月と最も寒い月の気温差)が大きいから，(2)にあてはまる。釧路市は千島海流の影響で夏に海霧が発生し気温が上がらないから(1)に，札幌市は日本海側に位置しているため冬の降水量が多くなるから(3)にあてはまる。よって，ヘが正答となる。

問3　「あ」について，大阪府の金額が奈良県よりも小さいので，製造品出荷額ではないと判断する。「い」について，奈良県＞京都府＞大阪府の順に割合が高いので，都市部ほど割合が低くなるものがあてはまると判断する。

問4　奄美大島は鹿児島県に属する島であり，琉球諸島には属さない。

問5　イは山形県，ロは岐阜県，ニは富山県の形である。

問6(1)　「高尾山口駅」はJR線以外の駅の単線である。下図参照。

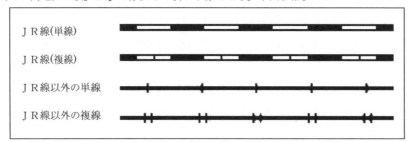

(2)　縮尺2万5000分の1の地形図なので，実際の距離は，5×25000＝125000(cm)＝1250(m)である。また，「高尾山駅」の標高は約485m，高尾山山頂の標高は約599mなので，二地点間の標高差は599－485＝114(m)である。よって，よって平均勾配は114÷1250＝0.0912より，この値に最も近いロが正答となる。

2　問1(1)　紀伊山地は「紀伊山地の霊場と参詣道」として世界文化遺産に登録されているので，ロが正答となる。

(3)　問題文の「船が利用できるように…水位を保つ必要がある」を言い換えると，「水門をつくらなければ，船が利用できる水位を保つことができない」となる。あとは水位に影響を及ぼすもの「潮の満ち引き」を連想し，解答例のようにまとめる。

問2　まず，瀬戸内地方に製鉄所がないBは最も古く1950年と判断できる。かつて日本の企業は全国各地に製鉄所を建設し，大量の粗鋼を生産していた。しかし，21世紀に入り，中国での粗鋼生産量が著しく増加したこと・韓国でつくられた鉄鋼の輸出量が増加したことを受け，世界的に鉄鋼は供給過多の状態になった。そのため，日本の製鉄所を運営する企業は，国際的な価格競争力の維持をはかるため，老朽化の進んだ高炉を廃止して生産拠点を集約化したり，海外に生産拠点を設け，国外の製鉄所を廃止したりしている。したがって，3つの地図のなかで製鉄所の数が最も多いAが1972年とわかるので，ハが正答となる。

問3　日本では主な旅客機(航空機)の組み立てを行っていないので，イは誤り。

問5　貿易摩擦の例として，日本の自動車があげられる。1980年代当時，日本車はアメリカ産の車よりも安く，性能が良かったため，アメリカでつくられていた自動車が売れなくなるという事態に陥った。アメリカは日本からの自動車の輸出を減らすよう要求したため，日本の企業は国内の生産拠点をアメリカに移し，貿易摩擦の解消につとめた。

問6　東南アジアや中国に工場が移っているのは，東南アジアや中国の方が日本よりも賃金が安く，製造にかかるコストを安く抑えられるためである。そのため，日本人の労働者が東南アジアなどへ働きに出ても得られる賃金は少ないので，国外の工場に出稼ぎに行く日本人の労働者はわずかである。よって，ニは誤り。

3　問1　貝塚から鋤や鍬などは見つかっていないので，イは誤り。三内丸山遺跡は縄文時代の遺跡なので，ハは誤り。朝鮮半島からかまどが伝わったのは古墳時代のことなので，ニは誤り。

問2　古墳時代，大和(現在の奈良県)や河内(現在の大阪府)の豪族は強い勢力をほこっていた。やがて彼らは大和政権(大和王権)を中心にまとまるようになり，大和政権の中心となった者は，大王(後の天皇)と呼ばれるようになった。

問3　ニは11世紀後半のできごとである。

問4　唐風の文化を踏まえた，日本の風土や日本人の感情に合った独自の文化を国風文化という。かな文字のうち，ひらがなは漢字を崩してつくられ，カタカナは漢字の一部を用いてつくられた。かな文字の発明によって，日本人の感情をきめ細やかに表すことができるようになり，さまざまな文学作品が生まれた。紫式部の『源氏物語』，清少納言の『枕草子』，紀貫之の『土佐日記』などは，国風文化を代表する文学作品である。

問5　博多湾に石塁が築かれたのは1度目の元軍の襲来(文永の役)の後なので，イは誤り。法華経の題目を唱えることで国も人々も救われると説いたのは日蓮なので，ロは誤り。ニは延暦寺ではなく東大寺ならば正しい。

④ 問1　倭寇を取り締まったのは織田信長ではなく豊臣秀吉なので，ニは誤り。

問2　イは17世紀末，ロは15世紀ごろ，ニは15世紀のできごとである。

問3　幕府は貿易による利益だけでなく，出島に入港する船に「オランダ風説書」を提出させ，海外の情報も独占していた。

問4　史料4は1825年に出された異国船打払令である。異国船打払令が撤回されたのはアヘン戦争で列強の軍事力を知った1842年のことで，日米和親条約(1854年)が結ばれたときではない。

問5　イは前野良沢ではなく伊能忠敬，ロは高野長英ではなく杉田玄白または前野良沢，ハは渡辺崋山ではなく平賀源内ならば正しい。

⑤ 問1　伊藤博文は君主権の強いプロイセン(ドイツ)の憲法を学んで帰国した後，1885年，内閣制度を創設し，自ら初代内閣総理大臣に就任した。

問2　aは1889年，bは1883年，cは1878年のできごとである。

問3　征韓論とは，武力によって朝鮮を開国させようとする強硬論のこと。明治政府は朝鮮と国交を結ぼうとしたがうまくいかず，朝鮮に西郷隆盛を派遣することを決定した。しかし，欧米に派遣されていた岩倉使節団の大久保利通らが帰国すると，彼らは国内の充実を図る方が先だと主張して征韓論を退けた。これにより，征韓論を主張していた板垣・西郷らは政府を去った。

問4　岩倉使節団に最年少で参加したのは津田梅子で，帰国後，女子英学塾(のちの津田塾大学)を創設した。

問5　ロは『走れメロス』や『人間失格』など，ハは『浮雲』など，ニは『蟹工船』などで知られる。

⑥ 問2　衆議院議員の被選挙権は満25歳以上，参議院議員の被選挙権は満30歳以上なので，ハは誤り。

問3(1)　公共の福祉のため，個人の利益より社会全体の利益が優先される場合がある。　(2)　ニは直接請求権なので，誤り。　(3)　すべての裁判所がもつ，国会や内閣が制定した法律，命令，規則などが憲法に適合しているかどうかを審査する権限を，違憲審査権という。この権限は，すべての裁判所が持つ権限であり，特に最高裁判所は最終的な判断を下すことから，「憲法の番人」と呼ばれている。

問5　憲法改正にあたっては，まず国会で各議院の総議員の3分の2以上の賛成を得た後に，国会が国民の審議を求めて憲法改正の発議を行う。そして，国民投票で有効投票の過半数の賛成を得られた場合，天皇がただちに国民の名で改正された憲法を公布する。

--- 《解答例》 ---

1　問1．イ　　問2．ロ　　問3．ニ　　問4．ロ　　問5．ヘ　　問6．ハ

　問7．高齢者に対する社会保障費が増え，若い世代の税負担が重くなる

2　問1．A．択捉　B．佐渡　　問2．C．鹿児島　D．兵庫　　問3．イ　　問4．(1)(ハ)　(2)ロ

　問5．1年を通して降水量が少なく，日照時間が長い。

3　問1．ハ　　問2．聖武　　問3．ハ　　問4．イ　　問5．ニ　　問6．念仏を唱えれば，極楽へ行ける

4　問1．御成敗式目〔別解〕貞永式目　　問2．イ　　問3．ハ　　問4．ロ

　問5．札差に旗本の借金の放棄や軽減をさせた。

5　問1．マッカーサー　　問2．地租　　問3．ポーツマス条約で賠償金がとれなかった点。

　問4．ニ　　問5．ロ

6　問1．1．行政　2．復興　3．条約　　問2．権力が濫用され人権が侵害される　　問3．イ

　問4．ニ　　問5．ロ

--- 《解　説》 ---

1　問1．B…12806(万人)÷37.8(万km²)＝338.7…(人／km²)となる。

　問2．仙台の人口は約105万人(2014年現在)である。「あ」は旭川，「う」は気仙沼，「え」は仙台である。

　問3．日本より人口が多い9か国は，中国・インド・アメリカ・インドネシア・ブラジル・パキスタン・ナイジェリア・バングラデシュ・ロシアである。　　ニ．オーストラリアの人口は約2330万人である(2013年現在)。

　問4．ロ．2度にわたる石油危機は，1970年代(1973年・1979年)に起こったものである。1966年は丙午の年にあたり，この年に生まれた女の子は縁起が悪いという迷信から，ほかの年に比べて大きく出生数が減少した。

　問5．大都市圏から遠く離れた秋田市では少子高齢化が進行しているから，逆ピラミッド型の(3)である。沖縄市のある沖縄県は日本で最も自然増加率が高い都道府県だから，つりがね型の(1)である。福岡市は，秋田市ほど少子高齢化は進んでいないものの，沖縄市ほど子どもの割合は高くないから，つぼ型の(2)である。よって，ヘが正答。

　問6．ハ．ブラジルの人々は，大都市にはほとんど居住しておらず，静岡県や愛知県など製造業がさかんな地域に多く居住している。

　問7．高齢化の進行により，医療費や年金給付費などの社会保障費が増加する。少子化の進行により，社会保障費の財源を確保するため，若い世代の税負担は重くなる。これらの内容を，指定字数に合うようにまとめる。

2　問1．A…「ロシアによって占拠されている」より，北方領土の1つであり，日本の最北端に位置する択捉島とわかる。　　B…「日本有数の…金山」は佐渡金山のこと。佐渡島は新潟県に属している。

問2．Cは屋久島，Dは淡路島である。Dの淡路島は，明石海峡大橋によって兵庫県神戸市と結ばれており，大鳴門橋によって徳島県鳴門市と結ばれている(右表参照)。

本州四国連絡橋	開通年	結ばれている都市
瀬戸大橋	1988年	岡山県倉敷市－香川県坂出市
明石海峡大橋・大鳴門橋	明石海峡大橋…1998年 大鳴門橋…1985年	明石海峡大橋…兵庫県神戸市－淡路島 大鳴門橋…淡路島－徳島県鳴門市
しまなみ海道	1999年	広島県尾道市－愛媛県今治市

問3．Eは沖縄島(沖縄県)，Fは小豆島(香川県)である。イの佐渡島では稲作がさかんであり，傾斜地には階段状の水田(棚田)がみられる。イグサは，熊本県の八代平野での栽培がさかんであり，熊本県の生産量が全国98%を占める(2013年)。

問4．(1)右図参照。(ハ)学校の東にあるのは果樹園(♂)ではなく広葉樹林(♀)である。そのほか，ポイントとなる地図記号は次のとおり。市役所…◎　官公署…¦　消防署…Y　神社…Ⅱ　城跡…凸

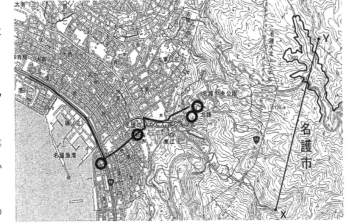

(2)右図中，太線で示したのは標高190mの等高線である。この等高線を見ると，Yに近い地点で標高190mの地点が2回出てくることがわかるから，ロが正答と判断できる。このように難解な断面図を読み解く問題は，1つの等高線に着目すると，正答を導きやすい。

問5．瀬戸内地方は，夏の南東から吹く季節風が四国山地の南側に雨を降らせ，冬の北西から吹く季節風が中国山地の北側に雪を降らせるため，1年を通して乾いた風が吹き，降水量が少なく，日照時間が長い。

3　問1．4世紀から5世紀は，日本において古墳時代にあたる。　イ．鉄器がはじめて伝来したのは，稲作の伝来とほぼ同時期の縄文時代晩期である。　ロ．弥生時代　ニ．飛鳥時代(6世紀のできごと)

問3．ハ．『古今和歌集』ではなく『万葉集』ならば正しい。『古今和歌集』は平安時代に編纂された。

問4．イ．第一回遣唐使の派遣は630年のできごとで，舒明天皇のときである。

問5．図Cは，鎌倉時代につくられた東大寺南大門である。イは平安時代に藤原頼通によってつくられた阿弥陀堂，ロは室町時代に足利義政によってつくられた寺院，ハは平安時代に清少納言によって書かれた随筆，ニは鴨長明によって鎌倉時代にかかれた随筆である。

問6．法然は，「南無阿弥陀仏」と唱えれば，だれでも極楽浄土へ行けるとする浄土宗を開いた。浄土宗は，その教えのわかりやすさから民衆に支持され，広く信仰された。

4　問1．御成敗式目は，武家社会における慣習や裁判の先例などに基づいて，御家人に対して裁判の基準を示すために，3代執権北条泰時によって1232年に定められた法である。朝廷の出した命令や律令とは別個のものとして定められ，長らく武家社会の法の手本とされた。

問2．イ．米と麦の二毛作は，現在の近畿地方から全国に広まっていった。

問3．イ・ロ・ニは，戦国時代～安土桃山時代における戦国大名の政策や法令にあたる。

問4．ロ．石高による検地は，江戸幕府以前に豊臣秀吉によって行われていた。豊臣秀吉によって行われた検地を特に太閤検地といい，これにより農民は土地の耕作権が認められたが，勝手に土地を離れられなくなった。

問5．札差(旗本や御家人の代理として蔵米の受け取りや売却を行い，手数料を得て，金融業を営んだ商人)に，旗本や御家人の借金を帳消しにさせたことを棄捐令といい，特に寛政の改革で行われたものが知られている。

5　問2．1873年に行われた地租改正では，地価の3%(1877年に2.5%に変更)を現金で納めることとし，国の

収入を安定させ，予算を立てやすくした。「地租」とは，土地に対して課せられる税のことであり，現在では固定資産税に置き換わっている。

問3．日露戦争では，日清戦争のとき以上の戦費を投入したうえに，多くの犠牲者を出したにもかかわらず，賠償金をとることができなかった。そのため，民衆は講和に反対し，日比谷焼き打ち事件などの暴動を起こした。

問4．ニ．『羅生門』は芥川龍之介の作品である。

6　問1．(1)行政権−内閣／立法権−国会／司法権−裁判所　(3)条約は内閣が締結し，国会が承認する。

問2．三権分立(権力分立制)は，一つの機関に権力が集中する独裁を防ぐためのしくみである。

問4．国務大臣の任免権は内閣総理大臣が持つので，合わせて覚えておこう。

問5．現在の日本の一般会計予算(歳出)は，社会保障関係費＞国債費＞地方交付税交付金の順に多い。社会保障関係費には医療費・年金給付費などが含まれる。国債費は国債の償還(返済)にかかる費用である。

平成27年度 解答例・解説

《解答例》

1　問1．A．宮城　B．川崎　C．神戸　D．岡山　問2．ロ　問3．イ　問4．ヘ　問5．ハ

2　問1．ハ　問2．ハ　問3．(1)ロ　(2)ニ　(3)イ　問4．ニ　問5．ロ　問6．地熱

3　問1．イ　問2．ハ　問3．大宰府　問4．ロ　問5．ニ　問6．ハ

4　問1．ハ　問2．ニ　問3．イ　問4．安土城　問5．ロ　問6．イ

5　問1．ロ　問2．イ　問3．平塚らいてう　問4．ニ　問5．ハ

6　問1．a．ハ　b．ホ　問2．ニ　問3．ロ　問4．公衆衛生　問5．(1)イ　(2)ニ　問6．ロ

《解　説》

1　問2．市町村の人口は，東京23区を除くと，横浜市＞大阪市＞名古屋市＞札幌市＞神戸市の順に多い。

問3．イ．最暖月(8月)の平均気温と最寒月(1月)の平均気温の差は，札幌市25.9℃，熊本市22.5℃であり，熊本市よりも札幌市の方が大きい。

問4．(1)「鉄鋼」などから北九州市である。明治時代，下関条約で得た賠償金をもとに，北九州の地に八幡製鉄所がつくられた。　(2)「貿易港」「臨海工業地域」から堺市である。堺は，日明貿易・南蛮貿易で発達し，中世には商人らによって自治が行われた。現在は阪神工業地帯の中核をなす都市の一つとなっている。(3)「楽器・オートバイ・自動車」などから浜松市である。浜松は，東海道の宿場町の1つだった。　以上より，ヘが正答。

問5．昼夜間人口比率が高ければ，夜より昼の方が市内の人口が多いということになり，逆に昼夜間人口比率が低ければ，昼より夜の方が市内の人口が多いということになる。さいたま市は，東京のベッドタウンとなっているため，昼間は通勤・通学のため市外に出る人が多い。したがって，3つの都市のうち，昼夜間人口比率が最も低い(2)がさいたま市である。福岡市は，昼間にほかの地域から通勤・通学のため市内に来る人が多いため，昼夜間人口比率が高くなるから(3)である。昼夜間人口比率が100%に近く，人口増加率がマイナスとなっている(1)は新潟市なので，ハが正答。

2　問1．環太平洋造山帯には日本列島・ロッキー山脈・アンデス山脈をはじめ，太平洋を取り巻くように連なる山脈や島々が含まれる。インドは環太平洋造山帯には含まれないから，ハが正答。

問２．ハ．飛騨山脈−北アルプス　木曽山脈−中央アルプス　赤石山脈−南アルプス

問３．⑴ロ．縮尺５万分の１の地形図なので，等高線は 20m間隔で引かれている。「浅間山」の火口のふちの北側の標高は約2500m，南側の標高は約2540mなので，北よりも南側のほうがやや高くなっている。

イ．正しい。　ハ．正しい。 〓〓〓〓〓〓〓 が有料道路と料金所を示す地図記号である。

ニ．正しい。寺院（卍）・記念碑（⌂）の地図記号がそれぞれ，「鬼押出し園」の周囲にみられる。

⑵正面に山があり，右手に「浅間白根火山ルート」の案内看板（料金所）がみられることから，ニが正答。

問４．ニ．浜名湖は，海水と淡水が入り混じった汽水湖である。

問６．地熱発電所は，地下の蒸気を利用して発電を行うため，火山の近くにつくられることが多い。大分県にある八丁原発電所が日本最大の地熱発電所である。

3️⃣ 問１．ロ〜ニは古墳時代に当てはまる文である。ニの「質のかたい土器」は須恵器のこと。

問２．大宝律令が定められたのが 701 年，平城京に都を移されたのが 710 年のできごとなので，ハの文は前後の順序が誤っている。

問３．古代の役所を示す場合には「大」の字を，場所を示す場合には「太」の字を使うので，覚えておこう。

問４．ロ．新たな開墾地についても，収穫量の３％を納める税である租がかけられた。

問５．1051 年から 1062 年にかけて前九年合戦，1083 年から 1087 年にかけて後三年合戦が起こり，前者は源頼義が，後者は源義家がそれぞれしずめた。

問６．ハ．宋の建国は 979 年，高麗の建国は 918 年で，ともに 10 世紀のできごとである。

4️⃣ 図１は鎌倉，図２は室町，図３は江戸にそれぞれ関連する資料である。

問１．ハ．室町時代のできごとである。６代将軍足利義教が赤松満祐によって暗殺された後（嘉吉の乱），室町幕府の権威は低下し，守護大名が勢力を増していった。

問２．イは戦国時代に活躍した人物，ハは安土桃山〜江戸時代初期に活躍した人物，ロは鎌倉時代に活躍した人物である。

問３．図２の邸宅は京都にあった。　ロは足利（栃木県），ハ・ニは大阪について述べた文である。

問４．安土城は琵琶湖のほとりに建てられた城で，1582 年に焼失した。

問５．ロは京都について述べた文である。

問６．ロ．江戸時代，中国と国交は結ばれなかった。　ハ．藩校ではなく寺子屋ならば正しい。　ニ．江戸時代，庄屋（名主）という農民が中心になって，村の自治が行われていた。

5️⃣ 問１．地租改正は 1873 年に実施されたから，ｂが正答。

問２．イ．イタリアは，ドイツ・オーストリアと三国同盟を結んでいたが，1914 年に第一次世界大戦が始まると，領土問題をめぐってオーストリアと対立していたことから，当初中立の姿勢をとった。その後，イタリアは協商国側（イギリス・フランス・ロシア）に接近し，1915 年，三国同盟から離脱し，連合国側に立って参戦した。

問３．平塚らいてうは，雑誌『青鞜』を創刊し，その巻頭に「元始，女性は太陽であった。」で始まる文章を寄稿した。

問４．ニ．大逆事件で幸徳秋水らが処刑されたことで，その後約 10 年間，社会主義運動ができなくなる冬の時代を迎えた。

問５．イ．1927 年に大蔵大臣の失言により起こった金融恐慌について述べた文である。　ロ・ニ．1929 年にアメリカのニューヨークで始まった世界恐慌について述べた文である。

6️⃣ 問１．イ．自由権（精神の自由）　ロ．平等権　ハ．参政権　ニ．自由権（身体の自由）　ホ．請求権　ヘ．社会権

問2．ハ．a…ストライキなどを行う争議権(団体行動権)は，労働者ではなく労働組合に保障されている権利である。　c…使用者の不当労働行為を禁止している法律は，労働関係調整法ではなく労働組合法である。

問3．ロ．生命保険は，個人が自由な意思のもと加入する保険である。社会保険には，雇用保険・医療保険・介護保険・年金保険・労災保険などがある。

問4．公衆衛生…上下水道の整備・廃棄物処理・感染症対策　など

問5．(1)ロ．国際連合の本部はアメリカのニューヨークにおかれている。　ハ．総会は，多数決制をとっている。

ニ．ドイツではなくフランスならば正しい。

(2)イ．世界保健機関　ロ．国連教育科学文化機関　ハ．国連児童基金　ニ．国際労働機関

問6．男女雇用機会均等法は，性別を理由として採用の機会・配置・退職などに差異を設けることを禁じている。

平成㉖年度　解答例・解説

─── 《解答例》 ───

① 問1．A．岩手　B．沖縄　C．茨城　D．静岡　問2．3　問3．イ　問4．ロ　問5．ニ

② 問1．A．本州　B．オーストラリア　問2．ハ　問3．ハ　問4．ニ　問5．ホ　問6．イ
問7．ロ

③ 問1．イ　問2．ニ　問3．万葉集　問4．ハ　問5．ハ

④ 問1．ロ　問2．ニ　問3．ロ　問4．武家諸法度　問5．イ　問6．ニ　問7．ハ

⑤ 問1．夏目漱石　問2．ハ　問3．ニ　問4．ハ　問5．ロ

⑥ 問1．象徴　問2．ニ　問3．ハ　問4．(1)ロ　(2)イ　問5．ハ　問6．ロ　問7．終審

─── 《解　説》 ───

① 問1．A．岩手県の東部には北上高地，西部には奥羽山脈が走り，南北に北上盆地が発達している。東部の海岸とは，三陸海岸のこと。　B．沖縄県は，1年を通して温暖で降水量の多い南西諸島の気候に属している。

C．首都(東京都)に近い県で，日本で2番目に農業がさかんな県がどこかを考えよう。　D．静岡県の浜松市で楽器やオートバイの生産，富士市で製紙・パルプ工業がさかんである。

問2．滋賀県－大津市，愛知県－名古屋市，神奈川県－横浜市

問3．イ．県の人口は，その県で子どもが生まれたり，ほかの都道府県から転入してきたりする人がいることで増加する。したがって，高齢者の寿命が延びることと人口増加率には関係がない。

問4．あ．北海道の生産量が際立って多いからばれいしょ(じゃがいも)。

い．北海道のほか，南九州にある県が上位だから肉用牛。したがって，ロが正答。

※問5．ニ．2012年現在，世界で最も自動車を生産しているのは中国である。

② 問1．A．本州の面積は約23万km²である。　B．ユーラシア大陸＞アフリカ大陸＞北アメリカ大陸＞南アメリカ大陸＞南極大陸＞オーストラリア大陸の順に大きい。

問2．イ．最南端ではなく最東端。　ロ．地形図中に果樹園(♂)はなく，広葉樹林(Ｑ)が広がっている。

ニ．南鳥島を三角形に見立て，地形図中にある目もりを用いると，島の面積は，2×1.5÷2＝1.5(km²)となる。

問3．ハ．あ．宮城県東部　い．北海道東部　う．神奈川県東部

問4．ニ．写真は，ガントリークレーンである。

問５．Ａは１年を通して降水量が少なく，冬の気温が比較的低い中央高地(内陸)の気候だから松本。　夏の降水量が多い太平洋側の気候であるＢとＣで，梅雨や台風の影響を強く受けているＣが宮崎市。残ったＢが銚子市だから，ホが正答。

問６．ロ．南アメリカ大陸　ハ．マダガスカル島　ニ．南極大陸

問７．ロ．世界最長のつり橋である明石海峡大橋は，兵庫県の神戸市と淡路市を結んでいる。

3　問１．イ．石包丁は，稲穂を刈りとる農具であり，根本から刈りとって収穫する鎌のような農具とは異なる。

問２．イ．青銅器は祭器として用いられた。　ロ．弥生時代では，伸展葬(死者の両脚をのばしたまま，あお向けに埋葬すること)が主流となった。　ハ．貝塚や石の矢じりは縄文時代からみられた。

問３．史料１は，山上憶良がよんだ『貧窮問答歌』である。

問４．イ．国司には，中央(都)から派遣された役人が任命された。　ロ．調庸は，成人男子に課せられ，女性には課されなかった。　ニ．日本で最初の貨幣は富本銭だと考えられている。

問５．ハ．鎌倉時代の女性の地位は比較的高く，女子にも領地の相続権があった。

4　問１．イ．源頼朝が国ごとに守護を置いたときから，守護は現代の警察に似た権限を持っていた。

ハ・ニ．鎌倉時代のことである。

問２．ニ．武田氏で特に有名な武田信玄は，守護大名の父を追放し，戦国大名となった。

問３．ロ．正長の土一揆ではなく山城国一揆。正長の土一揆は，借金の帳消しを求めて起こった一揆であり，下剋上とは関連しない。

問４．武家諸法度は，徳川秀忠が将軍のとき，徳川家康の名で出された。

問５．イ．外様大名ではなく徳川家一門の親藩。外様大名は，関ヶ原の戦い前後に徳川氏に従った大名であり，幕府の要職につくことはできなかった。

問６．ニ．東日本では金貨，西日本では銀貨が主に用いられた。

問７．イ．享保の改革ではなく寛政の改革・天保の改革。　ロ．天保の改革では株仲間の解散を命じた。
ニ．長州藩ではなく薩摩藩。

5　問１．問題文中，『こころ』から判断しよう。

問２．ハ．1873年に制定された徴兵令は免除規定が多かったうえ，検査合格者の中から抽選で選ばれたため，すべての男子に兵役の義務が課されたとはいえない。

問３．イ．義和団事件ではなく甲午農民戦争。　ロ．小村寿太郎ではなく陸奥宗光。　ハ．賠償金が得られなかったのは，日露戦争の講和条約であるポーツマス条約でのこと。　ニ．割譲された遼東半島は，後にロシア主導の三国干渉で清に返還された。

問４．第一次世界大戦(1914～1918年)　ハ．大逆事件は1911年のできごと。

問５．ロ．張作霖爆殺事件(1928年)ではなく柳条湖事件(1931年)。

6　問１．象徴である天皇は，内閣の助言と承認に基づき国事行為を行い，政治的権力を持たない。

問２．ニ．衆議院議員の定数や選挙区は，公職選挙法で定められている。したがって，法律を定めることができる唯一の機関である国会が正答。

問３．イ・ロ．経済活動の自由　ニ．精神の自由

問４．⑴イは下水道整備，ハは年金保険，ニは高齢者福祉など。
⑵イ．公正取引委員会ではなく労働基準監督署。公正取引委員会は，不当な価格操作を行った企業を明らかにして改めさせる機関である。

問５．新しい人権とは，憲法に規定されていないものの，近年になって認められるようになった権利のこと。したがって，ハの環境権が正答。

問６．イ．控訴　ハ．刑事裁判　ニ．行政裁判

問７．終審裁判所である最高裁判所が最終的な判断を下すことから，最高裁判所は「憲法の番人」と呼ばれている。

※出典…①問５．『世界国勢図会 2013/14』

平成㉕年度 解答例・解説

=== 《解答例》 ===

① 問１．あ．47　い．東海　う．山梨　え．三重　問２．ホ　問３．ハ　問４．イ　問５．ニ

② 問１．ロ　問２．ロ　問３．対馬　問４．イ　問５．⑴ニ　⑵ハ　問６．ハ　問７．干拓

③ 問１．ロ　問２．ニ　問３．イ　問４．保元　問５．ハ　問６．ニ　問７．イ

④ 問１．勘合　問２．イ　問３．ハ　問４．ロ　問５．ニ

⑤ 問１．ハ　問２．イ　問３．江華島事件　問４．ロ　問５．ハ

⑥ 問１．ニ　問２．1．ロ　2．ニ　問３．法律　問４．イ　問５．ハ　問６．⑴イ　⑵ロ

=== 《解　説》 ===

① 問２．ホ．Ａ．3県で人口が最も多いから神奈川県。ＢとＣで，人口が多く人口密度の高いＢが埼玉県。埼玉県の面積は千葉県の約0.73倍である。

問３．イ．奈良県(奈良市)，ロ．兵庫県(神戸市)，ハ．滋賀県(大津市)，ニ．和歌山県(和歌山市)。

問４．イ．Ａ．畜産の割合が，7地方中で最大であることに着目する。

問５．ニ．Ａ．1年を通じて降水量が少なく，特に8月に乾燥する瀬戸内の気候(高松市)。Ｂ．夏の降水量が多い太平洋側の気候(高知市)。Ｃ．冬の降水量が多い日本海側の気候(鳥取市)。

② 問１．ロ．韓国で用いられているハングル。

問２．ロ．日本がほぼ北緯20〜46度の間に位置することから考える。　イ．屋久島の南の海域を通る。　ハ．新潟県・山形県・宮城県を通る。　ニ．北海道の渡島半島・襟裳岬周辺を通る。

問５．⑵イ．水準点(∴)ではなく三角点(△)。　ロ．山頂に至るまでの道のりに，道路を示す地図記号はない。

ハ．針葉樹林(Λ)・広葉樹林(Q)。　ニ．海水浴場はなく，砂浜が広がっている。

問６．ハ．千葉県の九十九里浜は砂浜海岸であり，複雑な海岸線を示すリアス海岸ではない。

問７．干拓の代表例として，秋田県の八郎潟を干拓してできた大潟村がある。

③ 問１．Ａ・ロ．弥生時代。　イ・ハ．古墳時代，ニ．『後漢書』東夷伝ではなく『漢書』地理志。

問２．Ｂ・ニ．飛鳥時代。　イ．平安時代，ロ．奈良時代，ハ．鎌倉時代。

問３．ロ．藤原京ではなく難波宮。　ハ．律令体制は，大宝律令が出された701年以降に整えられた。　ニ．天武天皇ではなく天智天皇。

問５．Ｃ．平安時代。保元の乱と平治の乱に勝利し，力を伸ばしたのは平氏。　ニの「最初の武家政権」は平氏のことを指す。　ハ．奈良時代。

問６．③鎌倉幕府，④室町幕府。ニ．鎌倉幕府における将軍の補佐役は執権。

問７．Ｄの文章は，鎌倉時代末期から室町幕府成立のころ。

ロ・ハ. 江戸時代。 ニ. 室町時代中期の 1488 年のこと。

4 問1. 明と行われた貿易では，倭寇と区別するため，合い札として勘合が用いられた。足利義満が始めたこの貿易を勘合貿易（日明貿易）という。

問3. 〈図2〉は琉球王国の首里城。 ハ. 中国との貿易は禁止されず，琉球王国は中国に対して朝貢貿易を続けた。

問4. 〈図3〉で日本と貿易を行ったのはオランダ。 ロ. 日本に鉄砲を伝えたのはポルトガル人。

問5. ニ. 田沼意次は天明のききんの発生により失脚し，その後，松平定信によって寛政の改革が行われた。

5 問2. イ. 地租が引き下げられたのは 1877 年のこと。地租改正によっても江戸時代と変わらない重い負担に不満を持った民衆が一揆を起こした。

問3. 江華島事件の翌年（1876 年）に，朝鮮と日朝修好条規を結んだ。

問4. ロ. 1930 年には，イギリス・アメリカとの協調路線を継続し，ロンドン海軍軍縮会議に参加し，海軍の縮小をはかった。

問5. ハ. 満州国の承認をしなかった犬養毅は，1932 年，五・一五事件により暗殺された。

イ. 1936 年，ロ. 1937 年，ニ. 1925 年。

6 問1. ニ. 満 30 歳以上。イ〜ハの被選挙権は満 25 歳以上。

問4. ロ. 議院内閣制は，地方自治に関しては適用されていない。 ハ. 予算案は首長が作成する。 ニ. 拒否権の行使は首長が行う。

問6. (2)ロ. 国庫支出金に対し，使いみちを指定されないで支給されるものが地方交付税交付金である。

■ ご使用にあたってのお願い・ご注意

（1）問題文等の非掲載

著作権上の都合により，問題文や図表などの一部を掲載できない場合があります。

誠に申し訳ございませんが，ご了承くださいますようお願いいたします。

（2）過去問における時事性

過去問題集は，学習指導要領の改訂や社会状況の変化，新たな発見などにより，現在とは異なる表記や解説になっている場合があります。過去問の特性上，出題当時のままで出版していますので，あらかじめご了承ください。

（3）配点

学校等から配点が公表されている場合は，記載しています。公表されていない場合は，記載していません。

独自の予想配点は，出題者の意図と異なる場合があり，お客様が学習するうえで誤った判断をしてしまう恐れがあるため記載していません。

（4）無断複製等の禁止

購入された個人のお客様が，ご家庭でご自身またはご家族の学習のためにコピーをすることは可能ですが，それ以外の目的でコピー，スキャン，転載（ブログ，ＳＮＳなどでの公開を含みます）などをすることは法律により禁止されています。学校や学習塾などで，児童生徒のためにコピーをして使用することも法律により禁止されています。

ご不明な点や，違法な疑いのある行為を確認された場合は，弊社までご連絡ください。

（5）けがに注意

この問題集は針を外して使用します。針を外すときは，けがをしないように注意してください。また，表紙カバーや問題用紙の端で手指を傷つけないように十分注意してください。

（6）正誤

制作には万全を期しておりますが，万が一誤りなどがございましたら，弊社までご連絡ください。

なお，誤りが判明した場合は，弊社ウェブサイトの「ご購入者様のページ」に掲載しておりますので，そちらもご確認ください。

■ お問い合わせ

解答例，解説，印刷，製本など，問題集発行におけるすべての責任は弊社にあります。

ご不明な点がございましたら，弊社ウェブサイトの「お問い合わせ」フォームよりご連絡ください。迅速に対応いたしますが，営業日の都合で回答に数日を要する場合があります。

ご入力いただいたメールアドレス宛に自動返信メールをお送りしています。自動返信メールが届かない場合は，「よくある質問」の「メールの問い合わせに対し返信がありません。」の項目をご確認ください。

また弊社営業日（平日）は，午前９時から午後５時まで，電話でのお問い合わせも受け付けています。

―――――2025 春

株式会社教英出版

〒422-8054　静岡県静岡市駿河区南安倍３丁目 12-28

TEL　054-288-2131　　FAX　054-288-2133

URL　https://kyoei-syuppan.net/

MAIL　siteform@kyoei-syuppan.net

教英出版 2025　32 の 1　福岡大学附属大濠中７年分

平 成 31 年 度

福岡大学附属大濠中学校

入 学 試 験 問 題

算　数

[時 間　60分]

1

次の各問いに答えなさい。

(1) $110 + 99 + 88 + 77 + 66 - 55 - 44 - 33 - 22 - 11$ を計算すると ① です。

(2) $\left(\dfrac{3}{5} - \dfrac{1}{2} \times \dfrac{1}{5} \right) + \left(\dfrac{5}{6} - \dfrac{3}{4} \right) \div \dfrac{2}{3}$ を計算すると ② です。

(3) 次の □ にあてはまる数は ③ です。

$2.5 \times (0.3 \times \boxed{} - 0.9) = 3$

(4) 3 を 2019 回かけた数の 1 の位の数字は ④ です。

(5) ある年の大濠中学の 1 年 1 組の生徒数は 36 人です。このクラスで数学のテストをした結果，クラス全員の平均点は 56 点となり，最高点をとった 1 人を除いた平均点は 55 点になりました。このクラスの最高点は ⑤ 点です。

(6) 太郎君は ⑥ 円を持って買い物に行きました。まず，本屋で最初に持っていたお金の $\dfrac{1}{4}$ を使って本を買い，次に 600 円のお弁当を買い，最後にショッピングセンターで残りの金額の $\dfrac{6}{7}$ を使う買い物をしたところ，残金は最初に持っていたお金の $\dfrac{1}{12}$ になりました。

(7) 25％の食塩水 400g が入っている容器があります。この容器に水 200g 入れてかき混ぜたあと，150g をすて，さらに水を 300g 入れてかき混ぜると ⑦ ％の食塩水ができました。

(8) 下の図のように，3 つの正方形が並んでいます。3 つの正方形の面積の和は ⑧ cm² です。

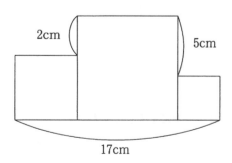

(9) 下の図のように，AB = 4cm，BC = 3cm，AC = 5cm の直角三角形 ABC を
点 C を中心に時計回りに 90° 回転させたものがあります。
色のついた部分の面積は　⑨　cm² です。ただし，円周率は 3.14 とします。

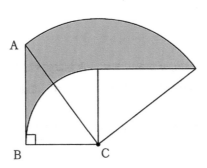

(10) 下の図 1 のような，1 辺の長さが 1cm の色がついた立方体 A と，3 辺の長さが 1cm，1cm，2cm
の直方体 B があります。

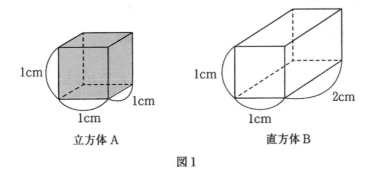

立方体 A　　　　　　直方体 B
図 1

この 2 種類の立体をすきまなく積み上げて，1 辺の長さが 3cm の立方体を作りました。
図 2 は，作った立方体を机の上に置いて，4 つの側面を順に書き写したものです。
この立方体を作るのに，色がついた立方体 A は　⑩　個使われ，直方体 B は　⑪　個
使われました。

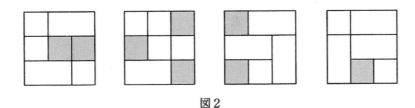

図 2

2

次の各問いに答えなさい。

(1) $\dfrac{1}{\boxed{\text{ア}}} + \dfrac{1}{\boxed{\text{イ}}} + \dfrac{1}{\boxed{\text{ウ}}} = 1$ を満たすア，イ，ウに入る整数の組は

（ア，イ，ウ）＝ ⑫（ ， ， ） です。ただし，ア，イ，ウには，異なる整数が小さい順に

入ります。

(2) A，B，C，D，Eの5種類のおもりがあります。重さはすべて異なっていて，

10g，20g，30g，40g，50gのいずれかになっています。これらのおもりをてんびんに乗せた

とき，下の図のようになりました。

このとき，Bのおもりは ⑬ gで，Eのおもりは ⑭ gです。

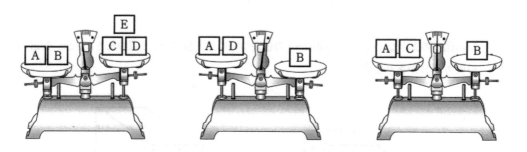

(3) 下の図のような，平行四辺形 ABCD があります。E，F，G はそれぞれ辺 AB，BC，AD の

真ん中の点です。AF と DE が交わる点を H，GF と DE が交わる点を I とします。

このとき，GI の長さと IF の長さの比をもっとも簡単な整数比で表すと ⑮ ： です。

また，三角形 CDF の面積と三角形 EFH の面積の比をもっとも簡単な整数比で表すと

⑯ ： です。

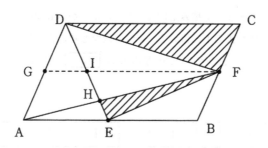

(4) トーナメント方式で優勝を決める野球大会があり，A，B，C，D，E，F，G，Hの8チームが準々決勝まで勝ち上がりました。準々決勝から決勝までのトーナメントの結果は下の図の通りです。

次の①～⑤がわかっているとき，アにあてはまるチームは ⑰ です。

また，クにあてはまるチームは ⑱ です。

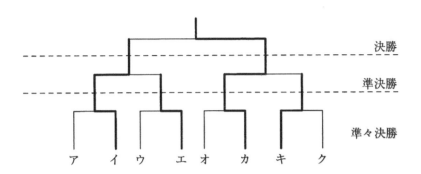

① Aは準々決勝でDに負けた。　② BはDに負けた。　③ DはFに勝った。
④ FはHとGに勝った。　⑤ GはCに勝った。

(5) 下の図1は，立方体の箱から3つの頂点 A，F，C を通る平面で切り取った残りの立体の見取り図です。下の⑦から⑦までのうち，この立体の展開図として成り立つものは ⑲ です。

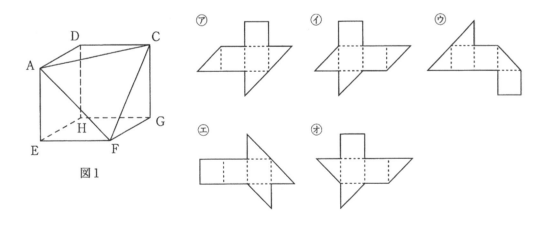

図1

- 4 -

3 下の図のように，100個の電球があり，それぞれの電球には1から100までの番号が書かれたスイッチが取りつけられています。このスイッチに1回触れると，明かりがついている電球は消え，明かりが消えている電球はつくようになっています。

(1) すべての電球を消した後，2の倍数である番号のスイッチにすべて触れました。
明かりがついている電球は全部で ⑳ 個あります。

(2) すべての電球を消した後，最初に2の倍数である番号のスイッチにすべて触れ，次に3の倍数である番号のスイッチにすべて触れました。明かりがついている電球は全部で ㉑ 個あります。

すべての電球を消した後に，次のような〈ルール〉で1～100巡目までの操作を行いました。

┌─〈ルール〉─────────────────────────────┐
│　　1巡目　…　　1の倍数である番号のスイッチにすべて触れる。　　　│
│　　2巡目　…　　2の倍数である番号のスイッチにすべて触れる。　　　│
│　　3巡目　…　　3の倍数である番号のスイッチにすべて触れる。　　　│
│　　　　…　　　　　　　　　　　　　　　　　　　　　　　　　　　　│
│　99巡目　…　99の倍数である番号のスイッチにすべて触れる。　　　│
│　100巡目　…　100の倍数である番号のスイッチにすべて触れる。　　│
└─────────────────────────────────────┘

(3) 番号が100番の電球のスイッチには ㉒ 回触れているので，
その電球の明かりは | ㉓ 　ついている・消えている | 状態になっています。
（㉓の解答らんは，ついている・消えている　のどちらか正しい方を○で囲んで下さい。）

(4) 1 から 100 番までの電球の中で，明かりがついている電球は全部で ㉔ 個あります。

(5) 1 から 100 番までの電球の中で，スイッチに触れた回数がちょうど 4 回である電球は全部で ㉕ 個あります。

4 図1のように，池のまわりに1周243mの道路があります。太郎君は毎分75m，花子さんは毎分15m
の速さでスタート地点から同じ方向に，同時に出発しました。太郎君は1周まわり終えた後，遅
れてくる花子さんに出会うように，今度はスタート地点から反対方向に向きを変えて歩きだしま
した。

ただし，文章中の『出会う』とは，図2のように，2人が正面から向き合ってすれ違う瞬間を意
味します。また，2人の歩く速さは常に変わらないものとします。

図1   図2

池

スタート地点

花子さん
太郎くん

『出会う』

(1) 2人がスタート地点を出発してから初めて出会うまでに，花子さんが歩いた道のりは ㉖ m
です。また，時間は ㉗ 分 秒 かかりました。

初めて出会った後，図3のように，太郎君はそのまま同じ方向に歩き，
花子さんは出会ったその場ですぐに反対方向を向いて太郎君と同じ方向に歩きました。
その後も，太郎君は1周まわり終えると必ずスタート地点から反対方向に向きを変えて歩き，
花子さんは太郎君と出会うたびに反対方向に向きを変えて太郎君と同じ方向に歩きました。

図3

(2) 2人が初めて出会ってから2回目に出会うまでに，花子さんが歩いた道のりは ㉘ m です。また，時間は ㉙ 分 秒 かかりました。

(3) しばらくすると，花子さんは1周の半分の道のりの地点を初めて通過することが出来ました。それまでに，太郎君と出会った回数は ㉚ 回で，時間は2人がスタート地点を出発してから ㉛ 分 秒 かかりました。

5 ある水そうを作りました。図は水そうを真上から見た図です。

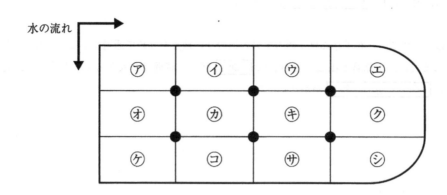

この水そうは，しきりによって 12 個の部分に分けられており，

㋒と㋛の部分には 10cm³，㋘の部分には 16cm³，その他の部分には 12cm³ の水が入ります。

この水そうの 1 つの部分が水でいっぱいになると，あふれた水はしきりをこえて，となりの部分へ流れ込みます。その際，となりの部分には同じ量の水が流れます。

ただし，あふれた水は上の図の矢印の方向にのみ流れるものとし，水そうの外には流れ出ないものとします。

例えば，図1のように㋐，㋑，㋔，㋙の部分が水でいっぱいになった状態で，㋐の部分に毎秒 2cm³ の割合で水を入れると，矢印の方向にそれぞれ毎秒 0.5cm³ ずつ水が流れるので，㋒と㋩の部分には毎秒 0.5cm³，㋕の部分には毎秒 1cm³ の割合で水が流れます。

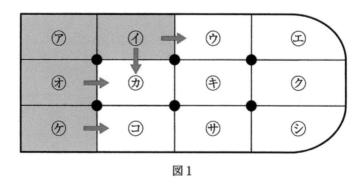

図1

いま，水そうを空にした状態から，⑦の部分に毎秒 2cm³ の割合で水を入れ続けました。

(1) ⑦から㋛の 12 個の部分のすべてが水でいっぱいになるのは，⑦の部分に水を入れ始めてから ㉜ 秒後です。

(2) ㋕の部分が水でいっぱいになるのは，⑦の部分に水を入れ始めてから ㉝ 秒後です。

(3) ㋖の部分が水でいっぱいになるのは，㋖の部分に水が入り始めてから ㉞ 秒後です。

(4) ⑦から㋛の 12 個のそれぞれの部分に水が入り始めてからいっぱいになるまでの時間をはかったとき，もっとも時間がかかった部分は全部で ㉟ 個あり，かかった時間は ㊱ 秒です。

平成 31 年度

福岡大学附属大濠中学校

入 学 試 験 問 題

理　科

[時 間　40 分]

1 　鏡を使って、光の進み方や物の映り方を調べました。以下の各問いに答えなさい。

Ⅰ　図1のように、鏡に光をあてました。

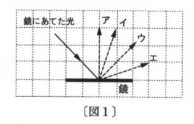

〔図1〕

　　問1　鏡ではね返った光は、どの向きに進みますか。図1
　　　　中のア～エの中から正しいものを1つ選び、記号で答
　　　　えなさい。

Ⅱ　図2は、鏡が取り付けられている部屋の壁を上から見た図です。
　ア～エの各場所には、人がいすに1人ずつ座っています。

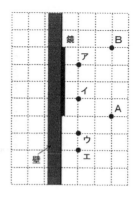

〔図2〕

　　問2　図中のA点から鏡を見たとき、鏡に映っている人を図中のア
　　　　～エの中からすべて選び、記号で答えなさい。

　　問3　図中のB点から鏡を見たとき、鏡に映っている人を図中のア
　　　　～エの中からすべて選び、記号で答えなさい。

Ⅲ 図3と図4は、4枚の鏡①，②，③，④がすき間なく取り付けられている部屋のすみの壁を上
　から見た図です。

問4　最初は、ぬいぐるみを図3の★印の位置に置きました。C点から4枚の鏡を見たとき、鏡
　　①～④には合わせて何個のぬいぐるみが映って見えますか。

問5　次に、ぬいぐるみを図4の★印の位置に移動させました。C点から鏡③を見たとき、鏡③
　　には何個のぬいぐるみが映って見えますか。

問6　ぬいぐるみを図4の★印の位置に置いたまま、鏡②を取り外しました。C点から残りの鏡
　　①，③，④を見たとき、合わせて何個のぬいぐるみが映って見えますか。

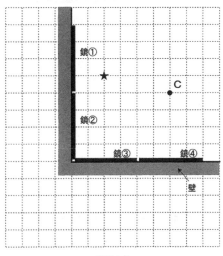

〔図3〕

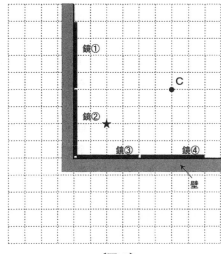

〔図4〕

2　重さがわからない3種類のおもりA，B，Cを使って、図1のように、てんびんの右側におもりAとBをのせ、左側におもりBとCをのせると、右が下がりました。また、図2のように、てんびんの右側におもりAとCをのせ、左側におもりBとCをのせると、左が下がりました。以下の各問いに答えなさい。

〔図1〕　　　　　　　　　　　　〔図2〕

問1　図1に示した結果から、おもりAとCの重さの関係についてどのようなことが言えますか。次のア～ウの中から正しいものを1つ選び、記号で答えなさい。

ア．AはCよりも軽い。
イ．AとCは同じ重さである。
ウ．AはCよりも重い。

問2　3種類のおもりA，B，Cを重いものから順番に並べると、どのような順番になりますか。次のア～カの中から正しいものを1つ選び、記号で答えなさい。

ア．A，B，C
イ．B，C，A
ウ．C，A，B
エ．A，C，B
オ．B，A，C
カ．C，B，A

次に、実験用てこを使って、おもりA，B，Cをつり合わせようとしました。

問3　図3のように、実験用てこを手で水平に保ってA，B，Cをつるし、手をはなしました。手をはなした後のてこについて、次のア〜エの中から正しいものを1つ選び、記号で答えなさい。

　　ア．つりあう。
　　イ．右のうでが下がってつり合わない。
　　ウ．左のうでが下がってつり合わない。
　　エ．A，B，Cそれぞれの重さによっては、つり
　　　　合うこともあれば、左右のどちらかのうでが
　　　　下がってつり合わないこともある。

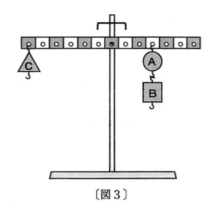

〔図3〕

問4　今度は、図4のようにAとCの位置を入れ替えてつるし、実験用てこを手で水平に保ってから、手をはなしました。手をはなした後のてこについて、次のア〜エの中から正しいものを1つ選び、記号で答えなさい。

　　ア．つりあう。
　　イ．右のうでが下がってつり合わない。
　　ウ．左のうでが下がってつり合わない。
　　エ．A，B，Cそれぞれの重さによっては、つり
　　　　合うこともあれば、左右のどちらかのうでが
　　　　下がってつり合わないこともある。

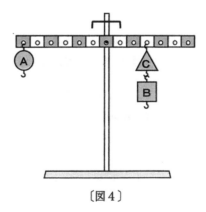

〔図4〕

3 次の文章を読み、以下の各問いに答えなさい。

　下表のA～Eのように、ある濃さの水酸化ナトリウム水溶液と塩酸を、体積の合計が200 cm³ になるように取り、よく混ぜ合わせました。その後水を十分に蒸発させ、残った固体の重さをはかると、下表のような結果となりました。この表の結果から、水酸化ナトリウム水溶液の体積と残った固体の重さとの関係は、グラフのように表されます。

		A	B	C	D	E
水酸化ナトリウム水溶液	〔cm³〕	20	60	100	140	180
塩酸	〔cm³〕	180	140	100	60	20
残った固体の重さ	〔g〕	1.2	3.6	6.0	7.4	7.8

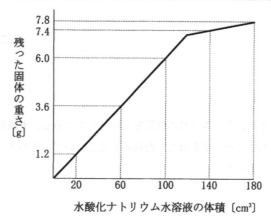

問1　CとDの水溶液は、それぞれどのような性質を持っていますか。次のア～ウの中から1つずつ選び、記号で答えなさい。

　　ア．青色リトマス紙につけると、赤色に変わる。

　　イ．赤色リトマス紙につけると、青色に変わる。

　　ウ．青色リトマス紙につけても、赤色リトマス紙につけても色の変化は無い。

問2　Eの水溶液から水を蒸発させて残った固体には、主にどのような物質がふくまれていますか。次のア～ウの中からすべて選び、記号で答えなさい。

　　ア．塩化水素　　　イ．水酸化ナトリウム　　　ウ．塩化ナトリウム

問3　水酸化ナトリウムと塩酸が過不足なく中和するとき、残った固体の重さは何gになりますか。

問4　この実験で用いた水酸化ナトリウム水溶液 100 cm³ には、何gの水酸化ナトリウムがとけていますか。

4 次の文章を読み、以下の各問いに答えなさい。

アルミニウムと塩酸を反応させると、アルミニウムは塩酸中の塩化水素と反応して、塩化アルミニウムと水素が生じます。

アルミニウム5.4 gと、A 15％の塩酸146 gを反応させると、塩化アルミニウム26.7 gと水素7.5 Lが生じました。このとき、アルミニウムと塩化水素は過不足なく反応しており、未反応のアルミニウムや塩化水素は残っていません。

次に、B アルミニウムと炭酸カルシウムの混合物7.7 gに、15％の塩酸を十分な量加えると、アルミニウムと炭酸カルシウムはすべて反応して、水素と C 気体Xからなる混合気体5.0 Lが発生しました。この混合気体中には気体Xが1.25 L含まれていました。

問1　文中下線部Aの塩酸にふくまれる塩化水素の重さは何gですか。小数第1位まで答えなさい。

問2　発生した水素1 Lの重さは何gですか。最も適するものを次のア～オの中から選び、記号で答えなさい。

　　ア．0.08 g　　　イ．0.10 g　　　ウ．0.12 g　　　エ．0.14 g　　　オ．0.16 g

問3　水素を発生させる方法として適するものを次のア～オから1つ選び、記号で答えなさい。

　　ア．銅に塩酸を加える。
　　イ．アルミニウムに水酸化ナトリウム水溶液を加える。
　　ウ．オキシドールに二酸化マンガンを加える。
　　エ．銅に水酸化ナトリウム水溶液を加える。
　　オ．塩化アンモニウムと水酸化カルシウムの混合物を加熱する。

問4　文中下線部Cの気体Xについて述べているものを次のア～オから2つ選び、記号で答えなさい。

　　ア．植物の光合成で気体Xが生じる。
　　イ．気体X中に火をつけた線香を入れると、ポンと音をたてて燃える。
　　ウ．気体X中に火をつけた線香を入れると、線香の火は消える。
　　エ．気体X中に火をつけた線香を入れると、線香は炎を出して燃える。
　　オ．気体Xを固体にしたものはドライアイスと呼ばれる。

問5　文中下線部Bの混合物7.7 g中に含まれる炭酸カルシウムの重さは何gですか。最も適するものを次のア～オの中から選び、記号で答えなさい。

　　ア．1.0 g　　　イ．3.0 g　　　ウ．5.0 g　　　エ．7.0 g　　　オ．9.0 g

5 植物の成長に関する次の文章を読んで、以下の各問いに答えなさい。

　田植えを終えた田んぼをながめていると、水面に浮かぶ緑色の小さな葉っぱが見えた。持ち帰って$_a$ルーペで観察すると、葉っぱのようなものから根が水中へ垂れ下がっているのが見えた。図鑑（かん）で調べると、ウキクサという$_b$単子葉植物であり、夏になると 0.2 ㎜くらいの小さな$_c$雄花（お）と雌花（め）を咲かせることがわかった。また、葉っぱのように見える部分は葉状体という茎と葉がくっついたものであり、図のように 2 枚ずつに分かれたあと 4 枚に戻ることで増殖することもわかった。

　そこで、水を入れた円形の水そうに葉状体が 2 枚のものを 8 つ入れ、観察を始めた日を 0 日目とし、2 日おきにすべての葉状体の枚数を 20 日間にわたって数えた。結果は表のように葉状体の枚数が変化し、14 日目には水そうの水面全部を覆（おお）った。なお、水そうは室内の直射日光の当たらない場所に置き、ときどき回転させて光がまんべんなく当たるようにした。また、水は交換せず、途中で枯れて白くなったものは取り除いた。

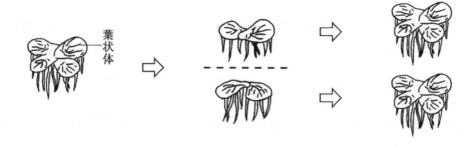

葉状体

日目	0	2	4	6	8	10	12	14	16	18	20
枚数	X	30	57	108	205	365	600	652	643	655	650

問1　下線部 a について、ルーペの使い方の説明としてふさわしいものを次のア～エの中から 1 つ選び、記号で答えなさい。

　　ア．ルーペは目に近づけ、ルーペから見える視野を広くして使用する。
　　イ．ルーペは目に近づけ、ルーペから見える視野を狭（せま）くして使用する。
　　ウ．ルーペは目から遠ざけ、ルーペから見える視野を広くして使用する。
　　エ．ルーペは目から遠ざけ、ルーペから見える視野を狭（せま）くして使用する。

問2　下線部 b について、ウキクサと同じ単子葉植物を次のア～オの中から 2 つ選び、記号で答えなさい。

　　ア．アジサイ　　　イ．イネ　　　ウ．ジャガイモ　　　エ．トウモロコシ　　　オ．オクラ

問3　下線部 c について、ウキクサと同じように雄花と雌花がある植物を次のア～オの中から 2 つ選び、記号で答えなさい。

　　ア．アブラナ　　　イ．カボチャ　　　ウ．ヘチマ　　　エ．ヒマワリ　　　オ．アサガオ

問4　0 日目の水そうの中にある葉状体の枚数 X を答えなさい。

問5　表の結果を説明する次の文の空欄にあてはまるものを下のア～カの中からそれぞれ選び、記号で答えなさい。

　　　　0 日目から 14 日後にかけて、葉状体の枚数は（　①　）が、葉状体が増加する割合は（　②　）。一方、14 日後以降は枚数にほとんど変化が見られない。

　　ア．常に増加している
　　イ．常に減少している
　　ウ．常に一定である
　　エ．初めは増加しているが徐々に一定になっている
　　オ．初めはほぼ一定であるが徐々に増加している
　　カ．初めはほぼ一定であるが徐々に減少している

問6　14 日後以降の葉状体の枚数にあまり変化は見られなかった原因と、それを確かめるための追加実験の組み合わせとしてふさわしいものを次のア～オの中から 1 つ選び、記号で答えなさい。

　　ア．光の強さが足りない可能性があるので、直射日光の当たる場所に移す。
　　イ．水面の面積が足りなくなった可能性があるので、より水面の大きな水そうに移しかえる。
　　ウ．水中の栄養が足りなくなった可能性があるので、水を追加する。
　　エ．枯れて白くなったものを取り除いたことに原因の可能性があるので、今後は取り除かない。
　　オ．室内の温度変化が激しい可能性があるので、エアコンなどで室内の温度を一定に保つ。

6 次の会話を読んで、以下の各問いに答えなさい。

ばいお君 「最近、メダカを水そうで飼い始めました。」

りかさん 「メダカの心臓はヒトの心臓とつくりが違うのを知っていましたか。」

ばいお君 「それは知りませんでした。ヒトは心房と心室が2つずつありますが、魚類はどうなんですか。」

りかさん 「　①　」

ばいお君 「ヒトとちがいますね。ところで、メダカの泳いでいるようすを観察していると、おもしろいです。」

りかさん 「メダカは視覚で場所を確認して泳いでいるのです。」

ばいお君 「景色を目で見て確認しているのですか。」

りかさん 「そうです。川では水草や杭といった動かないものを基準にして、それを目で追って流されないようにしているのです。だから、流れのある川でも同じ位置にとどまって泳いでいることができるのです。」

問1　会話文中の①について、メダカの心臓の説明として、正しいものを次のア〜エの中から1つ選び、記号で答えなさい。

　　ア．メダカの心臓は心房と心室が1つずつあり、心房には二酸化炭素が多い血液が、心室には酸素が多い血液が流れています。

　　イ．メダカの心臓は心房と心室が1つずつあり、心房と心室には二酸化炭素が多い血液が流れています。

　　ウ．メダカの心臓は心房が2つと心室が1つあり、心房と心室には二酸化炭素が多い血液と酸素が多い血液が混ざって流れています。

　　エ．メダカの心臓は心房が2つと心室が1つあり、心房には二酸化炭素が多い血液が心室には酸素が多い血液が流れています。

問2 会話文中の下線部について、ヒトの心臓の拍動を調べてみました。なお、心臓では、1回の拍動で75 mLの血液が心臓から全身に出ていきます。下の (1)・(2) に答えなさい。

(1) 安静にしているときに心臓の拍動は1分間に72回でした。体全体の血液量が4.5 Lである時、全身の血液が心臓を出て全身をめぐり心臓に戻ってくるまで、何秒かかりますか。答えが小数になる場合は小数第一位を四捨五入して、整数で答えなさい。

(2) 運動を行った時、心臓の拍動は1分間に120回でした。下の表は血液100 mLにおける酸素量を示したものです。1分間に血液から筋肉の細胞に渡される酸素量を比べると、運動時は安静時の何倍になるか。答えが小数になる場合は小数第一位を四捨五入して、整数で答えなさい。

	酸素の多い血液中の酸素量〔mL〕	二酸化炭素の多い血液中の酸素量〔mL〕
安静時	20	10
運動時	20	8

問3 メダカは魚類で、ヒトは哺乳類です。次のア～オの中で、魚類でも哺乳類でもないものを2つ選び、記号で答えなさい。

ア．ペンギン　　イ．コウモリ　　ウ．クジラ　　エ．ミジンコ　　オ．タツノオトシゴ

問4 メダカを透明な円形の水そうに入れて、図のような模様の紙で囲みました。紙を矢印の方向に回すと、メダカはどの方向に泳ぎますか。次のア～オの中から正しいものを1つ選び、記号で答えなさい。

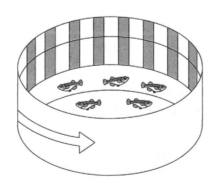

ア．底に向かって泳ぐ　　　　イ．水面に向かって泳ぐ　　　　ウ．矢印の方向に泳ぐ
エ．矢印と反対の方向に泳ぐ　　オ．矢印の方向とは無関係に泳ぐ

7 図1は、日本で発電された電気エネルギーの量と、それぞれのエネルギーによる発電の供給量の割合の推移を表したものです。次の説明を読んで後の各問いに答えなさい。

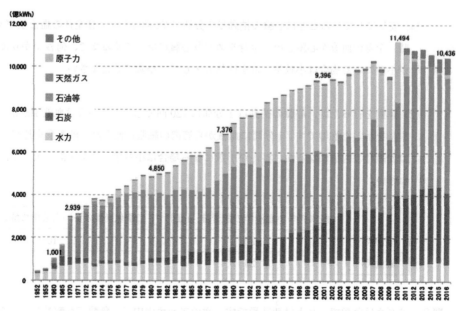

図1　日本で発電された電気エネルギーの推移

　図1から、日本の発電の歴史が分かります。発電の主要電源は、1965年ころまでは、（①）による発電、そこから1973年の第一次オイルショックまでは（②）による発電、そしてその後は（②）に変わって少しずつ石炭と（③）、そして（④）による発電が担っていきます。2011年の東日本大震災以降は、（④）による発電の割合がほぼゼロにまで減り、その減少分の大半を（③）がカバーしています。

問1　上の説明の①～④に当てはまる語句を次のア～オの中からそれぞれ選び、記号で答えなさい。

　　ア．水力　　　イ．石炭　　　ウ．石油　　　エ．天然ガス　　　オ．原子力

問2　歴史の中で、水力発電は常に一定の割合を占めています。水力発電の特徴をまとめた次のア～オの説明で誤っているものを1つ選び、記号で答えなさい。

　　ア．山が多く、起伏の多い日本の地形に向いている。
　　イ．水をエネルギーにするので燃料費がかからない。
　　ウ．雨量が極端に少ないと発電量が左右されることがある。
　　エ．発電するときに地球温暖化の原因となる二酸化炭素を排出する。
　　オ．ダムを造る必要があり、周辺地域の自然環境を破壊する。

問3　一度利用しても比較的短期間に再生が可能であり、資源がなくなってしまうことなく繰り返し利用できるエネルギーを再生可能エネルギーと言います。世界および日本が将来にわたり持続的に発展するためには、再生可能エネルギーの開発を進めることが必要です。再生可能エネルギーにあてはまるものを次のア～オの中から3つ選び、記号で答えなさい。

　　ア．太陽光　　イ．バイオマス　　ウ．地熱　　エ．天然ガス　　オ．原子力

　どのエネルギー源をどれぐらい使って電気エネルギーを作り出すかは、国によって違いがあります。それはそれぞれの国の環境や事情、考え方が異なるからです。図2は2015年の世界全体，日本，中国，フランスの4つについて、エネルギー構成、つまりどのエネルギー源からどのくらいの割合で発電したかを示したものです。これを見て以下の問いに答えなさい。

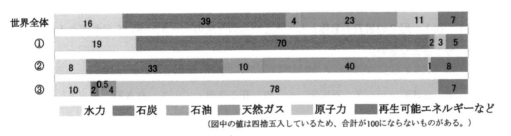

図2　各国で発電されている電気エネルギーの割合〔％〕（2015年）

問4　世界全体での火力発電の割合は何％ですか。もっとも正しいものを次のア～オの中から1つ選び、記号で答えなさい。

　　ア．4％　　イ．23％　　ウ．39％　　エ．43％　　オ．66％

問5　図2で日本にあてはまるのはどれですか。図中の①～③の中から1つ選び、番号で答えなさい。

8 ある2つの岩石を観察すると、図1，図2のように見えました。以下の各問いに答えなさい。

〔図1〕

〔図2〕

問1　図1，図2の岩石の名称として正しいものを次のア～オの中からそれぞれ1つずつ選び、記号で答えなさい。

　　ア．玄武岩　　　イ．石灰岩　　　ウ．花こう岩　　　エ．れき岩　　　オ．泥岩

問2　図1，図2の岩石のでき方として正しいものを次のア～カの中からそれぞれ1つずつ選び、記号で答えなさい。

　　ア．マグマが地下深くでゆっくり冷えて固まった。
　　イ．急激にマグマが冷えて固まった。
　　ウ．マグマの熱によって、長い年月の間に変化してできた。
　　エ．生物の石灰分が固まってできた。
　　オ．直径2mmより小さい粒が、長い年月圧力を受けて固まった。
　　カ．直径2mmより大きい粒が、長い年月圧力を受けて固まった。

K 教英出版

平 成 31 年 度

福岡大学附属大濠中学校

入 学 試 験 問 題

社 会

[時 間 40分]

注 意

1. 答えはすべて解答用紙に記入してください。

2. 解答用紙には氏名・受験番号（算用数字　例10001）をきちんと書いてください。

1

次の図1をみて、あとの問いに答えなさい。

図1

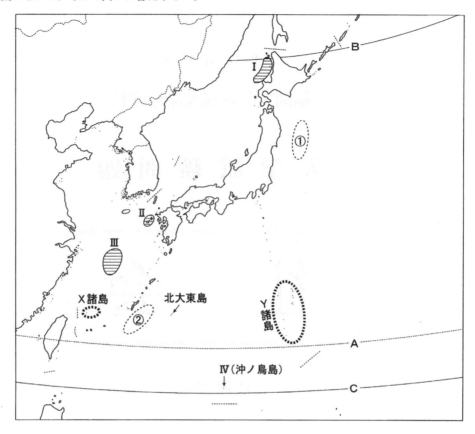

問1　図1中のＡの緯線は北回帰線です。北回帰線は北半球に位置し、赤道をはさんで南半球には南回帰線が位置します。北回帰線と南回帰線について述べた文として**誤っているもの**を、次のイ〜ニから一つ選び記号で答えなさい。

　イ．北回帰線上では、6月末の夏至のころに太陽が地表・海面を真上から照らす。

　ロ．北回帰線はアジアのインドを通過している。

　ハ．南回帰線上では、12月末の冬至のころに太陽が地表・海面を真上から照らす。

　ニ．南回帰線はアフリカのケニアを通過している。

問2　図1中のＢとＣの緯線の緯度の正しい組合せを、次のイ〜ニから一つ選び記号で答えなさい。

解答の記号	イ	ロ	ハ	ニ
B	北緯45度	北緯45度	北緯55度	北緯55度
C	北緯20度	北緯30度	北緯20度	北緯30度

問3　図1中の**X諸島**、**Y諸島**の名称をそれぞれ漢字で答えなさい。なお、**X諸島**は魚釣島などの島々からなり、**Y諸島**は父島や硫黄島などの島々からなっています。

問4　海底の細長いくぼ地で、水深が6,000mより深いところを海溝といい、日本の近海の海底には海溝がみられるところがあります。図1中の①、②の海域における海溝の有無の正しい組合せを、次のイ～ニから一つ選び記号で答えなさい。

解答の記号	イ	ロ	ハ	ニ
①	有	有	無	無
②	有	無	有	無

問5　島国の日本は、領海の外側に、水産資源や海底の鉱産資源を自国で自由に管理することができる広大な水域を有しています。領土の海岸線から200海里までの範囲で、領海を除いたこの水域を何というか、漢字で答えなさい。

問6　図1中のⅠ～Ⅳの海域・島について述べた文として**誤っているもの**を、次のイ～ニから一つ選び記号で答えなさい。

イ．Ⅰの海域には、冬の時期にロシアの沿岸から流氷がおしよせる。

ロ．Ⅱの島々は五島列島であり、沖合を暖流の対馬海流が流れている。

ハ．Ⅲの海域では、大陸棚が広がっており、原油や天然ガスの埋蔵が確認されている。

ニ．Ⅳは日本最南端の島であり、領土保全のため、コンクリートの護岸がほどこされている。

問7　次の図2は、図1中の北大東島の縮尺50,000分の1の地形図です（原寸、一部改変）。図2をみて、（1）、（2）の問いに答えなさい。

図2

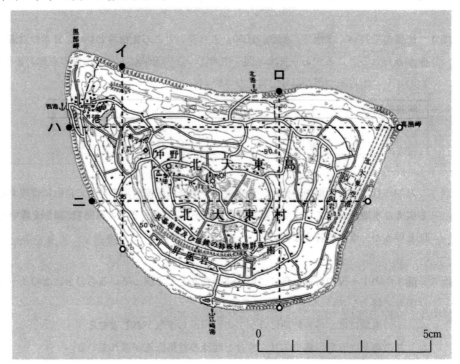

（1）　次の図3は図2中のイ〜ニのいずれかの断面の高度を示したものです。図3に当てはまるものをイ〜ニから一つ選び、記号で答えなさい。

図3

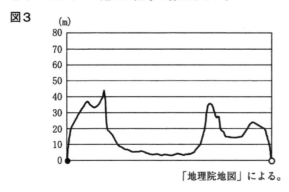

「地理院地図」による。

（2）　図2から読み取れることについて述べた文として誤っているものを、次のイ〜ニから一つ選び記号で答えなさい。

イ.「西港」と村役場の間には、ため池と灯台がある。

ロ.「江崎港」の周辺から島の南西部にかけての海岸には砂浜が広がっている。

ハ. 島の中央部には、工場と煙突がある。

ニ.「北大東空港」の滑走路は1km以上の長さがある。

　次の【A】～【C】の文を読んで、あとの問いに答えなさい。

【A】

　第二次世界大戦後、日本の産業構造は大きく変化した。農業・①林業・②水産業からなる第一次産業の就業者が日本全体の就業者に占める割合は、1950年には48.5％であったが、急速に低下を続け、2015年には4.0％となっている(注)。現在、農業・林業・水産業ではいずれも輸入が多く、自給率は低い状態にあるが、近年、東・東南アジア諸国に対して③農産物を輸出する新しい動きがある。

　(注)【A】～【C】の文中の産業別就業者割合は『国勢調査報告』による。産業別就業者割合において「分類不能な職業」は第三次産業に含まれる。

問1　文中の下線部①に関して、次の文中の（　A　）、（　B　）に当てはまる数値、語句の正しい組合せを、あとのイ～ニから一つ選び記号で答えなさい。

　日本では、国土面積の約（　A　）％を占める山地に森林が広がり、林業が行われている。スギやヒノキが多くみられる（　B　）が日本の森林面積の約41％を占めている。

統計年次は2015年。『森林・林業統計要覧2017』による。

解答の記号	イ	ロ	ハ	ニ
（　A　）	55	55	75	75
（　B　）	人工林	天然林	人工林	天然林

問2　文中の下線部②に関して、次の表1は、日本の水揚量第5位までの漁港とその漁港の水揚量に占める魚種別割合を示したものです。表1中のXの漁港の位置を、あとの図1中のイ～ニから一つ選び記号で答えなさい。

表1

漁港	水揚量 （千トン）	水揚量に占める魚種別割合 （％）	
X	215	いわし類（41.5）	さば類（36.1）
焼津港	167	かつお類（61.7）	まぐろ類（21.9）
境港	138	いわし類（44.6）	あじ類（25.4）
釧路港	113	たら類（64.8）	さんま（13.5）
八戸港	96	さば類（41.3）	いか類（33.0）

統計年次は2013年。『水産物流通統計』による。

図1

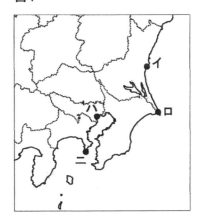

問3　文中の下線部③に関して、農産物の種類のうち輸出が多いのは果物です。次の**表2**の**あ～う**は、桃、りんご、すいかのいずれかの生産量第5位までの都道府県と全国の生産量に占めるその割合を示したものです。**あ～う**と作物の正しい組合せを、あとの**イ～ヘ**から一つ選び記号で答えなさい。

表2

あ		い		う	
都道府県名	割合（％）	都道府県名	割合（％）	都道府県名	割合（％）
熊本県	14.1	山梨県	31.3	青森県	58.5
千葉県	12.0	福島県	23.0	長野県	18.6
山形県	9.8	長野県	12.6	山形県	6.0
長野県	6.3	和歌山県	7.8	岩手県	3.7
鳥取県	6.0	山形県	7.2	福島県	3.5

統計年次は2016年。『作物統計』による。

解答の記号	イ	ロ	ハ	ニ	ホ	ヘ
あ	桃	桃	りんご	りんご	すいか	すいか
い	りんご	すいか	桃	すいか	桃	りんご
う	すいか	りんご	すいか	桃	りんご	桃

【B】

　第二次大戦後の日本では、工業発展をつうじて高度経済成長が達成された。第二次産業の就業者が日本全体の就業者に占める割合は、④1950年の21.8％から上昇して1970年には34.0％に達し、その後、停滞・低下に転じ、2015年には25.0％となっている。日本の製造品出荷額等(注)が最多であったのは1991年であり、1990年代以降、⑤日本全体の工業生産が停滞した状態にあるといえるが、⑥高品質の製品の研究開発や製造に活路を見いだそうとする動きがある。

(注)「製造品出荷額等」とは、1年間における製造品出荷額、加工賃収入額、その他収入額および製造工程からでたくずと廃物の出荷額の合計である。

問4　文中の下線部④に関して、この間、日本の工業の構成は変化してきました。次の**図2**は、日本の工業の業種別の従業員数の推移を示したものであり、図中の**え～か**は、金属（鉄鋼・その他金属）、電気・電子機器、繊維・衣服のいずれかです。**え～か**と業種の正しい組合せを、あとの**イ～ヘ**から一つ選び記号で答えなさい。

図2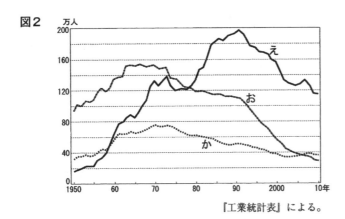

『工業統計表』による。

解答の記号	イ	ロ	ハ	ニ	ホ	ヘ
え	金属	金属	電気・電子	電気・電子	繊維・衣服	繊維・衣服
お	電気・電子	繊維・衣服	金属	繊維・衣服	金属	電気・電子
か	繊維・衣服	電気・電子	繊維・衣服	金属	電気・電子	金属

問5　文中の下線部⑤に関して、次の**表3**は、製造品出荷額等第7位までの都道府県の製造品出荷額
等とその工業割合を示したものです。あとの文を参考にして、表中の（1）県と（2）県に当て
はまる県名をそれぞれ漢字で答えなさい。

表3

都道府県名	製造品出荷額等 （十億円）	工業割合（％）		
		重工業	化学工業	軽工業
愛知県	43,831	80.2	10.2	9.6
（1）県	17,721	53.2	32.2	14.6
大阪府	16,529	53.0	29.3	17.6
（2）県	16,051	59.9	19.3	20.8
兵庫県	14,888	61.5	18.7	19.8
千葉県	13,874	30.1	51.5	18.4
埼玉県	12,391	50.1	22.7	27.1

統計年次は2014年。『工業統計表』による。

（1）県では、とくに県の東部に位置する県庁所在都市からその北に位置する都市にかけ
ての臨海部で、工業が盛んである。この臨海地域には製鉄所や石油化学コンビナートなどの
大工場が建ち並んでいる。
（2）県では、とくに県の西部に位置する県内で人口最大の都市やその周辺で工業が盛ん
である。この県の西部地域では自動車やオートバイなどの輸送用機械工業が盛んであるほ
か、楽器の製造なども行われている。

問6　文中の下線部⑥に関して、地域社会を基盤として地域の特産品を製造している工業を地場産業といい、各地の地場産業が産地ブランドをかかげて生き残りをめざしています。都市とその特産品の組合せとして**誤っているもの**を、次のイ〜ニから一つ選び記号で答えなさい。

　　イ．愛知県瀬戸市 ─ 陶磁器　　　　ロ．富山県高岡市 ─ 銅器

　　ハ．福井県鯖江市 ─ 洋食器　　　　ニ．愛媛県今治市 ─ タオル

【C】

　　商業やサービス業からなる第三次産業の就業者が日本全体の就業者に占める割合は、1950年の29.6％から一貫して上昇し、2015年には71.0％となっている。第二次・第三次産業が発展する産業構造の高度化にともなって、⑦地方から、東京・大阪・名古屋を中心とする大都市圏への人口移動が生じ、大都市圏が成長していった。なかでも⑧東京大都市圏（首都圏）は人口世界最大の都市圏となっており、近年は、産業と人口の東京大都市圏への一極集中の傾向がいっそう強まっている。

問7　文中の下線部⑦に関して、次の図3は、中国・四国・九州地方（沖縄県を除く）の1960〜1970年と2000〜2010年の県別の人口増減を示したもので、それぞれの県を「人口増加」、「人口減少」、「人口大幅減少」というA〜Cの三つの区分に当てはめています。A〜Cの正しい組合せを、あとのイ〜ヘから一つ選び記号で答えなさい。なお、「人口増加」には人口増加率が０％以上であった県、「人口減少」には人口増加率が－４％以上０％未満であった県、「人口大幅減少」には人口増加率が－４％未満であった県が当てはまります。

図3　1960年〜1970年の人口増減　　2000年〜2010年の人口増減

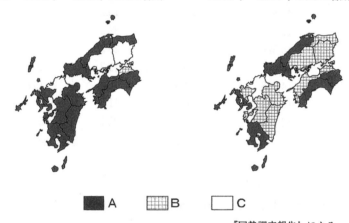

■A　　田B　　□C

『国勢調査報告』による。

解答の記号	イ	ロ	ハ	ニ	ホ	ヘ
A	人口増加	人口増加	人口減少	人口減少	人口大幅減少	人口大幅減少
B	人口減少	人口大幅減少	人口増加	人口大幅減少	人口増加	人口減少
C	人口大幅減少	人口減少	人口大幅減少	人口増加	人口減少	人口増加

問8　文中の下線部⑧に関して、次の図4は、1975年から1980年にかけての東京大都市圏を中心とした地域の市区町村別人口増加率を示したものです。当時の東京大都市圏の内部の人口動向にはどのような特徴があったか、次の二つの語句を用いて、人口動向を表す用語をあげながら答えなさい。

郊外	都心

図4

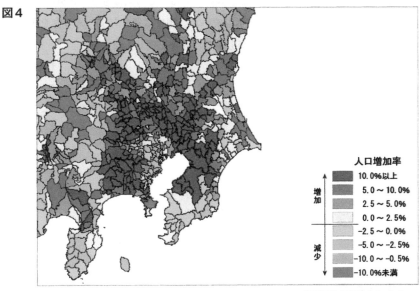

『国勢調査報告』による。

3

古代から中世にかけて、支配者は政治や社会の安定を目的に、祭りを指導したり宗教を保護したりしていました。そのことに関する次の図や史料を見て、あとの問いに答えなさい。

史料1

倭人は帯方郡^(注)の東南の海上にある島で生活しており、山や島に小国をつくっている。もともと百をこえる国々があり、漢の時代から使者を送ってきていた。帯方郡から倭にいたるには、……南に行くと、邪馬台国に着く。女王が都を置いている。その国はもともと男の王を置いていたが、7、80年後、倭国は乱れて戦乱が何年も続いた。国々は連合して一人の女を王に立てた。名を【　X　】という。呪術（まじない）が上手で、人々を信じさせている。

（「魏志倭人伝」）

（注）帯方郡…朝鮮半島北部に置かれた魏の拠点

図1

史料2

詔^(注)で述べられた、「私は徳が薄いにもかかわらず天皇という重い任につき、まだ政治と教化を広めるにいたっていない。……このごろ収穫が少なく、病が流行している。恐れと恥ずかしさを抱き、心労を重ねてはじいるばかりである。……天下諸国に対して七重塔一基をつくるよう命じ……塔のある寺はそれぞれの国の華であるから、良い場所につくり、長く維持しなさい。……国ごとの寺には五十戸分の税と水田十町を、尼寺には水田十町をほどこすようにしなさい」と。

（『続日本紀』）

（注）詔…天皇からの命令

3	⑳	㉑	㉒	㉓
				ついている ・ 消えている

	㉔	㉕		

小	計

4	㉖	㉗	㉘	㉙
		分　　　秒		分　　　秒

	㉚	㉛		
		分　　　秒		

小	計

5	㉜	㉝	㉞	㉟	㊱

小	計

Ⓚ教英出版

6	問 1	問 2		問 3	問 4
		(1)	(2)		
		秒	倍		

7	問 1				問 2
	①	②	③	④	

問 3		問 4	問 5

8	問 1		問 2	
	図1	図2	図1	図2

小	計

小	計

小	計

	1	2	3	4	5	

問6

小　計

5

問1

問2

問3　問4　問5

小　計

6

問1　問2

問3

問4　問5　問6　問7

小　計

平成31年度　**社会　解答用紙**

氏名

受験番号

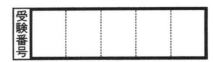

※100点満点
（配点非公表）

1

問1		問2		問3	X		諸島	Y		諸島

問4		問5				問6		問7	(1)		(2)

小　計

2

問1		問2		問3		問4	

問5	(1)		県	(2)		県	問6		問7	

問8	

小　計

3

問1		問2		問3		問4		問5	

問6	

小　計

【解答

平成31年度　**理科　解答用紙**

氏名 _____

受験番号 | | | | |

※100点満点
（配点非公表）

1

問 1	問 2	問 3	問 4	問 5	問 6
			個	個	個

小　計

2

問 1	問 2	問 3	問 4

小　計

3

問 1		問 2	問 3	問 4
C	D			
			g	g

小　計

4

問 1	問 2	問 3	問 4	問 5
g				

小　計

平成31年度　**算数　解答用紙**

氏名

受験番号

※150点満点
（配点非公表）

1

①	②	③	④	⑤	⑥

⑦	⑧	⑨	⑩	⑪

小	計

2

⑫	⑬	⑭	⑮
（　　，　　，　　）			：

⑯	⑰	⑱	⑲
：			

小	計

【解答

図2

図3

問1　**史料1**は、弥生時代の日本の様子を記した歴史書の一節を現代語に訳したものです。
　　史料中の【　X　】に当てはまる人物を漢字で答えなさい。

問2　**史料1**の時代にみられる祭りの道具を、次のイ～ニから一つ選び記号で答えなさい。
　　イ．埴輪　　　ロ．土偶　　　ハ．銅鐸　　　ニ．須恵器

問3　**図1**の塔は、7世紀に天武天皇によって建てられた寺院に現存しています。6世紀に日本に伝わった仏教は、7世紀から中央集権化が進むとともに国によって保護され、大規模な寺院がつくられました。7世紀の中央集権化や仏教について述べた文として**誤っているもの**を、次のイ～ニから一つ選び記号で答えなさい。
　　イ．持統天皇は、はじめて戸籍の作成を命じた。
　　ロ．仏教の影響を受けて、憲法十七条が定められた。
　　ハ．推古天皇の時代に、法隆寺が建てられた。
　　ニ．道路によって碁盤の目のように区画された都として、藤原京がつくられた。

問4　**史料2**は、天皇からの命令という形式で朝廷が定めた法令を現代語に訳したものです。この法令が定められた天皇の時代について述べた文として正しいものを、次のイ～ニから一つ選び記号で答えなさい。
　　イ．藤原道長が摂政に任じられた。
　　ロ．遣隋使が派遣された。
　　ハ．坂上田村麻呂が征夷大将軍に任じられた。
　　ニ．墾田永年私財法が定められた。

問5　図2に描かれているのは、中世に寺院によって組織された僧兵の様子です。中世には寺院が荘園領主として独自の力を持ち、僧兵を動員して他の勢力と争いました。荘園領主としての寺院勢力に関して述べた文として**誤っているもの**を、次のイ〜ニから一つ選び記号で答えなさい。

　　イ．寺院は、地方の武士から領地の寄進を受け、年貢を納めさせた。

　　ロ．白河上皇によってはじめられた院政の時代には、僧兵が強訴を行った。

　　ハ．源平の争乱で、延暦寺は平氏によって焼打ちされた。

　　ニ．地頭が荘園を侵略して寺院と対立すると、下地中分が行われた。

問6　図3は鎌倉に建てられた寺院で、中国で学んだ栄西によって日本に伝えられた仏教の宗派に属しています。この宗派は鎌倉幕府によって保護されましたが、その理由のひとつに、この宗派の修行法が武士の気風にあっていたことがあげられます。この宗派ではどのような修行が行われていたか、宗派の名をあげて説明しなさい。

4　次の文を読んで、あとの問いに答えなさい。

　鎌倉時代から江戸時代にかけて、天皇を頂点とする朝廷と将軍を頂点とする幕府が並び立ち、その関係は時期によって異なっていた。鎌倉時代には幕府と朝廷がそれぞれ荘園を支配し、政治の権限を分け合っていたが、1221年の①承久の乱をきっかけに幕府が優位に立つようになった。その後、②室町時代には天皇家や藤原氏はある程度の勢力を残していたが、幕府の力が強まり、文化的にも公家文化と武家文化が融合した。

　15世紀後半から戦国時代に入ると、各地で武士による領地争いがつづき、天皇家や藤原氏は多くの荘園をうばわれた。こうした戦乱の中で、東海・近畿地方をおさえて強大な軍事力をほこった③豊臣秀吉が1585年に朝廷の高い官職に武士としてはじめてつき、天皇を利用して1590年に天下統一を果たした。この後、徳川家康によって江戸幕府が開かれると、④幕府は諸大名や朝廷に厳しい圧力を加えたが、17世紀後半からは、身分秩序の安定のため、朝廷との友好関係を築いた。

　18世紀後半になると、経済の発展を背景に身分秩序が不安定となる一方、町人たちによってさまざまな学問が発達した。その中でも国学は、⑤『古事記伝』を著した人物によって発達し、日本古来の精神に立ち返る試みを通じて、天皇を重んじる思想が広まった。19世紀に入ると、幕府の政治は混乱する一方で藩政改革に成功した雄藩が成長し、1853年のペリー来航以後は、朝廷や雄藩が発言力を強めていた。こうした中で、⑥19世紀後半に貿易が開始されたことから、雄藩の下級武士を中心とする尊王攘夷運動が活発化し、幕末の政治に影響を与えた。

問1　文中の下線部①について、この争乱が発生したときに執権として幕府を指導していた人物を、次のイ～ニから一つ選び記号で答えなさい。

　　イ．北条時宗　　　ロ．北条時政　　　ハ．北条義時　　　ニ．北条泰時

問2　文中の下線部②に関して、幕府と朝廷の関係や武家と公家の文化について述べた文として**誤っているもの**を、次のイ～ニから一つ選び記号で答えなさい。

　　イ．足利尊氏は、南朝の天皇から征夷大将軍に任命された。

　　ロ．諸国の武士をまとめた守護大名が、国司の権限を奪っていった。

　　ハ．足利義満は、武家と公家の文化を合わせた金閣を建てた。

　　ニ．武士や公家によって、連歌や茶の湯が流行した。

問3　文中の下線部③について、この官職を次のイ～ニから一つ選び記号で答えなさい。

　　イ．摂政　　　ロ．関白　　　ハ．内大臣　　　ニ．右大臣

問4　文中の下線部④に関して、幕府による諸大名と朝廷に対する統制や、身分秩序への対応について述べた文として**誤っているもの**を、次のイ～ニから一つ選び記号で答えなさい。

　　イ．幕府は大名に対して、参勤交代を行わせることで主従関係を確認した。

　　ロ．幕府は禁中並公家諸法度を定めて、天皇に政治的な力を持たせなかった。

　　ハ．徳川綱吉は、湯島聖堂を建てて朱子学を学ぶことをすすめた。

　　ニ．徳川吉宗は、幕府の学問所で朱子学以外の儒学を学ぶことを禁じた。

問5　文中の下線部⑤について、この人物を、次のイ～ニから一つ選び記号で答えなさい。

　　イ．杉田玄白　　　ロ．青木昆陽　　　ハ．伊能忠敬　　　ニ．本居宣長

問6　文中の下線部⑥に関して、次の**史料1**は、尊王攘夷論を唱えた吉田松陰が1858年に著した『時勢論』の一部を読みやすく書き改めたものです。尊王攘夷運動のきっかけを、**史料1**を参考に、史料中の条約の名をあげて説明しなさい。

史料1

> 　そもそも徳川家が将軍に任じられて以来、外夷を防ぐことがだんだんできなくなってきていることは今日にはじまったことではない。……6月21日の（アメリカとの条約）調印では、幕府は明らかに天皇陛下の命令に反している。それだけではなく、正論を述べて忠義の志を持つ尾張・水戸・越前の藩主を罰するにいたった。私(注)はここにいたって、天皇陛下のお怒りはいかほどであろうかとおそれおおく思っている。
>
> 　　　　　　　　　　　　　　　　　　　　　　　　　　　　（注）私…吉田松陰自身のこと

5 日本の鉄道について述べた次の文【A】、【B】を読んで、あとの問いに答えなさい。

【A】

　明治新政府では、軍艦建造など軍備拡張の声が高まるなかで、殖産興業のためには鉄道が必要であると主張した進歩的な官僚の熱心な働きかけによって、鉄道建設がはじまった。1872（明治5）年に新橋・横浜間、1874（明治7）年に大阪・神戸間、1877（明治10）年に大阪・京都間が開通した。しかし、その後、新政府が財政難に陥ったこともあって、鉄道建設はなかなか進まなかった。政府に代わって鉄道建設を進めたのが、①華族・士族や企業家によってつくられた各地の私鉄であった。日本最初の私鉄である日本鉄道会社は、1884（明治17）年に東京・高崎間を開通させ、②翌年に高崎・横浜間を鉄道で直結させた。1889（明治22）年には、華族を中心に筑豊の炭鉱主らによって石炭輸送を目的に筑豊興業鉄道がつくられた。

問1　文中の下線部①に関して、条約改正を目的とした遣欧使節団の大使として欧米を視察し、華族の資金をもとに私鉄の設立をすすめた公家出身の人物を、漢字で答えなさい。

問2　文中の下線部②に関して、次の図は1907（明治40）年の群馬県高崎市の20,000分の1の地形図を拡大したもので、高崎駅とその周辺の様子を見ることができます。日本鉄道会社が高崎・横浜間を鉄道で直結させた目的を、説明しなさい。

【B】

　③西南戦争で鉄道が軍事輸送に一定の役割を果たし、軍部が日清戦争、日露戦争において兵力を鉄道で効率よく輸送したことから、陸軍を中心に鉄道を国有化する動きがはじまった。1906（明治39）年に鉄道国有法が公布され、全国の主要な私鉄17社が政府によって買収され国有化された。

　また日清戦争後には、日本の手によって台湾や朝鮮で鉄道建設がはじまった。④日露戦争の講和条約で、ロシアが建設した長春（ちょうしゅん）以南の東清鉄道支線を獲得し、1906（明治39）年には南満州鉄道株式会社が設立された。南満州鉄道は日本が大陸支配を強化するのに大きな役割を果たした。1931（昭和6）年に満州事変がおこって、翌年に関東軍（日本軍）によって満州国が成立すると中国東北部の鉄道網は満州国の国有鉄道とされた。⑤日中戦争が始まり、1938（昭和13）年に国家総動員法が制定されると、総力戦体制のもとで鉄道は戦争遂行の手段としてもちいられていった。

問3　文中の下線部③について、次の年表に示したa〜dの時期のうち、西南戦争がおこった時期として正しいものを、あとのイ〜ニから一つ選び記号で答えなさい。

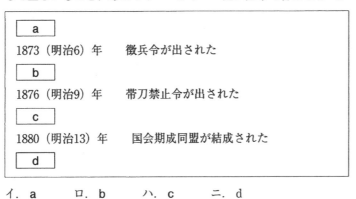

a
1873（明治6）年　　　徴兵令が出された
b
1876（明治9）年　　　帯刀禁止令が出された
c
1880（明治13）年　　　国会期成同盟が結成された
d

　　イ．a　　　ロ．b　　　ハ．c　　　ニ．d

問4　文中の下線部④に関して、日露戦争とその講和条約について述べた文として正しいものを、次のイ〜ニから一つ選び記号で答えなさい。

　　イ．ロマン派の詩人である与謝野晶子が、日露戦争を疑問視する詩を発表した。

　　ロ．日露戦争中に、米の値段が大幅に上がって、米騒動がおこった。

　　ハ．イギリスの仲介で、日露戦争の講和会議が開催された。

　　ニ．日露戦争の講和条約で、日本の韓国併合が認められた。

問5　文中の下線部⑤について述べた文として**誤っているもの**を、次のイ〜ニから一つ選び記号で答えなさい。

　　イ．盧溝橋事件をきっかけにはじまった。

　　ロ．蒋介石は重慶に首都を移し、抗戦を続けた。

　　ハ．日中戦争中に、大政翼賛会が結成された。

　　ニ．日中戦争中に、五・一五事件がおこった。

6 次の文を読んで、あとの問いに答えなさい。

　人間は生まれながらにして自由・平等であり、国家も侵すことのできない権利をもつという考え方はヨーロッパで生まれた。この考え方の影響のもと、17〜18世紀の市民革命で人権に関する宣言が出された。18世紀のアメリカ独立宣言や①フランス人権宣言などがその代表的なものである。人権は19世紀まで、自由権としての性格が強く、市民の生活や経済活動への国家の干渉をおさえるものであった。

　自由な経済活動が保障された結果、資本主義経済は産業革命を通じてめざましい発展をとげたが、19世紀以降、②労働問題など社会問題が生じた。労働問題の解決や改善のための運動がたかまり、労働者や失業者、病弱者などの社会的・経済的弱者を国家が積極的に保護すべきだという思想が生まれた。第一次世界大戦後、1919年に制定されたドイツのワイマール憲法によって、人間に値する生活の保障を国家に求める権利である社会権が認められた。第二次世界大戦後には、各国の憲法で各種の社会権が保障されるようになった。

　戦後の国際社会において、人権を国内的に保障するだけでなく、国際的にも保障しようとする傾向が生じた。1948年には③国際連合の第3回総会で〈　Ｘ　〉が採択され、人類普遍の価値として人権が認められた。〈　Ｘ　〉は世界平和実現のためには人権尊重が不可欠であることを明言している。

　日本では、戦後に制定された④日本国憲法で、自由権、参政権、⑤社会権などが基本的人権として保障されている。また、⑥科学技術の進歩や社会状況の変化にともなってさまざまな問題が生じたことにより、憲法に規定されていない「新しい人権」が主張されるようになっている。

問1　文中の〈　Ｘ　〉に当てはまる語句を漢字で答えなさい。

問2　文中の下線部①に関連して、フランス革命や人権宣言に大きな影響を与えた思想家で、その著書が日本では中江兆民によって翻訳され『民約訳解』として出版された人物を、次のイ〜ニから一つ選び記号で答えなさい。
　　　イ．ロック　　　ロ．ボルテール　　　ハ．ルソー　　　ニ．モンテスキュー

問3　文中の下線部②に関して、次の絵は、産業革命期のイギリスの織物工場における子どもや女性労働者の状態を描いたものです。産業革命期に子どもや女性が長時間・低賃金で雇われるようになった理由を答えなさい。

問4　文中の下線部③に関して、戦争や災害、人種・宗教的迫害などを理由に外国へ逃れた人々を保護し救済することを目的とする機関のアルファベットの略称を、次のイ～ニから一つ選び記号で答えなさい。

イ．IMF　　　ロ．UNHCR　　　ハ．WTO　　　ニ．UNCTAD

問5　文中の下線部④に関して、日本国憲法の人権保障はアメリカ独立宣言の影響を受けています。次の〈　Y　〉に当てはまる共通の語句を漢字で答えなさい。

アメリカ独立宣言
「われわれは以下のことを自明の真理であると信じる。人間はみな平等につくられ、ゆずりわたすことのできない権利を神によってあたえられていること、その中には、生命・自由、〈　Y　〉の追求がふくまれていること、である。」

日本国憲法第13条
「……生命、自由及び〈　Y　〉追求に対する国民の権利については、公共の福祉に反しない限り、立法その他の国政の上で、最大の尊重を必要とする。」

問6　文中の下線部⑤に関して、社会権の内容に当てはまるものを、次のイ～ニから一つ選び記号で答えなさい。

　　イ．勤労者どうしが団結して、自分たちの権利を守ることができる。

　　ロ．自分のなりたい職業を選ぶことができる。

　　ハ．性別や家柄、財産などを理由とする差別を受けない。

　　ニ．宗教を自分の考えにもとづいて信仰することができる。

問7　文中の下線部⑥に関して、高度経済成長の時代に環境が著しく悪化し、1960年代以降、政府は環境保護対策を進めてきました。環境を保護する法律が制定された順に正しく並べたものを、次のイ～ニから一つ選び記号で答えなさい。

　　イ．環境基本法　→　公害対策基本法　→　循環型社会形成推進基本法

　　ロ．環境基本法　→　循環型社会形成推進基本法　→　公害対策基本法

　　ハ．公害対策基本法　→　循環型社会形成推進基本法　→　環境基本法

　　ニ．公害対策基本法　→　環境基本法　→　循環型社会形成推進基本法

平成 30 年度

福岡大学附属大濠中学校

入 学 試 験 問 題

算 数

［時 間 60分］

注 意

1. 答えはすべて解答用紙に記入してください。

2. 解答用紙には氏名・受験番号（算用数字 例10001）をきちんと書いて
ください。

1

次の各問いに答えなさい。

(1) $2018 \times 252 - (503 \times 504 + 503 \times 505)$ を計算すると ① です。

(2) $\left(\dfrac{4}{5} - \dfrac{2}{3} \right) \div \dfrac{4}{3} + \left(\dfrac{1}{4} + \dfrac{1}{2} \right) \times \dfrac{2}{3}$ を計算すると ② です。

(3) 次の □ にあてはまる数は ③ です。

$2.25 \times \left(\dfrac{7}{3} + 5 \div \square \right) = 21$

(4) 正七角形の対角線の本数は全部で ④ 本です。

(5) A，B，C の 3 種類の硬貨がそれぞれ 1 枚ずつ計 3 枚あります。

A と B を合わせた重さは 25g，B と C を合わせた重さは 18g，C と A を合わせた重さは 21g です。

B の硬貨の重さは ⑤ g です。

(6) ある整数を $\dfrac{23}{36}$ 倍しても，$\dfrac{13}{24}$ 倍しても 2 けたの整数になります。

この整数をすべて求めると ⑥ です。

(7) 下の図のような AD：BC ＝ 3：8 の台形 ABCD があり，対角線 AC を折り目として折って
重ねました。重なっていない部分（色のついた部分）の面積はもとの台形の面積の ⑦ 倍です。

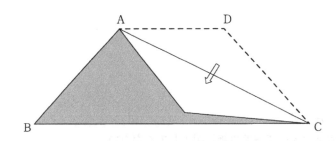

(8) 150人を対象に，国語と算数が好きであるかのアンケートをしました。

算数が好きと答えた人は全体の60%で，そのうちの20%は国語も好きと答えました。

国語も算数も好きではないと答えた人は10人でした。国語が好きと答えた人は ⑧ 人です。

(9) 下の図1，図2は同じ形をした長方形を5個並べたものです。

図1，図2の周の長さ（太線部分）は ⑨ です。（次の①〜④の中から選びなさい）

① 図1の方が図2より長い

② 図2の方が図1より長い

③ 等しい

④ 長方形の大きさがわからないので比べることはできない

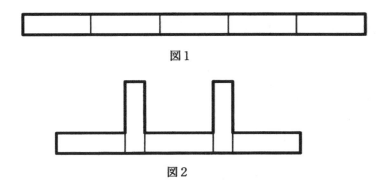

図1

図2

(10) 下の図のように，直角三角形ABCとおうぎ形CBDが重なっています。

重なっていないあの部分の面積といの部分の面積が等しいとき，辺ABの長さは ⑩ cmです。

ただし，円周率は3.14とします。

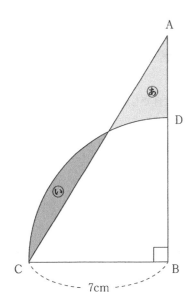

2 次の各問いに答えなさい。

(1) 1から100までの2つの整数A，B（A，Bは同じ整数でもよい）について，
記号＜A，B＞，記号【A，B】を次のように約束します。

　　　記号＜A，B＞は（A＋B）÷2の値を2回掛けることを表します。
　　　記号【A，B】はA×Bを表します。
　　　例えば，＜4，6＞は（4＋6）÷2＝5なので，＜4，6＞＝5×5＝25です。
　　　　　　　【4，6】＝4×6＝24です。

(ア) ＜5，9＞＝ ⑪ です。

(イ) ＜2，B＞＝【6，6】を満たすのは，B＝ ⑫ のときです。

(2) 次のように，ある規則で数が並んでいます。
　　　1，1，2，3，5，8，13，21，・・・

(ア) 左から12番目の数は ⑬ です。

(イ) 左から13番目の数を12番目の数で割ったとき，小数第4位を四捨五入して
小数第3位で答えると ⑭ です。

(3) A，B，C，D，Eの5チームでサッカーの総当たり戦（他のすべてのチームと戦う）を行い，
1試合ごとに勝つと3点，引き分けると1点，負けると0点の勝ち点が与えられました。
次の①～⑤のことからDの勝ち点は ⑮ 点，5チームの勝ち点の合計は ⑯ 点です。
　① CはAとBに勝ちました。
　② Aは2勝1敗1分けで，Eには勝ちました。
　③ Eは3勝1敗でした。
　④ 引き分けは全部で2試合でした。
　⑤ Bの勝ち点は3点でした。

(4) 下の図1のように，よこ 30cm，たて 15cm，高さ 20cm の直方体の形をした水そうがあります。
水そうの中は，左の側面から 10cm のところで，側面と平行に一辺が 15cm の正方形の仕切り板
をつけ，あ，いの部分に分かれています。また，いの部分には直方体の重りが入っています。
あの部分に一定の割合で水を入れ続けます。

水は，仕切り板をこえていの部分に流れ込み，最後には水そうからあふれてしまいます。

下の図2は，水を入れ始めてからの時間とあの部分といの部分の**水面の高さの和**をグラフに
したものです。ただし，水そうと仕切り板の厚さは考えないものとします。

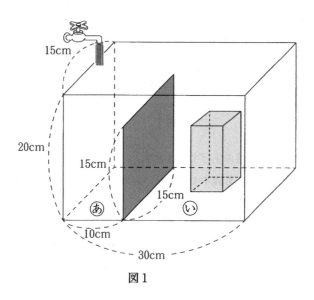

図1

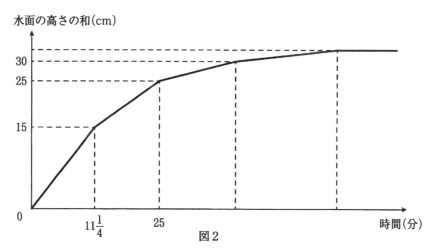

図2

(ア) 水はあの部分に毎分 ⑰ cm³ で入れ続けています。

(イ) 直方体の重りの底面積は ⑱ cm² です。

－ 4 －

3 下の図1のように，高さが2cm，5cm，7cm，形が円柱，三角柱，直方体の全9種類の積み木があります。個数は，全種類50個ずつあります。

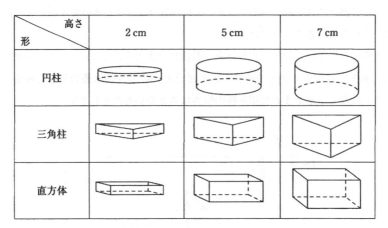

図1

次の＜ルール＞で積み木を積み上げていきます。
ただし，積み木を積み上げても途中で倒れないものとします。

＜ルール＞
　①位置Aには高さ2cm，位置Bには高さ5cm，位置Cには高さ7cmの積み木を積み上げます。
　②位置Aは，円柱→三角柱→直方体→円柱→…の順に，
　　位置Bは，三角柱→直方体→円柱→三角柱→…の順に
　　位置Cは，直方体→円柱→三角柱→直方体→…の順に積み上げていきます。
　③位置A，B，Cのうち最も高さが低い位置にある積み木に積み上げます。
　　ただし，最も高さが低い位置が複数のときは位置Aに近い方の積み木に積み上げます。
　　例えば，最も高さが低い位置がAとBのときは，位置Aに積み上げます。

初めの3個は，図2のように，
位置Aに2cmの円柱，位置Bに5cmの三角柱，位置Cに7cmの直方体をおくことになります。

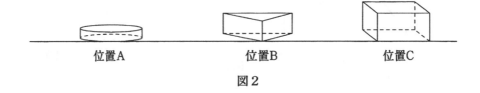

位置A　　　　　　　　　位置B　　　　　　　　　位置C

図2

(1) 初めの 3 個も含めて，合計 8 個の積み木を使ったとき，
　　位置 A の一番上にある積み木の形は ⑲ です。

(2) 初めの 3 個も含めて，合計 20 個の積み木を使ったとき，
　　最も高いのは位置 ⑳ の積み木で，一番上にある積み木の形は ㉑ です。

(3) 初めて位置 A，B，C の高さが同じになるのは，
　　初めの 3 個も含めて，合計 ㉒ 個の積み木を使ったときです。

(4) 位置 C の一番上にある積み木の形が三角柱であり，位置 B と位置 C の高さが初めて同じになるのは，
　　初めの 3 個も含めて，合計 ㉓ 個の積み木を使ったときです。

4 下の図のように，一辺が 6cm の正三角形の各頂点から半径 3cm のおうぎ形を切り取った図形 P と一辺が 6cm の正方形の各頂点から半径 3cm のおうぎ形を切り取った図形 Q があります。
ただし，一辺が 6cm の正三角形の面積は 15.57cm² とし，円周率は 3.14 とします。

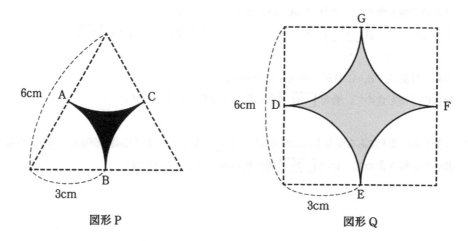

図形 P   図形 Q

(1) 図形 P の面積は ㉔ cm²，図形 Q の面積は ㉕ cm² です。

(2) 図形 Q の点 D と点 E を結んだ線の長さを一辺の長さとする正方形の面積は ㉖ cm² です。

下の図 1 のように，図形 P を半径 3cm の円の周上に曲線 AB をぴったりと合わせ，
すべらないように時計回りに転がします。

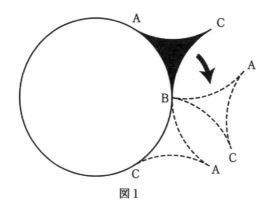

図 1

(3) 図形 P が円を 1 周して，点 A がもとの位置にもどるまでに，
点 A が動いた長さは ㉗ cm です。

下の図2のように，図形Qを半径3cmの円の周上に曲線DEをぴったりと合わせ，すべらないように時計回りに転がします。

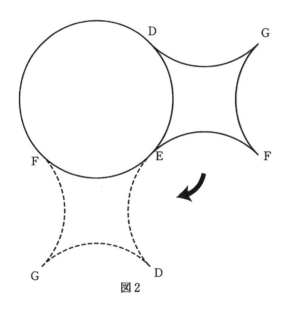

図2

(4) 図形Qが円を1周して，点Dがもとの位置にもどるまでに，点Dが動いたあとの線で囲まれる図形の面積は ㉘ cm² です。

5 ある飛行物体を作製し，飛ばすことにしました。

ただし，離陸，着陸させる地点はすべて高低差がないものとし，着陸した時点で止まるものとします。

この飛行物体は無風状態では，

スイッチⅠにすると1秒間に1m前進しながら1m上昇します。

スイッチⅡにすると1秒間に1m前進しながら0.2m下降します。

追い風が吹くと，風速がすべて前進する力に加わります。

向かい風が吹くと，風速の半分は前進する力を減少させ，半分は上昇しているときには上昇する力，

下降しているときには下降する力に加わります。

下の表は，無風状態，追い風1m，向かい風1mのときの1秒間の動きを示したものです。

	スイッチⅠ	スイッチⅡ
無風状態	1m / 1m	1m / 0.2m
追い風	1m / 1m＋1m＝2m	1m＋1m＝2m / 0.2m
向かい風	1m＋0.5m＝1.5m / 1m－0.5m＝0.5m	1m－0.5m＝0.5m / 0.2m＋0.5m＝0.7m

(1) 無風状態においてスイッチ I にし，A 地点から離陸させ 10 秒後にスイッチ II にしたところ B 地点に着陸しました。A 地点と B 地点の距離は ㉙ m です。

(2) 無風状態においてスイッチ I にし，A 地点から離陸させ 10 秒後に秒速 1m の向かい風が 10 秒間吹いた後，無風状態になり 2 秒後に，スイッチ II にしたところ C 地点に着陸しました。
離陸してから ㉚ 秒後に着陸しました。また，A 地点と C 地点の距離は ㉛ m です。

(3) 無風状態においてスイッチ I にし，A 地点から離陸させ 8 秒後に秒速 3m の追い風が 4 秒間吹いた後，無風状態になり 3 秒後に，スイッチ II にしました。
その 5 秒後に，秒速 2m の向かい風が 2 秒間吹いた後，無風状態になり D 地点に着陸しました。
A 地点と D 地点の距離は ㉜ m です。

平成 30 年度

福岡大学附属大濠中学校

入 学 試 験 問 題

理 科

[時 間 40 分]

注 意

1. 答えはすべて解答用紙に記入してください。

2. 解答用紙には氏名・受験番号（算用数字　例10001）をきちんと書いて
　ください。

1 　2個のスイッチ1，2と、3個の同じ電池と、4個の同じ豆電球a～dを使って図のような回路を
つくりました。最初、スイッチ1，2はどちらも開いています。

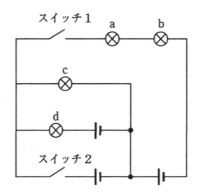

問1　図の状態で、豆電球cとdはどちらが明るいですか。cまたはdの記号で答えなさい。ただ
し、同じ明るさの場合は「同じ」と答えなさい。

　図の状態から、スイッチ1を閉じました。

問2　豆電球cとdはどちらが明るいですか。cまたはdの記号で答えなさい。ただし、同じ明る
さの場合は「同じ」と答えなさい。

問3　豆電球aと同じ明るさで光る豆電球をb～dの記号で答えなさい。当てはまる豆電球が複数
ある場合はすべて答えなさい。また、当てはまる豆電球がない場合は「なし」と答えなさい。

　続いて、スイッチ1を閉じたまま、スイッチ2を閉じました。

問4　豆電球cとdはどちらが明るいですか。cまたはdの記号で答えなさい。ただし、同じ明る
さの場合は「同じ」と答えなさい。

2 　図1のように長さ120 cmの棒Aと、同じ大きさで重さが棒Aの2倍の棒Bの2種類の棒があります。それぞれの棒を図2のように、机の上に机の端からはみ出すように置くと、どちらの棒も机の端から最大60 cmはみ出して置くことができました。

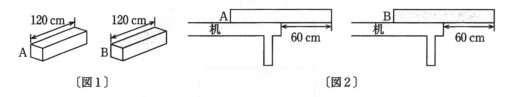

〔図1〕　　　　　　　　　　　　　　　　　　　　〔図2〕

　図3～図6のように机の端に棒を重ねて置いた場合、一番上の棒は机の端から最大何cmはみ出して置くことができますか。答えは整数で答えなさい。なお、答えが小数になる場合は、小数第一位を四捨五入して整数で答えなさい。

問1　図3のように、2本の棒Aを重ねた場合。

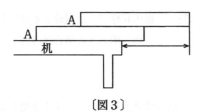

〔図3〕

問2　図4のように、3本の棒Aを重ねた場合。

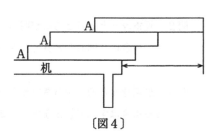

〔図4〕

問3　図5のように、棒Aの上に棒Bを重ねた場合。

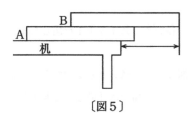

〔図5〕

問4　図6のように、棒Aの上に棒Bを重ね、さらにその上に棒Aを重ねた場合。

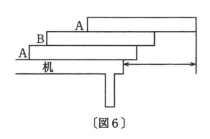

〔図6〕

3 リカさんは胸に少し痛みがあったので、病院で検査をしてもらいましたが異常は見られませんでした。次の図は、上から見た胸の断面図を模式的に表したものです。以下の各問いに答えなさい。

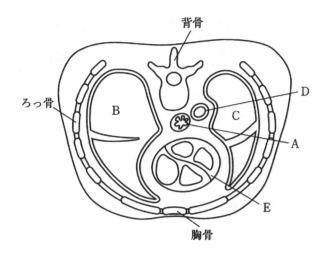

問1　図のAは食道です。次のア〜キの中から消化管をすべて選び、食道から続く順に並べかえて、記号で答えなさい。

ア．肛門　　イ．肝臓　　ウ．腎臓　　エ．小腸　　オ．大腸　　カ．すい臓　　キ．胃

問2　図のBとCは肺です。次の各問いに答えなさい。

（1）　リカさんの右側の肺は図のB・Cのどちらですか。記号で答えなさい。

（2）　呼気（はいた空気）と吸気（吸った空気）の中に含まれる酸素と二酸化炭素の割合（％）を測定したところ、右の表のようになりました。吸い込んだ酸素のうちの何％が体内に取り込まれたか答えなさい。ただし、割り切れない場合は小数第一位を四捨五入して、整数で答えなさい。

	酸素	二酸化炭素
呼気	16	4
吸気	21	0.04

問3　図のDは心臓から出て全身へ血液を送る血管です。また、次の図は血管の模式図です。Dの説明として正しいものを下のア〜エの中から1つ選び、記号で答えなさい。

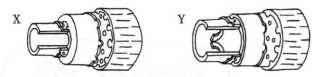

X　　　　　　　　Y

　　ア．Dの血管にあてはまる模式図はXで、名称は動脈である。
　　イ．Dの血管にあてはまる模式図はXで、名称は静脈である。
　　ウ．Dの血管にあてはまる模式図はYで、名称は動脈である。
　　エ．Dの血管にあてはまる模式図はYで、名称は静脈である。

問4　図のEは心臓です。心臓の中には全身へ放出する血液をためている部分があり、左心室と言います。次のグラフは時間とともに心臓の左心室の容積の変化が①と②の時期をくり返す様子を表したものです。心音図とは胸に手を当てると「ドクン、ドクン」と音がするものを測定したものです。このグラフについて、下のア〜カの中から正しいものを1つ選び、記号で答えなさい。

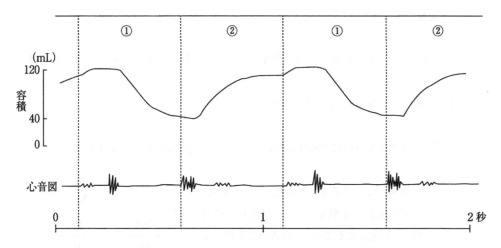

　　ア．血液を放出しているのは①の時期で、1秒間で40 mLの血液を放出している。
　　イ．血液を放出しているのは①の時期で、1秒間で80 mLの血液を放出している。
　　ウ．血液を放出しているのは①の時期で、1秒間で120 mLの血液を放出している。
　　エ．血液を放出しているのは②の時期で、1秒間で40 mLの血液を放出している。
　　オ．血液を放出しているのは②の時期で、1秒間で80 mLの血液を放出している。
　　カ．血液を放出しているのは②の時期で、1秒間で120 mLの血液を放出している。

4 　動物と環境に関する次の文A・Bを読んで、以下の各問いに答えなさい。

A　春あたたかくなると、チョウやハチなどの昆虫が花にとんでくる様子が見られますが、夏になるとその数は多くなります。これは、一日の平均気温が高いほど、ふ化してから成虫になるまでの発育速度が速くなるためです。

問1　ヒトも昆虫も身の回りの状況を体の各部で感じ取りながら生活しています。昆虫は、次の①・②をからだのどの部分で感じ取っていますか。下のア～オの中からそれぞれ1つ選び、記号で答えなさい。

　①　においを感じる。
　②　ものの形や色を感じる。

　　ア. 吻　　イ. 複眼　　ウ. はね　　エ. 触角　　オ. あし

問2　昆虫は、気温に合わせて、生活のしかたを工夫したり、体のしくみを変化させたりしています。次の①・②の冬の越し方をする昆虫を、下のア～カの中からそれぞれ1つ選び、記号で答えなさい。

　①　さなぎになる。
　②　成虫のまま、落ち葉の下などにかくれる。

　　ア. ミツバチ　　　　　イ. アブラゼミ　　　ウ. アゲハチョウ
　　エ. トノサマバッタ　　オ. テントウムシ　　カ. ゲンゴロウ

問3　近年、地球温暖化の影響により、昆虫の生息地が変化しつつあります。たとえば、日本ではあたたかい環境を好むある昆虫の種の生息地が、この数年で10km以上北上した例もあります。昆虫がこれまで生息できなかった北の地域にまで広がっていく現象から、気候は確かに変化しているといえます。地球温暖化によって起こると考えられることとして誤っているものを次のア～オの中から1つ選び、記号で答えなさい。

　　ア. 熱帯でしかみられなかった感染症の発生地域が広がる。
　　イ. 砂漠化する地域が広がる。
　　ウ. 北極や南極にすむ生物の分布地域が広がる。
　　エ. サンゴ礁の分布地域が変化する。
　　オ. 海面上昇により、沿岸部や干潟の環境が変化する。

B 1700年代、アリューシャン列島でラッコが発見されました。その後、人々は1911年の保護条約で捕獲が禁止されるまで乱獲を続け、ほとんどのラッコが姿を消すことになりました。現在は、少しずつ数を回復しています。

　ラッコは食欲旺盛で、毎日自分の体重の4分の1ほどのエサを食べます。ラッコが食べるものは150種類ほどあると言われていますが、よく好んで食べているものにウニがあります。ラッコが生息する場所には、全長50mにもなる大型のコンブ（ケルプ）が海中にまるで森のように密集しています。このケルプの森には、ここを住みかとした多くの種類の生物が生息しており、とても豊かな環境だといえます。

　一方、乱獲によりラッコが姿を消した場所では、ケルプはまったく見られませんでした。ケルプを食べる大型のウニが海底を埋め尽くしているだけで、他の生物はほとんど見られませんでした。

問4　上の内容を説明した文章として最もあてはまるものを、次のア～エの中から1つ選び、記号で答えなさい。

　　ア．ラッコがウニを捕食することで、自然のバランスがくずれ、ケルプの大繁殖を引き起こしている。
　　イ．ラッコがウニを捕食することで、人間の漁業に打撃を与えている。
　　ウ．ケルプが海中に繁栄することで、多くの生物のかくれる場所ができ、ラッコがえさを探すことが困難になっている。
　　エ．ラッコがウニを捕食することで、ウニの大発生をおさえ、ケルプを繁らせ豊かな環境をつくりだしている。

問5　ラッコ1頭あたり1日に24,000kJのエネルギー量を必要とする場合、ウニだけを食べたとして、ラッコ1頭あたり1日に何匹のウニを食べることになりますか。ただし、ラッコが食べたウニの80%がエネルギーとして取り入れられるものとし、ウニ1匹の食用部分の重さは8gとします。また、そのエネルギー量は1gあたり5kJです。小数第一位を四捨五入し、整数で答えなさい。
　　※kJはエネルギーの単位です。

5 ものの溶け方について調べるために、次の実験を行いました。下の表はその実験結果をまとめたものです。以下の各問いに答えなさい。ただし、水1mLは1gとします。

操作① 3つのビーカーに水50mLを入れ、それぞれ10℃，30℃，60℃にしました。

操作② 操作①で準備した3つのビーカーに食塩を少しずつ加え、各温度で溶かすことのできる重さを調べました。

同様の実験を、ミョウバンならびにホウ酸についても行いました。

結果　　水50mLに溶ける重さ

物質名 ＼ 温度〔℃〕	10℃	30℃	60℃
食塩〔g〕	18	18	18
ミョウバン〔g〕	4.0	8.0	28
ホウ酸〔g〕	1.8	3.4	7.4

問1　30℃の水100mLに、ミョウバンを溶けるだけ溶かした水溶液の重さ〔g〕を答えなさい。

問2　60℃の水100mLにミョウバンを溶けるだけ溶かしました。温度一定で、この水溶液から水だけを25mL蒸発させました。このとき、ミョウバンの結晶は何g出てきますか。

問3　60℃の水にミョウバンを溶けるだけ溶かした水溶液234gがあります。この水溶液を10℃まで冷却すると、ミョウバンの結晶は何g出てきますか。

問4　ビーカーに60℃の水500mLを入れ、食塩30gを溶かした水溶液をつくりました。同じ条件でミョウバン、ホウ酸についても水溶液をつくりました。これらを10℃まで冷却したとき、結晶が生じる物質はどれですか。名称を答えなさい。またその結晶の重さは何gですか。

問5　10℃の水100mLにミョウバンを10g入れた水溶液と、30℃の水200mLにミョウバンを20g入れた水溶液を混ぜ合わせ、温度を60℃にしました。この水溶液には、あと何gのミョウバンを溶かすことができますか。

問6　問5で、ミョウバンがこれ以上溶けなくなった水溶液の濃度は何％ですか。ただし、割り切れない場合は小数第一位を四捨五入して、整数で答えなさい。

6 　物質A～Eについて、次の実験を行いました。物質A～Eは砂糖、食塩、炭酸カルシウム、水酸化カルシウム、重曹のいずれかです。以下の各問いに答えなさい。

実験1　A～Eのそれぞれに塩酸を加えると、A，Bで気体Xが発生した。

実験2　Cの水溶液に気体Xを吹き込むと、白色の物質Bが生じた。

実験3　Aを加熱すると物質F、水、および気体Xが生じた。

実験4　Dを加熱すると黒色の物質が生じた。

実験5　水酸化ナトリウム水溶液に塩酸を加えるとEが生じた。

問1　物質A、B、C、Dはそれぞれ何ですか。名称を答えなさい。

問2　気体Xの説明として正しいものを次のア～カの中からすべて選び、記号で答えなさい。

　　ア．酸性雨の原因となる物質の1つである。
　　イ．地球温暖化の原因となる物質の1つである。
　　ウ．空気より軽い。
　　エ．空気より重い。
　　オ．ものを燃やす性質がある。
　　カ．固体はドライアイスとよばれる。

問3　物質Fの名称を答えなさい。

7　下の図は、台風が九州に来ているある日の天気図を表しています。これを見て以下の各問いに答えなさい。

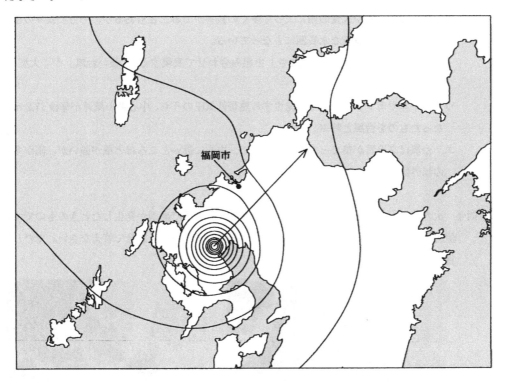

問1　台風の地面付近のようすについて正しく述べているものを次のア～エの中から1つ選び、記号で答えなさい。

　ア．台風の中心に向かって時計回りに風が吹きこみ、台風の東側より西側の方が被害が大きい。
　イ．台風の中心に向かって反時計回りに風が吹きこみ、台風の西側より東側の方が被害が大きい。
　ウ．台風の外側に向かって時計回りに風が吹き出し、台風の西側より東側の方が被害が大きい。
　エ．台風の外側に向かって反時計回りに風が吹き出し、台風の東側より西側の方が被害が大きい。

問2　台風の中心が図の位置から矢印上をまっすぐ矢の先端の位置まで移動したとすると、福岡市での風向きは、どう変化しますか。次のア～エの中から最も適するものを1つ選び、記号で答えなさい。

　ア．北→東→南　　　イ．西→南→東　　　ウ．南→東→北　　　エ．東→北→西

問3　台風の説明として誤っているものを次のア～エの中から１つ選び、記号で答えなさい。

　　ア．台風の強い風や大量の雨によって多くの被害がでることもあるが、一方で我々の生活になくてはならない貴重な水資源にもなっている。

　　イ．台風の規模は「大きさ」「強さ」を組み合わせて表現する。「強い台風」が「大型の台風」であるとは限らない。

　　ウ．太平洋や南シナ海の海上で発生する熱帯低気圧のうち、中心部の風速が毎秒17.2ｍ以上になったものを台風と呼ぶ。

　　エ．台風は高層雲が集まってできたもので、中心に近いところほど風が強いが、雨が多く降るのは外側である。

問4　次の①～④の衛星画像（雲画像）は日本のある場所で豪雨（ごうう）が発生したときのものです。その原因として正しいものを次のア～エの中から１つずつ選び、記号で答えなさい。ただし衛星画像はいずれも朝９時のものです。

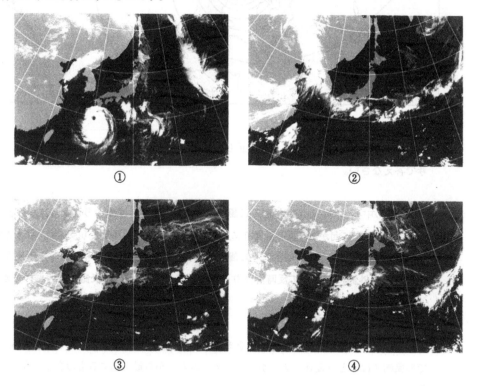

① ② ③ ④

ア．長く連なった梅雨前線に向かって下層の暖かい湿った空気が流れこみ、九州北部で非常に激しい雨となった。

イ．昨夜から早朝にかけて、九州や中国地方で局地的に大雨。長崎・壱岐市では昨夜午後11時半までの1時間の雨量が約110ミリとなった。24時間雨量が400ミリを超えるなど、記録的な大雨となった。

ウ．黄海に低気圧があり、九州に前線がかかっている。非常に湿った空気が流入し、九州には発達した雨雲がかかり大雨の原因となった。

エ．台風周辺の発達した雨雲が幾度となく通過した奄美地方で猛烈な雨を観測し、記録的な大雨となった。

8 右の図は太陽の光と地球、月の位置関係を示した
ものです。以下の各問いに答えなさい。

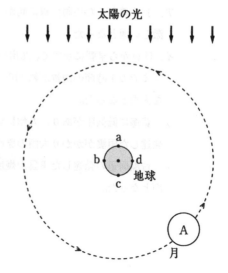

問1 図中で、地球上のa～dの地点のうち、正午
にあたるのはどの位置ですか。正しいものを1
つ選び、記号で答えなさい。

問2 月がAの位置にあるとき、日本で月を肉眼で
観察するとどのような形に見えますか。次のア
～キの中から正しいものを1つ選び、記号で答
えなさい。

　ア　　　　イ　　　　ウ　　　　エ　　　　オ　　　　カ　　　　キ

問3 ある日、日本で日没ごろに月を観測すると、満月でした。この日、夜中の12時にはどの方角
に見えますか。次のア～エの中から正しいものを1つ選び、記号で答えなさい。

　ア．南　　　　イ．北　　　　ウ．東　　　　エ．西

問4 日本では太陽は東からのぼり、南を通って西にしずみますが、南半球のニュージーランド
（南緯約41°）では太陽はどのような動きに見えますか。次のア～エの中から1つ選び、記号で
答えなさい。

　　ア．東からのぼり、南を通って西にしずむ。
　　イ．東からのぼり、北を通って西にしずむ。
　　ウ．西からのぼり、南を通って東にしずむ。
　　エ．西からのぼり、北を通って東にしずむ。

問5　月がのぼる場所について説明した文について、次のア〜エの中から正しいものを1つ選び、
　　　記号で答えなさい。

　　ア．月がのぼり始める場所はいつも同じである。
　　イ．月はいつも太陽がのぼり始める場所からのぼり始める。
　　ウ．秋分の日と春分の日のみ、月は太陽がのぼり始める場所からのぼり始める。
　　エ．夏至の日の満月はもっとも南よりの場所からのぼり始める。

平成 30 年 度

福岡大学附属大濠中学校

入 学 試 験 問 題

社　会

［時 間　40分］

1 近畿地方について述べた次の文を読んで、あとの問いに答えなさい。

　近畿地方は日本のほぼ中央部にあり、□**A**□ 地方に次ぐ人口密集地域である。地域的には①北部・中部・南部の３地域に分けることができ、南部の □**B**□ 半島は日本最大の半島である。近畿地方最大の島である □**C**□ 島は兵庫県に、最大の湖である琵琶湖は②滋賀県に属する。近畿地方の中央部にある低地に人口や産業が集中しており、その中心が西日本最大の都市③大阪市である。近畿地方は④２つの府と５つの県からなっており、各府県は大阪市と強く結びついている。ただし、三重県は日本の三大都市の一つである □**D**□ 市に近いことから、中部地方との関係も深い。

問１　文中の □**A**□ ～ □**D**□ に入る地名を漢字で答えなさい。□**A**□ は、日本を７つの地方に分けたときの地方名を答えなさい。

問２　文中の下線部①に関して、次の（１）～（３）のグラフは、右の**図１**中Ｅ～Ｇのいずれかの都市の雨温図です。グラフと都市の正しい組合せをあとのイ～ヘから一つ選び、記号で答えなさい。

図１

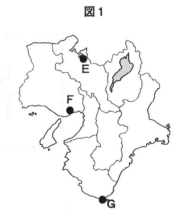

（１）
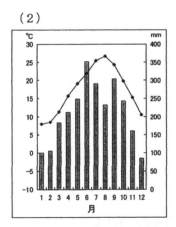

（２）

（３）
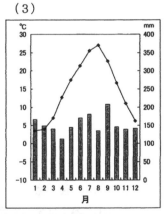

気象庁資料による。

解答の記号	イ	ロ	ハ	ニ	ホ	ヘ
（１）	E	E	F	F	G	G
（２）	F	G	E	G	E	F
（３）	G	F	G	E	F	E

問3　文中の下線部②に関して、次の図2は滋賀県の草津市の縮尺25,000分の1の地形図で、図3は同じ地域の土地の高低を表した図です。二つの図を見ると、普通では見られない地形の様子を読み取ることができますが、それはどのようなことか簡潔に答えなさい。

図2

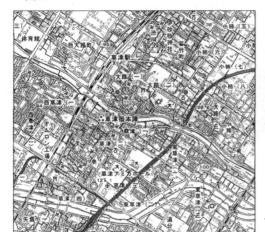

図3

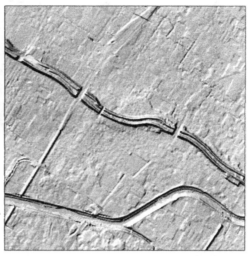

問4　文中の下線部③に関して、次の図4は大阪市の中心部付近の縮尺25,000分の1の地形図です。図4中のH～J付近はそれぞれ、役所や公共施設が集まっている地区、問屋や事務所が集まっている地区、学校や寺院・町工場などが集まっている地区のいずれかの特徴があり、写真（1）～（3）は、図4中のH～Jのいずれかの場所で撮影されたものです。写真と撮影地点の正しい組合せをあとのイ～ヘから一つ選び、記号で答えなさい。

図4

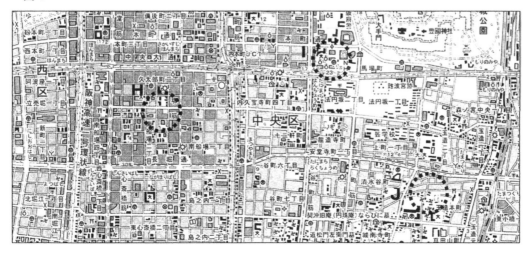

（1）

（2）

（3）

解答の記号	イ	ロ	ハ	ニ	ホ	ヘ
（1）	H	H	I	I	J	J
（2）	I	J	H	J	H	I
（3）	J	I	J	H	I	H

問5 文中の下線部④に関して、次の表1は近畿地方の2府5県のいくつかの統計をまとめたものです。表1中のK県と項目Xの正しい組合せをあとのイ～ニから一つ選び、記号で答えなさい。

表1

	人口（万人）	人口増加率（％）	項目X	項目Y
大阪府	866	−0.11	1	18
兵庫県	552	−0.35	51	57
京都府	252	−0.23	6	11
三重県	181	−0.57	27	159
滋賀県	140	−0.13	17	…
K　県	138	−0.57	3	…
L　県	99	−0.96	3	24

人口は2016年、人口増加率は2015～2016年。いずれも住民基本台帳人口要覧による。
肉用牛飼育頭数は千頭、海面漁獲量は千トン。いずれも2013年「農林水産省統計表」による。
項目Yの「…」は該当数なし又は資料なしを表す。

解答の記号	イ	ロ	ハ	ニ
K　県	和歌山県	和歌山県	奈良県	奈良県
項目X	肉用牛飼育頭数	海面漁獲量	肉用牛飼育頭数	海面漁獲量

2 日本の食料や資源の輸入について述べた次の文を読んで、あとの問いに答えなさい。

　日本は、生活に必要な食料や資源の多くを輸入に頼っている。日本人の食生活は、もともと①米・魚・野菜が中心であったが、②第二次世界大戦後の高度経済成長にともなって、パンや肉類の消費量が増加した。そのため、パンの原料である　A　、家畜の飼料である　B　、そして食肉の輸入が拡大した。その結果、食料自給率は大幅に低下し、日本は世界一の食料輸入国となった。安い輸入農産物が国内に出回ると、③アメリカなど外国産に比べて価格が高い日本の農産物は消費が伸びず、日本では農業をやめていく農家が増えている。

　一方、高度経済成長による日本の工業の発展により、エネルギー資源や鉱産資源の消費が増加した。このため日本は、第二次世界大戦前は自給されていた石炭をはじめ、高度経済成長期に消費が急増した④石油、天然ガスなどエネルギー資源の大部分を輸入に頼るようになった。鉄鋼の原料となる鉄鉱石やステンレス鋼の原料となる　C　などもすべて輸入しており、今日、自給できるのは大分県や山口県で産出される　D　くらいである。

　このような食料や資源を輸入に頼った経済は、国際情勢の変化によって、大きな影響を受けやすい。国民が安心して生活するためにも、私たち１人１人が無駄な消費をしないように心がけることはもちろん、対外的には⑤他国との友好関係の強化につとめ、国内では食料自給率の向上や石炭・石油・天然ガスに代わる⑥新しいエネルギーの開発などをすすめていく必要がある。

問１　文中の　A　、　B　には、次の（1）～（4）の写真で示した農産物のいずれかが当てはまります。　A　、　B　と写真（1）～（4）の正しい組合せをあとのイ～ニから一つ選び、記号で答えなさい。

（1）　　　　　　　（2）　　　　　　　（3）　　　　　　　（4）

解答の記号	イ	ロ	ハ	ニ
A	（1）	（1）	（2）	（2）
B	（3）	（4）	（3）	（4）

問2 文中の C 、 D に入る鉱産資源の正しい組合せを次のイ〜ニから一つ選び、記号で答えなさい。

解答の記号	イ	ロ	ハ	ニ
C	ウラン鉱	ウラン鉱	ニッケル鉱	ニッケル鉱
D	石灰石	銅鉱	石灰石	銅鉱

問3 文中の下線部①に関して、次の表1は、米の収穫量、大根の収穫量、カツオ類の漁獲量の都道府県別上位5位までをまとめたものです。表1中の E ～ G に当てはまる都道府県の正しい組合せをあとのイ〜ヘから一つ選び、記号で答えなさい。

表1

米の収穫量 （2014年）	大根の収穫量 （2014年）	カツオ類の漁獲量 （2013年）
1．新潟県	1． E	1．静岡県
2． E	2．千葉県	2．三重県
3．秋田県	3． F	3． G
4．山形県	4．鹿児島県	4．宮城県
5．茨城県	5．宮崎県	5．東京都

農林水産省統計表による。

解答の記号	イ	ロ	ハ	ニ	ホ	ヘ
E	青森県	青森県	高知県	高知県	北海道	北海道
F	高知県	北海道	青森県	北海道	青森県	高知県
G	北海道	高知県	北海道	青森県	高知県	青森県

問4 文中の下線部②に関して、日本では同じ時期に米が余るようになり、政府は1970年から米の生産を制限する政策をとりました。この政策を何というか、漢字2字で答えなさい。

問5 文中の下線部③に関して、アメリカと日本の農業経営を比較した次の表2を参考にして、なぜ日本の農産物は外国産と比べて価格が高いのか、理由を述べなさい。

表2

	アメリカ	日 本
農民1人当たりの農地面積（2012年）	169.6 ha	3.7 ha
農民1人当たりの穀物の収穫量（2012年）	148.1 t	9.4 t
耕地1 ha 当たりの肥料消費量（2010年）	120 kg	280 kg

国連食糧農業機関（FAO）の統計による。

問6　文中の下線部④に関して、現在、日本で石油や天然ガスを生産している都道府県の組合せとして、最も適当なものを次のイ～ニから一つ選び、記号で答えなさい。

イ．北海道・新潟県　　　ロ．岩手県・栃木県

ハ．秋田県・愛媛県　　　ニ．福島県・長崎県

問7　文中の下線部⑤に関して、実際には日本は周辺国との間に、領土に関わる問題をかかえています。日本の領土や領土問題について述べた次のイ～ニのうち、正しいものを一つ選び、記号で答えなさい。

イ．日本の最も南にある島は沖ノ鳥島で、東京都に属している。

ロ．日本の最も西にある島は西表島で、島の西には台湾がある。

ハ．北方領土問題は、ソビエト連邦が解体したのち解決した。

ニ．日本海の竹島について、中国が領有権を主張している。

問8　文中の下線部⑥に関して、次の（1）～（3）は太陽光発電、地熱発電、風力発電のいずれかの長所について述べたものです。（1）～（3）と発電方法の正しい組合せをあとのイ～へから一つ選び、記号で答えなさい。

（1）建物の屋上や壁面などに設置でき、小規模に分散して発電できる。

（2）陸地だけでなく海上にも設置でき、小規模に分散して発電できる。

（3）天候や昼夜を問わず、安定した電力を供給することができる。

解答の記号	イ	ロ	ハ	ニ	ホ	へ
（1）	太陽光発電	太陽光発電	地熱発電	地熱発電	風力発電	風力発電
（2）	地熱発電	風力発電	太陽光発電	風力発電	太陽光発電	地熱発電
（3）	風力発電	地熱発電	風力発電	太陽光発電	地熱発電	太陽光発電

次の文【A】、【B】を読んで、あとの問いに答えなさい。

【A】
　佐賀県の吉野ケ里遺跡では、集落のまわりを囲む濠や、首のない遺骨が発見されている。これらは（　①　）の日本列島で、国どうしの戦いがおこなわれていたことを示している。この時代ののち、3世紀後半ごろ近畿地方に大和朝廷が成立すると、②朝廷は5世紀までに国内の支配を強め、朝鮮半島の国々と争うようになった。しかし、③7世紀後半に朝鮮半島での戦いに朝廷が敗れたため、これ以後の朝廷は律令制を取り入れることによって、軍事力の強化を目指した。8世紀に④律令制が成立すると、全国的に統一された軍事制度が整った。

問1　文中の（　①　）に当てはまる時代を、次のイ〜ニから一つ選び記号で答えなさい。
　　イ．旧石器時代　　　ロ．縄文時代　　　ハ．弥生時代　　　ニ．古墳時代

問2　文中の下線部②に関して、5世紀の大和朝廷の国内支配や朝鮮半島の国々との関係について述べた文として正しいものを、次のイ〜ニから一つ選び記号で答えなさい。
　　イ．大和朝廷にしたがった豪族の棺（ひつぎ）には武器や馬具が納められたが、後に祭りの道具である銅鏡や玉が多くなった。
　　ロ．ワカタケル大王の名をきざんだ鉄刀が沖縄で発見されたことから、大和朝廷の支配が沖縄におよんでいたことが分かる。
　　ハ．好太王碑には、大和朝廷が高句麗と結んで、百済と争ったことが書かれている。
　　ニ．伽耶（かや）地域の鉄資源を求めたため、大和朝廷は朝鮮半島に進出した。

問3　文中の下線部③について、朝廷が律令制を取り入れて軍事力の強化を目指すきっかけとなった朝鮮半島における戦いを何というか、答えなさい。

問4　文中の下線部④に関して、軍事や社会に関する律令制の仕組みについて述べた文として誤っているものを、次のイ〜ニから一つ選び記号で答えなさい。
　　イ．口分田を与えられた人々は、その面積に応じて租を負担した。
　　ロ．地方支配のため、都の役人が郡司に任命された。
　　ハ．良民の成人男子には、兵役を負担する義務があった。
　　ニ．北部九州の防衛のため、防人が置かれた。

【B】

　律令制に基づいた軍事制度は、唐がおとろえたことを背景に9世紀ごろから変化しはじめ、⑤<u>10世</u><u>紀には武士の成長がみられた</u>。なかでも有力な武士団を率いたのが平氏と源氏で、12世紀に入ると両者は政治的な影響力を強めて、たがいに争うようになった。この源平合戦の勝者となった⑥<u>源頼朝が、</u><u>12世紀末に朝廷から軍事や警察に関する独自の役割を認められた</u>ことで、鎌倉幕府が成立した。

問5　文中の下線部⑤に関して、10世紀には朝廷や貴族が武士の実力を認め、武士に軍事・警察に関する役割を任せるようになりました。朝廷や貴族が武士の力を認めるようになった理由を、10世紀に発生した関東での争乱をあげて説明しなさい。

問6　文中の下線部⑥について、源頼朝は朝廷から荘園や公領の警察や年貢の取り立てを担当する役職を置くことを認められましたが、その役職を次のイ〜ニから一つ選び記号で答えなさい。

　　イ．守護　　　ロ．地頭　　　ハ．執権　　　ニ．管領

4　室町時代から江戸時代にかけて、村や町で団結した人々は、ときに一揆を結んで自らの要求を実現しようとしました。このような一揆に関する次の史料を読み、あとの問いに答えなさい。

史料1

　　正長 元（1428）年9月、一天下の土民が一斉に都を襲った。<u>徳政を叫んで土倉・酒屋・寺</u><u>院を壊し、物品を奪い、証明書を破り捨てた。</u>管領がこれを成敗した。国が亡ぶはじめとしてこれ以上の出来事はない。日本が始まって以来、土民が立ち上がったのはこれがはじめである。

　　　　　　　　　　　　　　　　　　　　　　　　　　　　　　　　（大乗院日記目録）

史料2

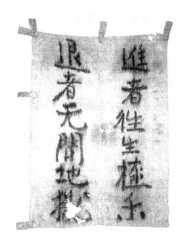

「進む者は往生極楽
退く者は无間地獄」

3	⑲	⑳	㉑	㉒	㉓

小　計

4	㉔	㉕	㉖	㉗
	㉘			

小　計

5	㉙	㉚	㉛	㉜

小　計

5

問1	問2	問3	問4	
			名称	重さ
g	g	g		g

問 5	問 6
g	%

6

問 1			
A	B	C	D

問 2	問 3

7

問 1	問 2	問 3	問 4			
			①	②	③	④

8

問 1	問 2	問 3	問 4	問 5

6		

4

問1	

問2		問3		問4		問5	

小　計

5

問1		問2		問3	

問4	

問5	

小　計

6

問1		問2		問3	(1)		(2)		(3)	

問4	

問5	

小　計

平成30年度　**社会　解答用紙**

氏名

受験番号

※100点満点
（配点非公表）

1	問1	A		B		C		D

	問2		問3	

	問4		問5	

小　計

2	問1		問2		問3		問4		政策

	問5	

	問6		問7		問8	

小　計

3	問1		問2		問3		問4	

問

平成30年度　理科　解答用紙

氏名

受験番号

※100点満点
（配点非公表）

1

問 1	問 2	問 3	問 4

小　計

2

問 1	問 2	問 3	問 4
cm	cm	cm	cm

小　計

3

問 1	問 2		問 3	問 4
	(1)	(2)		
		%		

小　計

4

問 1		問 2		問 3
①	②	①	②	

問 4	問 5

小　計

【解答用

平成30年度 **算数 解答用紙**

氏名

受験番号

※150点満点
（配点非公表）

1

①	②	③	④	⑤

⑥	⑦	⑧	⑨	⑩

小　計	

2

⑪	⑫	⑬	⑭	⑮

⑯	⑰	⑱

小　計	

表1

江戸時代の百姓一揆の発生件数

年	百姓一揆の件数	主な出来事
1601～1620	95	江戸幕府の成立（1603）
1621～1640	83	徳川家光の将軍就任（1623） ポルトガルの来航禁止（1639）
1641～1660	66	
1661～1680	86	
1681～1700	86	徳川綱吉の将軍就任（1685）
1701～1720	128	徳川吉宗の政治改革（1716～1745）
1721～1740	156	
1741～1760	246	
1761～1780	186	田沼意次の老中就任（1772）
1781～1800	351	松平定信の政治改革（1787～1793）
1801～1820	264	
1821～1840	412	
1841～1860	299	水野忠邦の政治改革（1841～1843）、ペリー来航（1853）
1861～1867	194	大政奉還（1867）

青木虹二『百姓一揆の年次的研究』（1966年、新生社）をもとに作成。

問1　**史料1**は興福寺でつくられた日記のうち、京都で起きた土一揆についての記事を現代語訳したものです。この一揆に参加した人々が、史料中の下線部にみられる行動をとった目的を説明しなさい。

問2　**史料1**に関して、この土一揆の後、近畿で多くの土一揆が起きたこともあって、8代将軍足利義政の時代に室町幕府の政治は混乱しました。このため、将軍の後継者や幕府での主導権をめぐって京都で戦乱が発生しましたが、その戦乱の名を答えなさい。

問3　**史料2**は、戦国時代に加賀国や近畿を中心に発生した宗教一揆が使用していた旗です。この一揆に参加した人々が信仰した仏教宗派と、この一揆をしずめた大名の組合せとして正しいものを、次のイ～ニから一つ選び記号で答えなさい。

イ．浄土真宗 ― 上杉謙信　　ロ．浄土真宗 ― 織田信長

ハ．日蓮宗 ― 上杉謙信　　ニ．日蓮宗 ― 織田信長

問4　**表1**は、江戸時代に発生した百姓一揆の20年ごとの件数を示した表です。**表1**について、百姓一揆の背景や影響について述べた文として正しいものを、次のイ～ニから一つ選び記号で答えなさい。

　イ．1650年代には、キリスト教の禁止や重い年貢負担に対する反発を背景に、島原・天草一揆が発生した。

　ロ．1781年から1800年の間には、ききんをきっかけにそれ以前の20年間よりも百姓一揆が多くなる中で、幕政への不満から大塩の乱が発生した。

　ハ．1821年から1840年の間には、天明のききんが発生したため、それ以前の20年間よりも百姓一揆が多くなっている。

　ニ．1860年代には、開国後の貿易による物価上昇を背景に、世直しを求める百姓一揆が発生した。

問5　**表1**に関して、開国後には百姓一揆とともに尊王攘夷運動が高まり、幕府の方針を批判しました。朝廷の許可を得ないまま日米修好通商条約に調印したことや、安政の大獄を行ったことを批判され、尊王攘夷派によって暗殺された人物を、次のイ～ニから選び記号で答えなさい。

　イ．井伊直弼　　　ロ．阿部正弘　　　ハ．坂本龍馬　　　ニ．大久保利通

大濠中学校の先生と生徒が対話をしています。生徒は歴史の授業で発表を行うことになっており、日本人の移民をテーマに調査をしていきたいと考えている様子です。次の会話文を読んで、あとの問いに答えなさい。

生徒：　近頃、移民に関するニュースが多いように思います。そこで、私は日本人の移民の歴史はどのように展開したのか関心を持つようになりました。人数や地域などがわかるデータはありますか。

先生：　じつは、移民の正確な数を把握するのはとても困難なのですが、次のようなものがあります。①日本からの移民は、明治時代以降に本格化しました。1880年代以降、ハワイ、アメリカ合衆国、カナダなどに渡って、きびしい環境の中、重労働に従事した人も少なくなかったようです。

表1

年代	アメリカ	ハワイ	カナダ	メキシコ	ペルー	ブラジル
1868－1875年	596人					
1876－1880年	305人					
1881－1885年	770人	1,964人				
1886－1890年	2,760人	14,296人				
1891－1895年	8,329人	20,829人	2,661人	83人		
1896－1900年	17,370人	52,853人	6,230人	38人	790人	
1901－1905年	1,774人	46,973人	568人	2,066人	1,303人	
1906－1910年	7,715人	46,650人	4,615人	8,897人	5,843人	1,714人
1911－1915年	20,773人	17,846人	5,177人	145人	4,776人	13,101人
1916－1920年	30,756人	16,655人	7,196人	320人	7,456人	13,576人
1921－1925年	14,849人	10,935人	4,915人	450人	2,825人	11,349人
1926－1930年	1,256人	1,546人	3,688人	1,691人	6,347人	59,564人
1931－1935年			457人	650人	2,436人	72,661人
1936－1941年			270人	327人	1,294人	16,750人
計	107,253人	230,547人	35,777人	14,667人	33,070人	188,715人

国際協力事業団『海外移住統計』(1994年)より、一部抜粋。
「アメリカ」はハワイ州を除く。

生徒：　これはハワイと南北アメリカ大陸への渡航者に関する表ですね。人々はどういった労働をしていたのでしょうか。

先生：　それについては例えば、次のような写真がありますので見てください。これがどの地域の日本人移民で、何を栽培しているところかわかるかな。

図1

写真は1885−1894年の間に撮影された。

生徒： はい、この背の高い植物は沖縄でさかんに栽培されていると地理の授業で教わりました。②これは【　　Ｘ　　】を栽培している人々の様子だと思います。

先生： その通りです。今もこの地域では日系人がとても多いのはよく知られていますね。この地域は最も初期から積極的に日本人移民を受け入れました。移民を歓迎したのは他の地域もそうだったようです。たとえばこの絵を見てみましょう。

図2

外務省外交史料館蔵

生徒：　南米への移民を奨励するポスターでしょうか。

先生：　**表1**を見て、南米全般について何か気づくことはありませんか。

生徒：　③1926年から1935年にかけての移民の数がとても増えています。なぜだろう。

先生：　そういったことも調べていくと面白い事実が見つかるかもしれません。では、次はこの写真を見てみましょう。これもある場面の日系移民をとらえたものです。

図3

写真は Dorothea Lange 氏により1942年に撮影された。

生徒：　砂漠のような荒野の中に簡素な建物が並んでいますね。小さく写っているのは日系の人たちかな。これは何を写したものですか。

先生：　これはアメリカ合衆国において、日系人が送られた強制収容所を撮影したものです。アメリカの人々の間で激しく反日感情が高まって、アメリカ政府が日系移民の行動に制限をかけようとした時期があったのです。

生徒：　撮影年は1942年ですね。④でもなぜ、この時期にアメリカの人々が日系人を強制収容所に送ることになったのだろう。これも後で調べてみます。

先生：　ところで、私たちが住んでいる福岡は、歴史的に海外へ移民を多く出した県だと知っていましたか。じつは広島、沖縄、熊本に次いで、第4位なのです。

生徒：　知りませんでした。でもどうしてそんなに多かったのでしょう。

先生：　これは簡単に答えられる問題ではないかもしれません。歴史的に福岡は海外との交流が盛んだったことは一つの要因かもしれませんね。⑤戦後には、もと炭鉱労働者だった人々が移民として海外に渡っていった事例もあったようですよ。

問1　文中の下線部①に関して、明治維新後の日本の対外政策について述べた文として正しいもの
　　を、次のイ～ニから一つ選び記号で答えなさい。
　　イ．江華島事件をきっかけに、日清修好条規が結ばれた。
　　ロ．中国で起こった義和団事件に共同で対処するため、日英同盟が成立した。
　　ハ．日露和親条約によって、ロシアの樺太領有と日本の千島領有が決定した。
　　ニ．日露戦争に勝利したことで、日本は旅順・大連の租借権を獲得した。

問2　文中の下線部②について、【　　X　　】に当てはまる内容を次のイ～ニから一つ選び、記号で
　　答えなさい。
　　イ．ブラジルでコーヒー
　　ロ．ハワイでコーヒー
　　ハ．ブラジルでサトウキビ
　　ニ．ハワイでサトウキビ

問3　文中の下線部③に関して、日本からの移民の背景には、社会・経済の変化がありました。下線
　　部③の時期［1926（大正15）年～1935（昭和10）年］に起きた出来事を、次のイ～ニから一つ選
　　び記号で答えなさい。
　　イ．田中正造が足尾銅山の鉱毒被害を受けて、反対運動を開始した。
　　ロ．米価が上がり生活に困窮した民衆が米騒動を起こした。
　　ハ．アメリカへの生糸の輸出が途絶え、養蚕業が大きな打撃をうけた。
　　ニ．天皇の暗殺を計画したとして、社会主義者が処刑された大逆事件が起こった。

問4　文中の下線部④について、アメリカ政府が日系移民を強制収容所に送ることになった理由を、
　　簡潔に説明しなさい。

問5　文中の下線部⑤に関して、中国から輸入された鉄鉱石と筑豊炭田の石炭を利用するために、
　　1901（明治34）年に北部九州に設立された官営の製鉄所を答えなさい。

6 次の文を読んで、あとの問いに答えなさい。

　民主政治は①国民の意思にもとづいておこなわれる政治であり、このような政治を実現するための方法として②選挙がある。日本国憲法では、国民の選挙によって選ばれた国会議員で構成される③国会は、国政の中心であると位置づけられている。

　現在の日本の選挙制度では、④衆議院選挙については小選挙区制が採用されており、参議院選挙については都道府県を単位とした選挙区制が採用されている。また、衆議院選挙、参議院選挙ともに、比例代表制が併用されている。

　近年、日本の選挙のあり方について、いくつかの問題点が指摘されている。その一つに、選挙における投票率の低下がある。この対策として、若者が積極的に政治参加できるように⑤2015年に法改正がおこなわれ、選挙権年齢が20歳以上から18歳以上に引き下げられた。

問1　文中の下線部①に関して、民主主義の理想を示したといわれている次の言葉を述べたアメリカ合衆国第16代大統領を、あとのイ～ニから一つ選び記号で答えなさい。

　　　　　　　人民の、人民による、人民のための政治

　　イ．ワシントン　　　ロ．リンカン　　　ハ．ジェファソン　　　ニ．ウィルソン

問2　文中の下線部②に関して、身分や財産にかかわらず一定の年齢に達したすべての国民に選挙権が認められた選挙を何というか、漢字で答えなさい。

問3　文中の下線部③に関して、（1）～（3）に答えなさい。

（1）　国会の議事が必要な時に召集される臨時国会について述べた次の文の　　X　　に当てはまる内容として正しいものを、あとのイ～ニから一つ選び記号で答えなさい。

　　　臨時国会は、内閣が必要と認めた場合、または　　X　　の要求があった場合に召集される。

　　イ．衆議院、参議院の各議院の総議員の4分の1以上
　　ロ．衆議院、参議院の各議院の総議員の3分の2以上
　　ハ．衆議院、参議院のいずれかの議院の総議員の4分の1以上
　　ニ．衆議院、参議院のいずれかの議院の総議員の3分の2以上

（2）　国会には審議や調査のために委員会が設けられている。委員会において、予算など重要な案件についてその分野の専門家を招き広く意見を求める会を、次のイ～ニから一つ選び記号で答えなさい。

　　イ．公聴会　　　ロ．審議会　　　ハ．審査会　　　ニ．両院協議会

（3）　日本では議院内閣制がとられており、国会で多数の議席を占めた政党が内閣を組織し政治を行っている。議院内閣制のもとで政権を担当している政党を何というか、漢字2字で答えなさい。

問4　文中の下線部④に関して、次の表はある小選挙区制のもとでおこなわれた選挙の開票結果である。この表から読み取れる小選挙区制の問題点について説明しなさい。

氏名	得票数 （得票率％）	
A氏	97,892 （43.3）	当選
B氏	81,871 （36.2）	落選
C氏	46,443 （20.5）	落選
計	226,206 （100.0）	

問5　文中の下線部⑤に関して、2015年に改正された、選挙区や選挙権年齢など選挙制度を定めている法律の名称を漢字で答えなさい。

K 教英出版

平成 29 年度

福岡大学附属大濠中学校

入 学 試 験 問 題

算　数

[時 間　60分]

注　意

1．答えはすべて解答用紙に記入してください。

2．解答用紙には氏名・受験番号（算用数字　例10001）をきちんと書いて
　　ください。

1

次の各問いに答えなさい。

(1) $113 \times 4 - (7102 - 2017) \div 15$ を計算すると ① です。

(2) $\dfrac{10}{7} + \left(\dfrac{3}{4} - \dfrac{1}{12} \right) \div \left(\dfrac{1}{2} + \dfrac{2}{3} \right)$ を計算すると ② です。

(3) 次の □ にあてはまる数は ③ です。

$$0.5 \div \left(\square \times 3 \right) + \dfrac{1}{4} = 0.5$$

(4) 下の図のように，たて 15cm，よこ 30cm の長方形の紙の 4 つの角から一辺が 3 cm の正方形を切り取り，ふたのない直方体の箱を組み立てます。この箱の容積（体積）は ④ cm³ です。

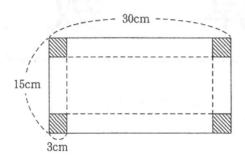

(5) 3 種類のノート A，B，C があり，B の値段は A の値段より 40％高く，
C の値段は B の値段より 30％高いです。
C の値段は A の値段より ⑤ ％高いことになります。

(6) 下の図のように正三角形を折ったとき，角アは ⑥ 度です。

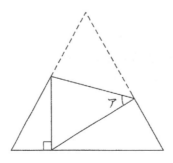

(7) 3を6回かけた数をさらに8回かけて計算しました。

　　この数は，27を　⑦　回かけて計算した数と同じです。

(8) 2，4，6，8の4つの数字から異なる3つの数字を選んで3けたの整数を作ると

　　全部で　⑧　個作れます。大きい順に並べたとき，13番目にくる3けたの整数は　⑨　です。

(9) 下の図のように，直線上に直角三角形（図形A）と長方形（図形B）があります。

　　図形Aは図の位置から矢印の向きに（図形Bに向かって）毎秒1cmの速さで動きます。

　　図形Bは動きません。14秒後に図形Aと図形Bが重なっている部分の面積は　⑩　cm²です。

　　また，図形Aと図形Bが重なっている部分が五角形となっている時間は　⑪　秒間です。

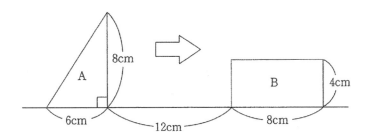

$\boxed{2}$ 次の各問いに答えなさい。

(1) 2 cm，4 cm，6 cm，8 cm の棒がそれぞれたくさんあり，これらの棒から3本を選んで，
三角形を作ります。このとき，全部で $\boxed{⑫}$ 種類の形をした三角形が作れます。
ただし，向きを変えたり，回転したり，ひっくり返したりして重なるものは1種類と数えます。

(2) 偶数人の子供たちに，1人ずつあめ玉を配ることにします。
1人4個ずつ配ると19個あまり，1人7個ずつ配ると最後の1人だけ7個より少なくしか
配れません。
子供は全員で $\boxed{⑬}$ 人います。また，あめ玉は全部で $\boxed{⑭}$ 個あります。

(3) 12の約数は1, 2, 3, 4, 6, 12です。12の約数をすべて加えると $1+2+3+4+6+12=28$ になり，
約数の逆数をすべて加えると $1+\dfrac{1}{2}+\dfrac{1}{3}+\dfrac{1}{4}+\dfrac{1}{6}+\dfrac{1}{12}=\boxed{⑮}$ になります。
$\boxed{⑯}$ の約数をすべて加えると 120 となり，約数の逆数をすべて加えると $\dfrac{15}{7}$ になります。

(4) 太郎君は，しおりをはさんで本を読むのをやめました。しおりをはさんだ左右のページの数字の
積は 8372 です。太郎君はしおりを $\boxed{⑰}$ にはさみました。

解答欄⑰は │ 　　　ページと　　　　ページの間 │

(5) 下の図のように，一辺が 8 cm の正方形の中に円，その円の中に正方形がぴったりと入っています。
斜線部分の面積は $\boxed{⑱}$ cm² です。ただし，円周率は 3.14 とします。

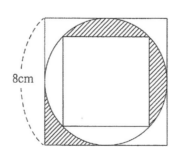

K 教英出版

(6) 右の図1のように，点Aから点Lまでの12個の点をもつ直方体があります。

この直方体は，面BFJKGCを南側，面CGKLHDを東側に置いています。

点Aを出発点として，次のルールで点を順番に結んで4本の線を引きました。

〈ルール〉

① 1本目は点Aと点B，C，Dのいずれかを結ぶ。

② 2本目は①で結んだ点と点E，F，G，Hのいずれかと結ぶ。

③ 3本目は②で結んだ点と点I，J，Lのいずれかと結ぶ。

④ 4本目は③で結んだ点と点Kと結んで終わる。

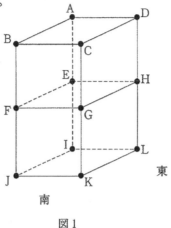

図1

下の図2は，引いた4本の線を南側（面BFJKGC）と東側（面CGKLHD）から見たときの見え方です。

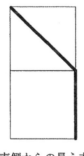

（南側からの見え方）

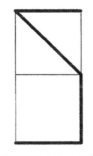

（東側からの見え方）

図2

引いた4本の線を上側（面ABCD側）から見たときの見え方を解答用紙の ⑲ に図2のように**太線**で書き入れなさい。

3 下の図1のように，よこ30cm，たて30cm，高さ20cmの直方体の形をした水そうの中を，

長方形の仕切り板A，Bを使って，あ，い，うの3つの部分に分けました。

また，下の図2は水そうを上から見た図です。

仕切り板Aの高さは15cm，仕切り板Bの高さは5cmです。

あの部分に毎分100cm³で水を入れ続けます。

水は，仕切り板Bをこえていの部分に流れ込み，その後，仕切り板Aをこえてうの部分に

流れ込み，最後には水そうからあふれてしまいます。

下の図3のグラフは，水を入れ始めてからの時間といの部分の水面の高さの関係を表しています。

ただし，水そうと仕切り板の厚さは考えないものとします。

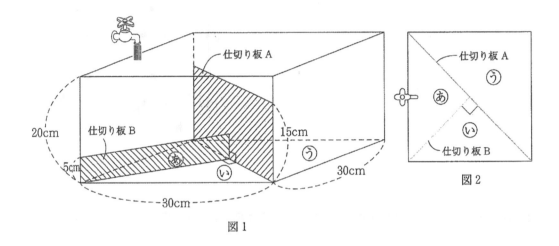

図1

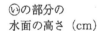の部分の
水面の高さ（cm）

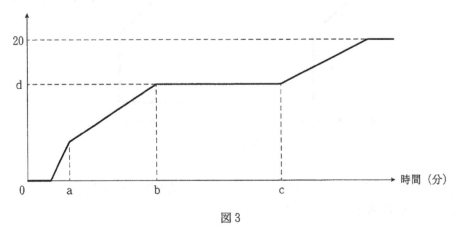

図3

(1) 図3のグラフ内のdの値は [⑳] です。

(2) ⓥの部分に水が流れ込み始めるのは，水を入れ始めて [㉑] 分 [㉒] 秒後です。

(3) 図3のグラフ内のb（分）からc（分）までの間に起こっている水そうの中のようすを
解答欄 [㉓] に説明しなさい。

(4) 図3のグラフ内のaの値とcの値の比は [㉔] です。
（もっとも簡単な整数で表しなさい）

4 下の図1のように，番号と色が書かれた球が1000個あり，横一列に並んでいます。

番号は左から1，2，3，・・・・，1000の数が書かれています。

また，色は左から青，黄，赤，緑の順に4色が繰り返して書かれています。

図1

下の図2のように，筒Aから筒Eまでの5本の筒があり，図1の1000個の球を番号1から順序よく筒A，筒B，筒C，筒D，筒Eの順に上から入れました。各筒の中には200個の球が入っています。

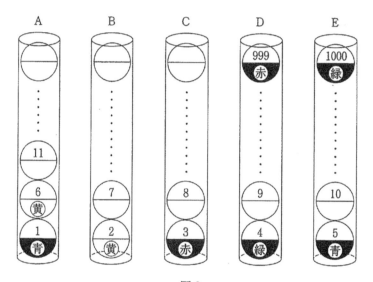

図2

(1) 番号87の球は，筒 ㉕ の中に入っており，書かれている色は ㉖ です。

(2) 筒Cの上から10番目にある球に書かれている番号は ㉗ で，色は ㉘ です。

K 教英出版

次に，筒D→筒C→筒B→筒A→筒E→筒D→筒C→筒B→筒A→筒E→筒D→・・・・
の順に各筒の下から1個ずつ球を取り出します。球を取り出すと上の球は下へ落ちます。
例えば，球を3個取り出したときは下の図3のようになります。

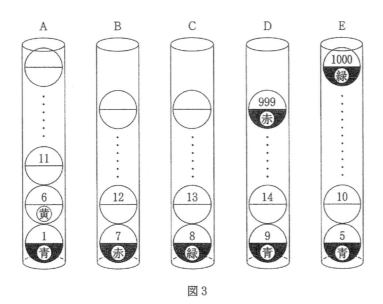

図3

(3) 球を123個取り出したとき，5本の筒の1番下にある球5個の番号をすべて加えると ㉙ です。
また，その5個のうち青と書かれた球は ㉚ 個あります。

(4) 球を246個取り出したとき，筒Dの中には赤と書かれた球は全部で ㉛ 個入っています。

5 | 花子さんは，自宅から鹿児島の温泉まで車で家族旅行をすることになりました。

道路は，一般道（無料）と高速道（有料）の2種類があります。

下の図1の道順で行くことにします。ただし，一般道も高速道も距離（道のり）は同じとします。

「自宅から福岡まで」と「鹿児島から温泉まで」は一般道で，距離はそれぞれ10km，12kmです。

車の速さは，一般道では時速40km，高速道では時速80kmです。

福岡から鹿児島まではどの区間でも高速道を利用できますが，入るのも出るのもそれぞれ1回とします。下の図2は高速道料金表です。

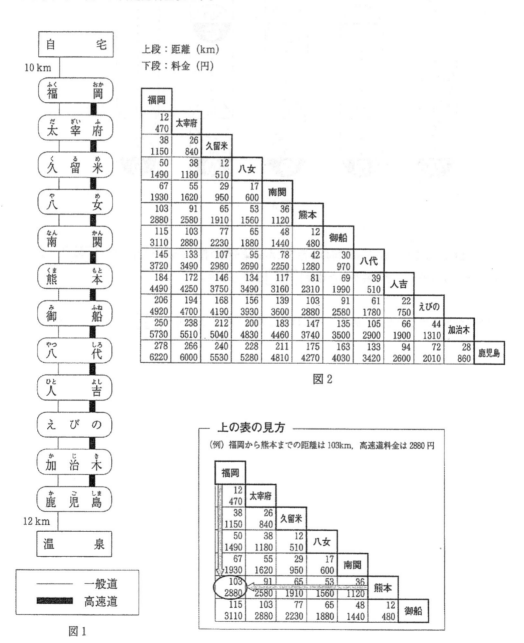

図1

図2

上の表の見方

（例）福岡から熊本までの距離は103km，高速道料金は2880円

(1) 自宅から熊本までの距離と熊本から温泉までの距離の差は ㉜ km です。

(2) 福岡から鹿児島まですべて高速道を利用したときが，もっとも早く温泉に着きます。
　　このとき，自宅から温泉まで ㉝ 時間 ㉞ 分 ㉟ 秒で着きます。

(3) 「温泉に早く着きたいので，高速道をできるだけ長い距離利用したい。
　　しかし，高速道料金は 4000 円以下にしたい。」と考えました。
　　㊱ から ㊲ まで高速道を利用したときが，もっとも早く着きます。

(4) 「自宅を午前 8 時に出発して，温泉に 5 時間後の午後 1 時までに着きたい。
　　しかし，できるだけ高速道料金は安くしたい。」と考えました。
　　㊳ km 以上高速道を利用すれば，温泉に午後 1 時までに着くことができます。
　　㊴ から ㊵ まで高速道を利用したときが，もっとも高速道料金を安くできます。

平成29年度

福岡大学附属大濠中学校

入 学 試 験 問 題

理 科

[時 間 40 分]

注 意

1. 答えはすべて解答用紙に記入してください。

2. 解答用紙には氏名・受験番号（算用数字　例10001）をきちんと書いて
   ください。

1　長さが40cmで太さが一定の棒と重さ20gのおもりを使って、つり合いの実験を行いました。以下の各問いに答えなさい。

問1　図1のように、中点に糸を付けた棒の左端におもりを2個つるしました。この棒をつり合わせるためには、棒の右端から10cmの位置におもりを何個つるせばよいですか。

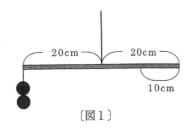

〔図1〕

問2　図2のように、中点に糸を付けた棒の左端におもりを1個つるし、左端から10cmの位置にもおもりを1個つるしました。この棒をつり合わせるためには、棒の右端から10cmの位置におもりを何個つるせばよいですか。

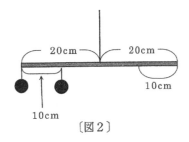

〔図2〕

　　次に、棒の中点に付けていた糸を左端から30cmの位置にずらして、つり合いの実験を行いました。

問3　図3のように、棒の左端におもりを2個つるしたとき、右端におもりを7個つるすと、この棒はつり合いました。この棒の重さを求めなさい。

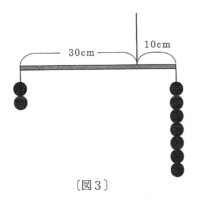

〔図3〕

2　　図1は、縦，横6mの正方形の形をした部屋の平面図です。部屋の各壁は東西南北の方角に向いています。部屋の中心に立っている子どもが、東側の壁に取り付けた鏡を見たときの、鏡に映って見える部屋の中の様子について、以下の各問いに答えなさい。ただし、子どもの体の大きさや両眼の距離，鏡の厚さは考えないものとします。

問1　図2のように、鏡を北側に寄せて取り付けると、子どもからは鏡に北側の壁が映って見えました。点Aのすぐそばから点Bまで北側の壁全体が鏡に映って見えるようにするには、少なくとも鏡の横幅は何m必要ですか。

問2　鏡の取り付け位置を変えると、子どもからは鏡の右端に点Cが映って見えました。このとき鏡の右端は、点Aから何mの位置にありますか。

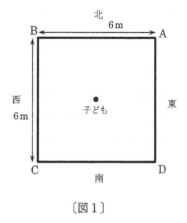

〔図1〕

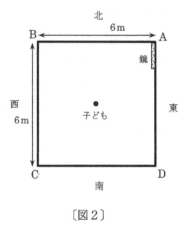

〔図2〕

今度は、同じ部屋で、図3のように、横幅1mの鏡を点Aから毎秒25cmの速さで、壁から離れることなく、東側の壁に沿って点Dに向かって移動させました。

問3　子どもから見て、自分の姿が鏡に映って見え始めてから見えなくなるまでの時間は、何秒間ですか。

問4　鏡が点Aから移動し始めてしばらくすると、鏡に点Bが映って見え始めました。さらに時間が経過すると、点Bは鏡に映らなくなり、やがて鏡に点Cが映って見え始めました。さらに時間が経過すると、点Cも鏡に映らなくなりました。点Bが見え始めてから点Cが見えなくなるまでの時間は、何秒間ですか。

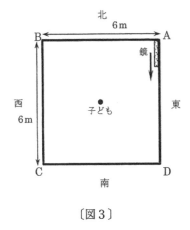

〔図3〕

問5　図4のように、子どもが部屋の中心から東に1m移動しました。点Aから毎秒25cmの速さで移動する鏡を移動後の場所から子どもが見たとき、点Bが映って見え始めてから点Cが見えなくなるまでの時間は、何秒間ですか。

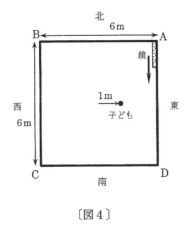

〔図4〕

3 次の文章を読み、以下の各問いに答えなさい。

　塩酸にアルミニウムを入れると、気体Xを生じます。この気体X 100 mL に酸素 900 mL を加えて燃やすと水を生じ、残った気体の体積は 850 mL となりました。

　またプロパンという気体も、空気中でよく燃える性質があり、燃やすと水と気体Yを生じます。

　プロパン 100 mL に酸素 900 mL を加えて燃やすと、残った気体の体積は 700 mL となりました。

　次に、この残った 700 mL の気体に十分な量の石灰水を入れてよくふると、石灰水は白くにごり、気体の体積は 400 mL となりました。ただし、気体の体積はすべて同じ条件で測定したものとします。また反応で生じた水はすべて液体になっているものとします。

問1　気体Xの名称を漢字で答えなさい。

問2　酸素に関するものを、次のア～キからすべて選び記号で答えなさい。

　　　ア．ものを燃やすはたらきがある。
　　　イ．水によくとけ、水よう液は酸性を示す。
　　　ウ．鼻につんとくる強いにおいがある。
　　　エ．二酸化マンガンにうすい過酸化水素水を加えると発生する。
　　　オ．石灰石にうすい塩酸を加えると発生する。
　　　カ．鉄にうすい水酸化ナトリウム水よう液を加えると発生する。
　　　キ．空気中に体積で 60 ％ほどふくまれる。

問3　気体X 100 mL とプロパン 100 mL をそれぞれ燃やすために必要な酸素の体積をもっとも簡単な整数比で答えなさい。

　気体Xとプロパンを混合した気体 100 mL に、酸素 900 mL を加えて燃やすと、残った気体の体積は 805 mL となりました。

　次に、この残った 805 mL の気体に十分な量の石灰水を入れてよくふると、石灰水は白くにごり、気体の体積は 715 mL となりました。

問4　気体Xとプロパンを混合した気体 100 mL 中の気体Xの体積は何 mL ですか。

問5　このときプロパンと反応した酸素の体積は何 mL ですか。

A～Eのビーカーにアンモニア水を 20 mL ずつとり、この中にある濃さの塩酸Xを 10 mL から 50 mL まで加えていきました。つぎに、A～Eの水よう液にふくまれる水分を十分に蒸発させると、白い固体が残りました。表はそのときに残った固体の重さを表したものです。

ビーカー	A	B	C	D	E
塩酸X〔mL〕	10	20	30	40	50
白い固体〔g〕	0.75	1.5	2.25	2.5	2.5

問1　塩酸は、　(1)　という (2) ア．気体　イ．液体　ウ．固体 が水にとけたものです。
(1) に当てはまる語句を漢字で答えなさい。また (2) のア～ウから当てはまるものを 1 つ選び記号で答えなさい。

問2　Dの水よう液のpHをpHメーターではかりました。どのような値になりますか。次のア～ウの中から 1 つ選び記号で答えなさい。

ア．7 より大きい　　　　イ．ほぼ 7 になる　　　　ウ．7 より小さい

問3　表の結果から、加えた塩酸Xの体積〔mL〕（横軸）と、白い固体の重さ〔g〕（縦軸）との関係を解答用紙のグラフに表しなさい。ただし定規を使用してはいけません。

問4　ビーカーA～Eに用いたアンモニア水 20 mL と過不足なく反応する塩酸Xの体積は何 mL ですか。ただし、割り切れないときは、小数第一位を四捨五入して、整数で答えなさい。

問5　はじめのアンモニア水の 1.5 倍の濃さにしたアンモニア水を 20 mL とり、このアンモニア水に、ある濃さの塩酸Yを少しずつ加えて同じ実験を行いました。その結果、加えた塩酸Yの体積が 25 mL 以上では白い固体が増えることはありませんでした。この塩酸Yの濃さは、はじめの塩酸Xの濃さの何倍になりますか。ただし、割り切れないときは、小数第一位を四捨五入して、整数で答えなさい。

5　　高度に発展した現代文明を支えるために、私たち人間は石油や石炭などの①化石燃料を大量に消費してエネルギー源としています。そのおかげで生活は非常に便利になりましたが、一方で②深刻な環境への影響をまねくことにもなりました。また化石燃料には限りがあり、近い将来足りなくなってしまうといわれています。そのため③化石燃料とは違った新しいエネルギー源が求められています。

問1　下線部①の「化石燃料」とはどのようにしてできたものですか。次のア〜エの中から正しいものを1つ選び、記号で答えなさい。

　　ア．マグマが地下の深いところでゆっくりと冷えて固まってできたもの。
　　イ．マグマが地上または地下の浅いところで冷えて固まってできたもの。
　　ウ．大昔の動物や植物の死骸が地中で長い年月をかけて変化してできたもの。
　　エ．黒雲母など黒っぽい鉱物が地中で長い年月をかけて変化してできたもの。

問2　下線部①の「化石燃料」を燃やすことで、下線部②の「深刻な環境への影響」の原因ともなる、ある気体が必ず発生します。その気体を次のア〜オの中から1つ選び、記号で答えなさい。

　　ア．水素　　　イ．酸素　　　ウ．二酸化炭素　　　エ．フロン　　　オ．オゾン

問3　下線部①の「化石燃料」を燃やすことでまねく、下線部②の「深刻な環境への影響」として当てはまらないものを次のア〜ウの中から1つ選び、記号で答えなさい。

　　ア．赤潮の発生　　　イ．地球温暖化　　　ウ．酸性雨

問4　下線部③の「化石燃料とは違った新しいエネルギー源」として当てはまらないものを次のア〜エの中から1つ選び、記号で答えなさい。

　　ア．太陽光　　　イ．バイオマス　　　ウ．天然ガス　　　エ．風力

問5　下線部③の「化石燃料とは違った新しいエネルギー源」に当てはまるものとして、他にも「地熱エネルギー」とよばれるエネルギーがあります。これは地球内部の熱を直接エネルギー源として利用するものです。大分県には日本最大の地熱発電所である八丁原地熱発電所があります。地熱発電の優れている点として当てはまらないものを次のア～エの中から1つ選び、記号で答えなさい。

ア．火山大国である日本は熱源がゆたかであること。

イ．地熱は火山活動が続く限り安定して利用できること。

ウ．天候・昼夜を問わずに安定した発電が可能であること。

エ．原子力発電に比べ、大規模な発電が行いやすいこと。

問6　八丁原地熱発電所の規模は、発電能力11万キロワット（kW）程度です。福岡市で消費する電力をすべて地熱発電でまかなおうとすると、これと同じ規模の発電所が最低何ヶ所必要ですか。下のア～カの中から正しいものを1つ選び、記号で答えなさい。ただし、福岡市の人口を150万人、また1万キロワット（kW）で発電すると人口4万人が消費する電力をすべてまかなうことができるものとします。

ア．1ヶ所で十分である。　　イ．2ヶ所必要である。　　ウ．4ヶ所必要である。

エ．6ヶ所必要である。　　オ．8ヶ所必要である。　　カ．10ヶ所以上は必要である。

6　雨が降り、川や海に流れ、太陽の熱で蒸発し、上空で冷やされて雲をつくり、その雲からまた雨が降ります。こうして、水はめぐりめぐって一周します。これを水の循環といいます。下の図は、水の循環のおおよそのようすを表したものです。

　　ただし、 ⬭ の中の数字はそれぞれの場所にある水（または水蒸気、氷）の量であり、 ▭ の中の数字は1年あたりに移動する水（または水蒸気、氷）の量を表しています。どちらも単位は千立方キロメートル（1000 km³）です。

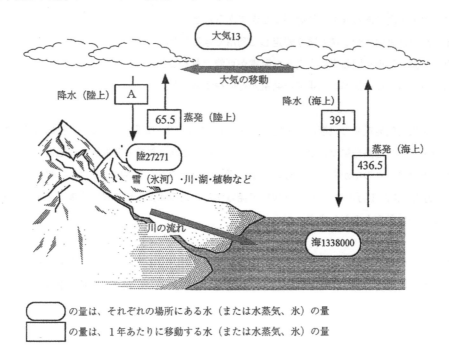

　　⬭ の量は、それぞれの場所にある水（または水蒸気、氷）の量

　　▭ の量は、1年あたりに移動する水（または水蒸気、氷）の量

問1　次の文中の①〜③に当てはまる数字の組み合わせとして正しいものを下の表のア〜エの中から1つ選び、記号で答えなさい。

　　　地球全体の表面積のうち、海の割合は約（　①　）パーセントである。ただし、北半球だけで考えると海の割合は約（　②　）パーセントで、南半球だけで考えると海の割合は約（　③　）パーセントである。

	①	②	③
ア	60	70	50
イ	60	50	70
ウ	70	60	80
エ	70	80	60

問2　1立方キロメートル（km³）は、何立方メートル（m³）ですか。正しいものを次のア〜カの中から1つ選び、記号で答えなさい。

　　ア．10 m³　　　　　　　イ．1000 m³　　　　　　ウ．1000000 m³

　　エ．100000000 m³　　　オ．1000000000 m³　　　カ．10000000000 m³

問3　地球上の水は、水蒸気や氷に姿を変えながら循環しますが、地球全体の水の量は一定であり、大気中、陸、海にある水（水蒸気、氷をふくむ）の量も、常にそれぞれ一定であると考えられます。このことから、図中の　　A　　にあてはまる数字を答えなさい。

| | 7 | ダイズの種子が発芽するにはどのような条件が必要か調べるために、ダイズの種子をガラスシャーレの中に入れて、様々な条件下で育てました。次の文章を読んで、以下の各問いに答えなさい。 |

下の表は、育てた条件とその結果をまとめたものです。ただし、表中の「○」はダイズの種子に与えたもの、「×」はダイズの種子に与えなかったものを示しています。なお、ダイズの種子全体が完全につかるほどの水を入れると、どんな条件でも発芽しなかったため、水を与えるときは、だっしめんを水で湿らせて、その上に種子を置きました。

	水	光	空気	温度	結　果
条件1	○	○	○	20℃	発芽した
条件2	○	×	×	20℃	発芽しなかった
条件3	×	○	×	20℃	発芽しなかった
条件4	○	○	×	20℃	発芽しなかった
条件5	×	○	○	20℃	発芽しなかった
条件6	×	×	○	20℃	発芽しなかった
条件7	○	×	○	20℃	発芽した
条件8	○	○	○	5℃	発芽しなかった

問1　ダイズと同じマメ科の植物の花のスケッチとして正しいものを次のア～エの中から1つ選び、記号で答えなさい。

ア.

イ.

ウ.

エ.

問2 ダイズの種子のでき方について正しく説明しているものを次のア～オの中からすべて選び、
　　記号で答えなさい。

　　ア．子房が種子になる　　　イ．花粉が直接胚珠につく　　　ウ．花粉がめしべの先につく
　　エ．胚珠が種子になる　　　オ．花粉が直接子房につく

問3 発芽後、初めに出てくる小さな葉を何といいますか。漢字で答えなさい。

問4 発芽後、葉が3枚になるまでの様子として、正しいものを次のア～オの中からすべて選び、
　　記号で答えなさい。

　　ア．1枚だけ大きさが異なる。　　　イ．3枚とも同じ大きさである。
　　ウ．1枚ずつ順番に出てくる。　　　エ．1枚だけ後から出てくる。
　　オ．1枚だけ先に出てくる。

問5 次の①、②の条件を比べることで、下のア～エのどれが明らかになりますか。それぞれ選び、
　　記号で答えなさい。

　　①　条件1と条件4　　　②　条件1と条件8

　　ア．ダイズの種子の発芽に水が必要であるかどうか。
　　イ．ダイズの種子の発芽に光が必要であるかどうか。
　　ウ．ダイズの種子の発芽に空気が必要であるかどうか。
　　エ．ダイズの種子の発芽に適度な温度が必要であるかどうか。

8　ヒトの筋肉は$_A$骨の周りだけでなく、食べたものが通る消化管の周りにもあります。また、$_B$心臓や$_C$横隔膜も筋肉でできています。ヒトの筋肉について、以下の各問いに答えなさい。

問1　下線部Aについて、次の図は、腕の筋肉にかかる力を考えるためにつくった模式図です。こうすると、図のように▲を支点とした「てこの原理」で腕の運動を考えることができます。(1)～(3)について答えなさい。

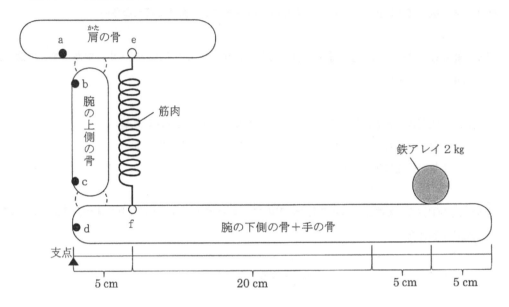

(1) 次の文中の空欄にあてはまる語を下のア～オの中から選び、それぞれ記号で答えなさい。

　　図中に白い丸印eとfであらわされている筋肉と骨をつなぐ部分は（　①　）と呼ばれ、点線であらわされている骨と骨の間のつなぎ目の部分は（　②　）と呼ばれる。

　　ア．関節　　　　イ．軟骨　　　　ウ．皮膚　　　　エ．体毛　　　　オ．腱

(2) 図のように鉄アレイ2kgを持っているとすると、筋肉をあらわしているばねには何kgの力がかかりますか。ただし、割り切れないときは、小数第一位を四捨五入して、整数で答えなさい。なお、腕や肩の骨をあらわしているものの重さ、図の点線部分やばね自体の重さについて考える必要はありません。

(3) 腕を支える筋肉は腕の上側の骨の反対側にもあります。この筋肉をあらわすばねを取り付ける
　　には、図中a～dのどの部分がふさわしいですか。次のア～エの中から正しい組み合わせを選び、
　　記号で答えなさい。

　　ア．aとc　　　イ．aとd　　　ウ．bとc　　　エ．bとd

問2　下線部Bについて、心臓は1分間に平均して70回収縮していて、1回の収縮で70mLの血
　　液を全身へ送っています。体重50kgの人には体重の8％に相当する4Lの血液があると言わ
　　れていますが、このすべての血液が心臓から送り出されるのに何分かかるでしょうか。次のア
　　～カの中から1つ選び、記号で答えなさい。

　　ア．1分未満　　　　　　イ．1分以上2分未満　　　　ウ．2分以上3分未満
　　エ．3分以上4分未満　　オ．4分以上5分未満　　　　カ．5分以上

問3　下線部Cについて、横隔膜の収縮によって肺に空気を取り込むしくみを説明した次の文章の
　　空欄にあてはまる語を下のア～エの中から選び、記号で答えなさい。なお、必要であれば、同
　　じ記号を何度用いてもかまいません。

　　　大きく息を吸おうと意識すると、横隔膜は収縮によって（　①　）がって、胸の骨が
　　（　②　）がる。その結果、肺の部分の体積が（　③　）して、気圧が（　④　）がる。そのた
　　めに、口から空気が肺の中に流れ込んでくる。

　　ア．増加　　　イ．減少　　　ウ．上　　　エ．下

平成 29 年度

福岡大学附属大濠中学校

入 学 試 験 問 題

社　　会

[時 間　40分]

注　意

1．答えはすべて解答用紙に記入してください。

2．解答用紙には氏名・受験番号（算用数字　例10001）をきちんと書いて
　ください。

　次の表はある調査会社が2015年に行った、「都道府県魅力度」調査の１位から10位までの結果です。これを見て、あとの問いに答えなさい。

順位	都道府県名
1位	北海道
2位	京都府
3位	東京都
4位	沖縄県
5位	A 県
6位	長崎県
7位	福岡県
8位	奈良県
9位	大阪府
10位	B 県

問1　次のＡ、Ｂの文は、それぞれ表中５位の A 県、10位の B 県について述べたものです。県名を漢字で答えなさい。

　　Ａ．この県の県庁所在都市は、日本有数の貿易港を持つ大都市である。県の西側には山地、東部にはゆるやかな台地・丘陵地が広がる。観光地である箱根や鎌倉には、多くの外国人も訪れる。

　　Ｂ．この県の県庁所在都市は善光寺の門前町として発達し、江戸時代には宿場町としても栄えた。県の北から南にかけて三つの山脈が並行して走り、「日本アルプス」と呼ばれている。

問2　表中１位の北海道は日本の都道府県の中で最も面積が大きく、各地で気候にも違いがあります。次の（1）～（3）のグラフは北海道の札幌市、旭川市、釧路市のいずれかの気温・降水量を表したものです。都市とグラフの正しい組合せをあとのイ～ヘから一つ選び、記号で答えなさい。

（1）
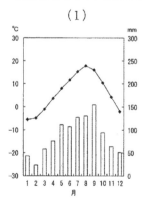

（2）
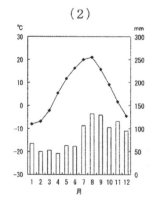

（3）
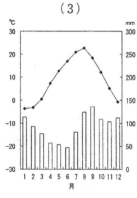

気象庁資料による。

解答の記号	イ	ロ	ハ	ニ	ホ	ヘ
（1）	札幌市	札幌市	旭川市	旭川市	釧路市	釧路市
（2）	旭川市	釧路市	札幌市	釧路市	札幌市	旭川市
（3）	釧路市	旭川市	釧路市	札幌市	旭川市	札幌市

問3　次の表は、近畿地方に位置する表中2位の京都府、8位の奈良県、9位の大阪府の産業や生活に関する統計です。表中あ、いに当てはまる項目の正しい組合せをあとのイ～ニから一つ選び、記号で答えなさい。

	あ（単位億円）	い（単位%）
京都府	696	60.9
奈良県	432	73.8
大阪府	331	54.4

統計はいずれも2013年。総務省統計などによる。

解答の記号	イ	ロ	ハ	ニ
あ	農業生産額	農業生産額	製造品出荷額	製造品出荷額
い	大学進学率	持ち家住宅率	大学進学率	持ち家住宅率

問4　表中4位の沖縄県、6位の長崎県には多くの島々があります。沖縄県、長崎県の島々について述べた次の文の下線部（イ）～（ニ）のうち、誤っているものを一つ選び、イ～ニの記号で答えなさい。

> 　南西諸島のうち、北緯27度以南に位置する沖縄県の島々を琉球諸島という。琉球諸島には沖縄島のほか、沖縄島に次いで面積が大きい (イ)奄美大島や、日本最西端の (ロ)与那国島などが含まれる。長崎県にもよく知られた島が多く、韓国との航路を持つ (ハ)対馬や、カトリック教会が多い (ニ)五島列島の福江島などはその代表例である。

問5　表中8位の奈良県は海に面していない内陸県です。次のイ～ニのうち、奈良県の形を選び記号で答えなさい。なお、図の縮尺は同一ではありません。

イ　　　　　　　　ロ　　　　　　　　ハ　　　　　　　　ニ

問6　次の地図は、表中３位東京都の八王子市にある高尾山周辺の縮尺25,000分の１地形図です。これについてあとの（１）、（２）の問いに答えなさい。

※地図の大きさは実際の問題を 86％に縮小したものです。

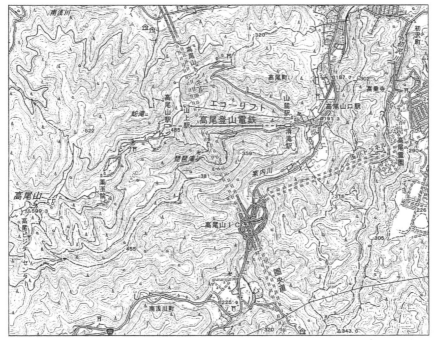

平成27年発行25,000分の１地形図「八王子」から一部抜粋

（１）　地形図から読み取ることができる内容について述べた次のイ〜ニの文のうち、**誤っているもの**を一つ選び記号で答えなさい。

　　イ．「高尾山口駅」は谷間に位置するＪＲの駅である。

　　ロ．「高尾山駅」のほうが「山上駅」よりも標高が高い。

　　ハ．「高尾山口駅」から「高尾山駅」までは徒歩で行くこともできる。

　　ニ．エコーリフトは主に尾根筋に沿ってつくられている。

（２）　地形図中の「高尾山駅」と高尾山山頂（△の地点）の直線距離は地図上で約５cm です。「高尾山駅」と高尾山山頂の間の平均勾配はおよそどのくらいになるか、次のイ〜ニから最も近いものを一つ選び、記号で答えなさい。なお、水平距離100mにつき１m上った場合、1/100と表します。

※勾配…斜面の傾きの程度のこと。

　　イ．1/5　　　ロ．1/10　　　ハ．1/15　　　ニ．1/20

2 次の文を読んで、あとの問いに答えなさい。

2015年7月、「明治日本の産業革命遺産　製鉄・鉄鋼、造船、石炭産業」として、①23か所にわたる地域の建造物や遺跡が世界遺産に登録された。明治時代は日本が近代化を推進した時代であり、石炭の採掘や②製鉄は西洋の技術を取り入れながら効率や生産性を向上させ、その後の重工業の発展の基礎を築いた。

日本では戦後、③四大工業地帯を中心に重工業化が進んだ。そして資源に乏しい日本は、④原料を輸入し、高い技術力で優れた工業製品をつくって輸出する加工貿易に力を入れた。1980年代に入ると、⑤外国製品との競争や関税などをめぐって貿易上の対立が起こり、この対立を避けるため、日本の企業はアメリカやヨーロッパに進出して、自動車や電気製品などを現地で生産するようになった。また市場の拡大などを求めて、東南アジアや中国に工場を移した。こうして多くの日本企業が世界各地で生産を行い、その結果、日本国内では「産業の空洞化」と呼ばれる現象がおこった。

アジアの国々の工業化の進展や、2008年から始まった世界同時不況の影響で、現在、日本の工業をとりまく環境はきびしさを増している。こうしたなかで、日本の企業は⑥さまざまな取り組みを通して活路を見いだそうとしている。

問1　文中の下線部①に関して、次の（1）～（3）の問いに答えなさい。
　（1）　日本には2016年末現在、自然遺産と文化遺産をあわせて20件の世界遺産があります。次のイ～ニのうち、日本の世界自然遺産の例として**誤っているもの**を一つ選び、記号で答えなさい。
　　　イ．小笠原諸島　　　ロ．紀伊山地　　　ハ．知床　　　ニ．白神山地

　（2）　次の写真は、福岡県大牟田市にある「宮原坑」という遺構を撮影したものです。この写真のやぐらのような施設が持っていた役割について述べたあとのイ～ニの文のうち、正しいものを一つ選び記号で答えなさい。

ロ．労働者や採掘した石炭を運ぶためのエレベータとしての役割。

　ロ．大型船の積み荷を上げ下ろしするためのクレーンとしての役割。

　ハ．溶解した金属などの材料を流し込んで鉄鋼を作る高炉としての役割。

　ニ．工業用水確保のための取水・送水をおこなうポンプとしての役割。

（3）　次の写真は1908（明治41）年につくられ現在も稼働中の、福岡県大牟田市の三池港の水門を撮影したものです。この水門は、船が利用できるように水門内の水位を8.5m以上に保つためにつくられたものですが、これは三池港が面する有明海の、ある問題を解決するためでした。有明海のどのような問題を解決するためにこの水門がつくられたのか、句読点を含めて10字以上20字以内で説明しなさい。

福岡県ホームページによる。

大牟田市石炭産業科学館ホームページによる。

問2　文中の下線部②に関して、次のA〜Cは1950年、1972年、2013年のいずれかの、日本の製鉄所（高炉）の分布です。A〜Cを古いものから年代順に正しく並べたものを、あとのイ〜ヘから一つ選び記号で答えなさい。

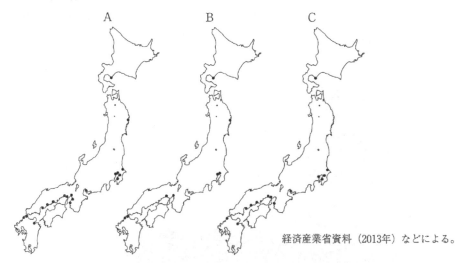
経済産業省資料（2013年）などによる。

　イ．A → B → C　　　ロ．A → C → B　　　ハ．B → A → C

　ニ．B → C → A　　　ホ．C → A → B　　　ヘ．C → B → A

問3　文中の下線部③に関して、四大工業地帯について述べた次のイ～ニの文のうち、誤っているものを一つ選び記号で答えなさい。

イ．京浜工業地帯は重化学工業のほか、印刷産業や旅客機の組み立て産業も発達している。

ロ．中京工業地帯は現在、四大工業地帯のうちで工業出荷額が最も大きい。

ハ．阪神工業地帯は、他の工業地帯に比べて工業出荷額に占める金属工業の割合が高い。

ニ．北九州工業地帯は、関東内陸など他の工業地域の成長により近年地位が低下している。

問4　文中の下線部④に関して、次のグラフは製鉄の原料となる鉄鉱石の、2014年における日本の輸入相手国とその割合を表したものです。グラフ中のA国、B国に当てはまる国の正しい組合せを、あとのイ～ニから一つ選び記号で答えなさい。

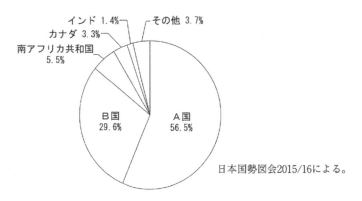

日本国勢図会2015/16による。

解答の記号	イ	ロ	ハ	ニ
A国	中国	中国	オーストラリア	オーストラリア
B国	ブラジル	アメリカ合衆国	ブラジル	アメリカ合衆国

問5　文中の下線部⑤のような貿易上の対立のことを何というか、漢字で答えなさい。

問6　文中の下線部⑥に関して、日本の企業の取り組みや、それにともなう日本の変化について述べた次のイ～ニの文のうち、誤っているものを一つ選び記号で答えなさい。

イ．高い技術力を生かし、国内で消費される高機能製品の生産に力を入れている。

ロ．電気自動車など、環境問題に配慮した製品の生産に力を入れている。

ハ．使われなくなった工場用地に、リサイクル施設や物流施設が建設されている。

ニ．東南アジアや中国の工場に出稼ぎに行く、日本人の労働者が急増している。

3 次の ［A］ ～ ［C］ の文を読んで、あとの問いに答えなさい。

［A］

　縄文時代や弥生時代の人々は文字を用いた記録を残していない。そのため、人々の生活や社会の様子は、①出土した土器や石器などの道具、住居や集落の跡などを調べることによって明らかにされている。古墳時代には大陸や朝鮮半島の影響から、日本でも漢字が用いられるようになった。ヤマト政権の首長の名前を「獲加多支鹵（わかたける）（　②　）」と漢字で記した鉄剣や鉄刀が、九州と関東地方で発見されたことは、5世紀のヤマト政権の勢力の大きさを示している。

問1　文中の下線部①に関して、縄文時代や弥生時代について述べた文として、正しいものを次のイ～ニから一つ選び、記号で答えなさい。
　イ．縄文時代の集落の近くには貝塚ができ、食べ物や木製の鋤（すき）や鍬（くわ）などの道具が捨てられていた。
　ロ．縄文時代には人々が定住するようになり、竪穴住居（たて）で生活していた。
　ハ．弥生時代には三内丸山遺跡にみられるように、水田近くの台地に集落がつくられた。
　ニ．弥生時代の住居には、朝鮮半島から伝わったかまどが設けられた。

問2　文中の（　②　）に当てはまる、ヤマト政権の首長をあらわす語句を漢字で答えなさい。

［B］

　律令国家建設を進めた天武天皇は、日本の国のおこりや、天皇が国を治めるいわれを伝えるために歴史書をつくることを命じた。この後、③8世紀には『古事記』や『日本書紀』が成立し、平安時代の10世紀まで朝廷によって歴史書がつくられた。一方、④平安時代には、歌集や天皇のきさきに仕えた女性による小説などの優れた文学作品が生まれ、当時の人々の心情を伝えている。

問3　文中の下線部③に関して、8世紀から10世紀までのことを述べた文として誤っているものを次のイ～ニから一つ選び、記号で答えなさい。
　イ．歴史書に加え、全国の国ごとに産物や伝承などをまとめた『風土記』がつくられた。
　ロ．関東で平将門が、瀬戸内海地方で藤原純友が、周辺の武士団を率いて反乱を起こした。
　ハ．坂上田村麻呂の軍勢が蝦夷の抵抗をしずめ、朝廷は東北地方への支配を広げた。
　ニ．藤原氏と血縁関係がうすい後三条天皇が位につき、天皇中心の政治の復活をめざした。

㉔		
：		

小　計

4

㉕	㉖	㉗	㉘	㉙	㉚	㉛

小　計

5

㉜	㉝	㉞	㉟	㊱	㊲

㊳	㊴	㊵

小　計

5	問 1	問 2	問 3	問 4	問 5	問 6

小　計

6	問 1	問 2	問 3

小　計

7	問 1	問 2	問 3	問 4	問 5	
					①	②

小　計

8	問 1				問 2

問 1			
(1)		(2)	(3)
①	②		
			kg

問 3			
①	②	③	④

小　計

K 教英出版

4

問1		問2		

問3	

問4		問5		

小 計

5

問1		問2		

問3	

問4		問5		

小 計

6

問1		問2		問3	(1)		(2)	

(3)	

問4		問5		

小 計

平成29年度 **社会　解答用紙**

氏名

受験番号

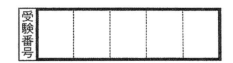

※100 点満点
（配点非公表）

1

| 問1 | A | 県 | B | 県 | 問2 | | 問3 | |

| 問4 | | 問5 | | 問6 | (1) | | (2) | |

小　計

2

| 問1 | (1) | (2) | |
| | (3) | |

| 問2 | | 問3 | | 問4 | | 問5 | | 問6 | |

小　計

3

| 問1 | | 問2 | | 問3 | |

| 問4 | |

| 問 | | 問 | |

小　計

【解答

平成29年度 理科 解答用紙

氏名

受験番号

1

問 1	問 2	問 3
個	個	[g]

小　計

2

問 1	問 2	問 3	問 4	問 5
[m]	[m]	秒間	秒間	秒間

小　計

3

問 1	問 2	問 3	問 4	問 5
		・ ・	mL	mL

小　計

4

問 1		問 3
(1)	(2)	白い固体の重さ〔g〕

問 2	問 4	問 5

小　計

氏名

受験番号

※150点満点
（配点非公表）

1

①	②	③	④	⑤	⑥

⑦	⑧	⑨	⑩	⑪

小　計	

2

⑫	⑬	⑭	⑮	⑯

⑰		⑱	⑲
ページと　　　　　　ページの間			

北

西　　東

南
（上側からの見え方）

小　計	

【解答

問4　文中の下線部④に関して、この時期の宮廷では漢詩文ばかりでなく、和歌の地位も高まりまし
　　たが、これは紀貫之が＜図1＞などの作品がのせられた歌集を編さんしたことによります。この
　　歌集の名前をあげて、＜図1＞を参考にしながら、この歌集の特色を簡潔に説明しなさい。

＜図1＞

[C]
　武士が大きく力をのばした⑤鎌倉時代には、軍記物が多く著され、武士たちの活躍が描かれた。な
かでも、⑥琵琶法師によって語り伝えられた軍記物は、民衆にも広く知られることとなった。また、戦
いや僧の伝記を描いた絵巻物も多くつくられ、そこには当時の人々の様子が生き生きと表現されてい
る。

問5　文中の下線部⑤に関して、鎌倉時代について述べた文として正しいものを次のイ〜ニから一つ
　　選び、記号で答えなさい。
　　イ．2度にわたる元の襲来ののち、幕府は博多湾に石塁を築き、守りをかためた。
　　ロ．時宗を開いた一遍は、法華経の題目をとなえることで国も人々も救われると説いた。
　　ハ．源氏の将軍がとだえたのち、後鳥羽上皇は幕府をたおそうと兵をあげたが、敗れた。
　　ニ．争乱で焼かれた延暦寺の復興にさいし、運慶・快慶によって金剛力士像がつくられた。

問6　文中の下線部⑥について、この文学作品に当てはまるものを次から一つ選び、記号で答えなさ
　　い。
　　イ．『平家物語』　　　ロ．『徒然草』　　　ハ．『源氏物語』　　　ニ．『太平記』

4 次の史料に関する各問いに答えなさい。

史料1

史料2

史料3

史料4

> どこの港でも、外国船が入港するのを見たなら、有無を言わさず、いちずに打ち払え。逃亡したら追う必要はない。もし強引に上陸したら、つかまえるか、または打ち殺してもかまわない。

（『徳川禁令考』から　一部要約）

問1　**史料1**は、14世紀から16世紀にかけて東シナ海などで活動していた集団が、中国の軍と戦っている様子が描かれています。この集団について述べた文として**誤っているもの**を次のイ〜ニから一つ選び、記号で答えなさい。

イ．この集団は九州北部の島々などを根拠地とし、貿易や海賊行為を行っていた。

ロ．この集団には、日本人以外に朝鮮人や中国人も加わっていた。

ハ．足利義満は明の要求に応じてこの集団の活動を禁止し、明と勘合貿易を行った。

ニ．織田信長は法令を出してこの集団の取りしまりを行った。

問2　**史料2**は、商船が日本から安南国（現在のベトナム）へ向かうことを将軍が許可した文書です。この文書が出された17世紀前半のことを述べた文として、正しいものを次のイ〜ニから一つ選び、記号で答えなさい。

　イ．幕府は朱子学を重視し、孔子をまつる聖堂を江戸の湯島に建てた。

　ロ．朝倉氏の一乗谷や北条氏の小田原などの城下町がつくられた。

　ハ．対馬藩が交渉を行い、日本と朝鮮との国交が回復した。

　ニ．蓮如が北陸地方に拠点を置き、浄土真宗（一向宗）を広めた。

問3　3代将軍徳川家光の時代には、**史料2**をもった大名や商人の船はみられなくなり、長崎に出島が完成します。また、**史料3**は島原・天草一揆が発生した九州地方でも用いられ、幕府は島原・天草一揆ののちにポルトガル船の来航を禁止しました。これらのことをふまえて、江戸幕府が鎖国を行ったねらいを二点あげて説明しなさい。

問4　**史料4**は江戸時代後半に幕府が出した法令です。18世紀後半から19世紀にかけての江戸時代後半のことを述べた文として、**誤っているもの**を次のイ〜ニから一つ選び記号で答えなさい。

　イ．イギリス・アメリカ・ロシアの船の接近が多くなったため、幕府は**史料4**の法令を出した。

　ロ．**史料4**の法令は日米和親条約が結ばれたときにとりやめとなった。

　ハ．多色刷りの浮世絵版画が人気となり、歌川広重らが優れた作品を残した。

　ニ．水野忠邦は江戸・大阪周辺の大名領や旗本領を幕府領にしようとしたが、失敗した。

問5　**史料4**の法令のような幕府の政策や鎖国を批判する蘭学者も現れましたが、江戸時代の蘭学者について述べた文として正しいものを次のイ〜ニから一つ選び、記号で答えなさい。

　イ．前野良沢はヨーロッパの測量術で正確な日本地図をつくった。

　ロ．高野長英は『解体新書』を出版した。

　ハ．渡辺崋山は寒暖計や発電機（エレキテル）を作った。

　ニ．緒方洪庵は大坂（阪）で蘭学塾の適塾を開いた。

5　次の文を読んで、あとの問いに答えなさい。

　1871年、欧米諸国の政治や産業の状況を見るため、岩倉使節団が派遣された。約２年間に及んだこの本格的な視察団は、①世界をめぐりその洋行の記録を残している。

　「②条約を　結びそこない　金とられ　世間に対し　なんといわくら」などと言われたこともあったが、岩倉使節団は訪問した国々では大きな歓迎を受けていた。実際に海外を見てきた使節団の参加者たちは、③帰国後、日本の政治の主たる担い手となった。日本が政治制度の確立、産業の発展、④教育の充実などを達成していくにあたって、使節団の参加者たちが果たした役割は大きかった。このように岩倉使節団は日本人による洋行の歴史の先駆けとなり、⑤その後も、多くの人々が海外に学び、その洋行体験をもとに活躍していった。

※洋行…欧米へ渡航・留学すること。

問１　文中の下線部①に関して、次の史料は、岩倉使節団に参加した人物が著した記録の一部抜粋です。ある国を訪問したとき、著者は、この国が日本にとって最も参考にすべき国だと考え、史料文中にあるような感想を持ちました。その後、この国には19世紀の終わりに伊藤博文らが憲法調査に派遣されるなど、多くの政治家が再び視察に向かうことになります。史料文中の［　X　］に当てはまる国を、あとのイ～ニから一つ選び記号で答えなさい。

　　　［　X　］の立場や方針は、日本に似ており、この国の政治や風俗を知ることは、イギリスやフランスについて知ることよりも得るものが多いだろう。

（久米邦武編『特命全権大使米欧回覧実記』から、一部要約）

　　イ．ドイツ　　　ロ．イタリア　　　ハ．アメリカ　　　ニ．ロシア

問２　文中の下線部②に関して、岩倉使節団は不平等条約改正の事前交渉を行うことも目的としていました。しかし、この事前交渉は失敗し、その後も不平等条約改正の交渉は長く続いていくこととなります。日本における不平等条約改正交渉の歴史に関係した次のa～cの文を、古いものから年代順に正しく並べたものをあとのイ～ヘから一つ選び、記号で答えなさい。

　　a．大隈重信が条約改正交渉に乗り出したが、襲撃を受けて負傷し、交渉は中断した。
　　b．欧化政策の一環として、井上馨が鹿鳴館を建設した。
　　c．寺島宗則が関税自主権の回復交渉を行ったが、イギリスの反対で失敗した。
　　　　イ．a→b→c　　　ロ．a→c→b　　　ハ．b→a→c
　　　　ニ．b→c→a　　　ホ．c→a→b　　　ヘ．c→b→a

問3　文中の下線部③のようになっていくきっかけに、明治六年の政変という事件がありました。この事件では、西郷隆盛や板垣退助ら留守政府と、岩倉使節団の岩倉具視や大久保利通らが、朝鮮進出をめぐって対立しました。西郷隆盛、板垣退助らは征韓論をとなえましたが、これに反対した岩倉具視や大久保利通はどのような主張をしたか、簡潔に説明しなさい。

問4　文中の下線部④について、この使節団に最年少で参加した人物がのちに開いた学校として正しいものを、次のイ～ニから一つ選び記号で答えなさい。なお、学校名は現在の大学名で表記しています。

　　イ．早稲田大学　　　ロ．津田塾大学　　　ハ．慶応義塾大学　　　ニ．同志社大学

問5　文中の下線部⑤について、次の文は、洋行体験をもとに活躍したある文化人についての説明です。この人物として正しいものを、あとのイ～ニから一つ選び記号で答えなさい。

> 　20世紀の初頭にフランスやアメリカに滞在した経験を持ち、『あめりか物語』や『ふらんす物語』などの著者として知られ、感覚美を尊重する耽美派の作家として名声を得た。

　　イ．永井荷風　　　ロ．太宰治　　　ハ．二葉亭四迷　　　ニ．小林多喜二

6 次の文を読んで、あとの問いに答えなさい。

日本国憲法は、前文で①憲法制定の由来や目的などを表明している。次の文は憲法前文の一部である。

> 日本国民は、②正当に選挙された国会における代表者を通じて行動し、われらとわれらの子孫のために、諸国民との協和による成果と、わが国全土にわたつて(つ)③自由のもたらす恵沢(けいたく)を確保し、④政府の行為によって再び戦争の惨禍(さんか)が起(おこ)ることのないやうにすることを決意し、ここに主権が国民に存することを宣言し、この憲法を確定する。そもそも国政は、国民の厳粛(げんしゅく)な信託によるものであつて、その権威(けんい)は国民に由来し、その権力は国民の代表者がこれを行使し、その福利は国民がこれを享受(きょうじゅ)する。これは人類普遍(ふへん)の原理であり、この憲法は、かかる原理に基(もと)くものである。われらは、これに反する一切の憲法、法令及(およ)び詔勅(しょうちょく)を排除(はいじょ)する。

日本国憲法は、2016年に公布から70年を迎えた。この間、社会状況は著しく変化し憲法が制定されたときには存在しなかったような事態が生じている。そのため今日では、⑤憲法改正が政治の争点の一つとなっている。

問1　文中の下線部①に関して、日本国憲法は1947年5月に施行されましたが、当時の内閣総理大臣の名前を次のイ～ニから一つ選び、記号で答えなさい。

　イ．吉田茂　　　　ロ．幣原喜重郎　　　　ハ．鳩山一郎　　　　ニ．岸信介

問2　文中の下線部②に関連して、日本の選挙制度について述べた文として、誤っているものを次のイ～ニから一つ選び、記号で答えなさい。

　イ．衆議院議員選挙の比例代表制では、投票者は政党名を記入することになっている。

　ロ．参議院議員選挙の比例代表制では、投票者は候補者名または政党名を記入することになっている。

　ハ．国会議員選挙については、選挙権と被選挙権は18歳以上である。

　ニ．海外に住む日本人は、衆議院議員選挙や参議院議員選挙に投票できる。

問3　文中の下線部③は基本的人権の保障の根拠の一つとなっています。基本的人権について、あとの（1）～（3）の問いに答えなさい。

（1）　日本国憲法は基本的人権が「侵すことのできない永久の権利」であるとしています。しかし、どんな場合でも人権がいっさいの制限をうけないということではなく、他の人たちの自由や権利との調整が公平に行われなければなりません。

　　　そのため「経済活動の自由」を定めている憲法第22条第1項は、「何人も、＜　A　＞に反しない限り、居住、移転及び職業選択の自由を有する。」としています。＜　A　＞に当てはまる語句を5字で答えなさい。

（2）　日本国憲法が定めている参政権として誤っているものを、次のイ～ニから一つ選び記号で答えなさい。

　　イ．憲法改正に関する国民投票

　　ロ．最高裁判所裁判官の国民審査

　　ハ．地方自治特別法に関する住民投票

　　ニ．地方公共団体の知事や市町村長に対する解職請求

（3）　基本的人権の保障において、最高裁判所は「憲法の番人」といわれています。その理由を25字以内で説明しなさい。

問4　文中の下線部④は平和主義について述べています。1990年代以降、世界秩序の変動のなかで日本の平和主義は大きな転換点に立たされています。1992年、各国の地域紛争解決や世界秩序の維持に貢献するため、国連平和維持活動（PKO）協力法が制定され、自衛隊の海外派遣が可能となりました。この法律が制定されるきっかけとなった出来事を、次のイ～ニから一つ選び記号で答えなさい。

イ．湾岸戦争　　　ロ．アメリカ同時多発テロ（9.11）

ハ．コソボ紛争　　ニ．イラク戦争

問5　文中の下線部⑤に関して、日本国憲法の改正は、法律の改正と比べると、厳しい手続きを必要としています。憲法改正の発議について第96条は、衆議院、参議院それぞれの総議員のどれだけの賛成が必要とされていますか。正しい組合せを次のイ～ニから一つ選び、記号で答えなさい。

解答の記号	イ	ロ	ハ	ニ
衆議院	過半数	過半数	三分の二以上	三分の二以上
参議院	過半数	三分の二以上	三分の二以上	過半数

K 教英出版

平成 28 年度

福岡大学附属大濠中学校

入 学 試 験 問 題

算　数

[時 間　60分]

注　意

1．答えはすべて解答用紙に記入してください。

2．解答用紙には氏名・受験番号（算用数字　例10001）をきちんと書いて
　ください。

(10) 下の図は面積が10 cm² の三角形 ABC です。

BD : DC = 3 : 2, AP : PD = 1 : 1 のとき, 三角形 PDC の面積は <u>⑩</u> cm² です。

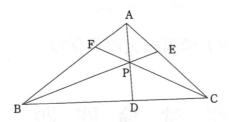

(11) 下の図のように, 半径6 cm の半円を点 A を中心に時計周りに40°回転させたものがあります。
色のついた部分の面積は <u>⑪</u> cm² です。 ただし, 円周率は3.14とします。

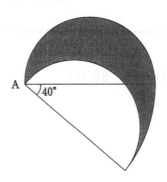

2 次の各問いに答えなさい。

(1) 3より大きい整数で，3で割るとあまりが1になる数を小さい順に加えていきます。

6個加えたときの数は，23を ⑫ 倍した数になっています。

10個加えたときの数は， ⑬ を5倍した数になっています。

100個加えたときの数は， ⑭ です。

(2) 1から5までの数字が書かれた球（①，②，③，④，⑤）が1つずつ計5個あります。

これらを一列に並べる方法は全部で ⑮ 通りあります。

また，円形に並べる方法は全部で ⑯ 通りあります。

ただし，下のような回転して同じ並びになるものは1通りとして数えます。

(3) 次の □ にあてはまる数は ⑰ です。

容器Aには濃度4％の食塩水が250g，容器Bには濃度 □ ％の食塩水が500g入っています。

容器Aから50gをとり容器Bに加えます。次に，容器Bから50gをとり容器Aに加えると，

容器Aは濃度5％の食塩水になりました。

(4) 下の図のように，2つの道路がTの字に垂直に交差しています。

道路沿いはすべて高い壁になっていて何も見えません。

太郎君は，南から北に向かって左の壁から1m離れたところを自転車で走っています。

下の図の色のついた部分は，交差点（止まれの位置）から2m手前のA地点まできたときに，

太郎君が見えている道路の範囲を表しています。色のついた部分の面積は ⑱ m² です。

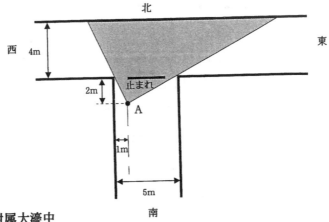

A地点を出発するときに，ある1つの整数を思い浮かべます。その整数をもとに，次の交差点から各交差点ごとに次のような〈計算ルール〉で計算をしながら進むことにします。

〈計算ルール〉

交差点を直進してきたときは，1を加える。

交差点を右折してきたときは，2倍して1を引く。

交差点を左折してきたときは，3倍して2を引く。

ただし，A地点からは直進してきたとして計算します。

たとえば，A地点を出発するときに，0を思い浮かべて左のページの図1のような道順を進むと，B地点での計算後の数は20になります。

(3) A地点を出発するときに，1を思い浮かべて下の図のような道順
（A直進−直進−直進−右折−直進−直進−直進−直進B）を進みました。
B地点での計算後の数は ㉔ になります。

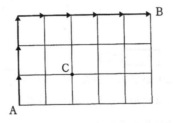

(4) A地点を出発するときに，0を思い浮かべて下の図のような道順を進みました。
途中のC地点での計算後の数は ㉕ になり，B地点での計算後の数は ㉖ になります。

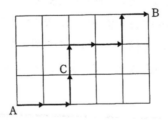

(5) 下の図のような道順を進んだとき，B地点での計算後の数が163になりました。
A地点を出発するときに思い浮かべた整数は ㉗ です。

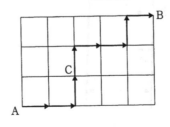

4 　下の図1のように，よこ20cm，たて20cm，高さ18cm の直方体の形をした水そうの中に，

ふたがついていない底面の半径が5cm，高さが10cm の円柱の形の容器を入れ，

容器の中には水が入るようにします。

この水そうの中に，毎分決まった量の水を水そうが満水になるまで入れていきます。

水面が円柱の容器の一番上まで上がったところで，容器の中に水が流れ込みます。

図2のグラフは，水を入れ始めてからの時間と水そうの水面の高さの関係を表しています。

ただし，円周率は3.14とし，水そうと容器の厚さは考えないものとします。

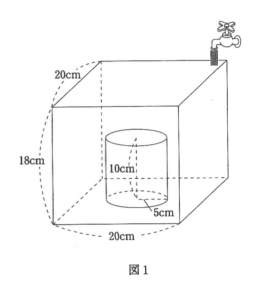

図1

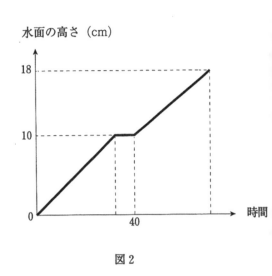

図2

(1) 水は毎分 ㉘ cm³ の割合で入れていました。

(2) 水そうが満水になるのは，水を入れ始めてから ㉙ 分後です。

(3) 円柱の容器の中に水が流れ込み始めるのは，水を入れ始めてから ㉚ 分 ㉛ 秒後です。

(4) 円柱の容器の中に水が流れ込み，容器の $\frac{1}{3}$ の高さまで水が貯まるのは，

容器の中に水が流れ込み始めてから ㉜ 分 ㉝ 秒後です。

(5) 水をすべて捨て，もう一度同じ割合で水を入れ始めましたが，

円柱の容器の中に水が流れ込むときから，入れる水の割合を3倍にし，

水そうが満水になるまで入れました。

水そうが満水になるのは，水を入れ始めてから ㉞ 分 ㉟ 秒後です。

平成 28 年度

福岡大学附属大濠中学校

入 学 試 験 問 題

理 科

[時 間 40 分]

3 　月の半径は地球の約4分の1で、太陽の半径は地球の約100倍です。地球から月までの距離は約38万kmであるとして、以下の各問いに答えなさい。

問1　太陽の半径は、月の約何倍ですか。

問2　下の図は地球と月、太陽の位置関係を示したものです。地球からは月と太陽はほぼ同じ大きさに見えます。このことから、地球から太陽までの距離は約何万kmになりますか。

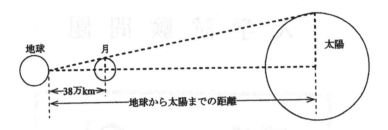

問3　月は地球の周りを約27日周期で回っています。月が地球の周りを回る速さはどれぐらいですか。もっとも近いものを次のア〜オの中から1つ選び、記号で答えなさい。ただし、月の公転軌道の長さは約240万kmとします。

　　ア．時速40km　　　　イ．時速400km　　　ウ．時速4000km

　　エ．時速4万km　　　 オ．時速40万km

問4　右の図は太陽からの光に対する地球と月の位置関係を、地球の北極側から見たものです。月食、日食のときの月の位置を表したものはどれですか。図中のア〜エの中から1つずつ選び、記号で答えなさい。

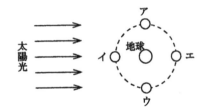

問5　月面から太陽を見ると、まれに太陽が欠けて見えることがあります。そのときの月の位置を表したものはどれですか。問4の図中のア〜エの中から1つ選び、記号で答えなさい。

4 　台風について以下の各問いに答えなさい。

問1　台風の中心付近の地表面での風はどのように吹きますか。次のア～エの中から1つ選び、記号で答えなさい。ただし、「台」は台風の中心を表しています。

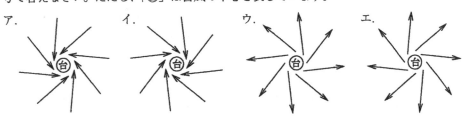

問2　ある日、台風が大濠中学校付近を通過しました。その日の10時、11時、12時の風向きが図1のようであったとき、台風の中心の経路は図2のどれであったと考えられますか。ア～エの中からもっとも正しいものを1つ選び、記号で答えなさい。ただし、「大」は大濠中学校の位置を表しているものとします。

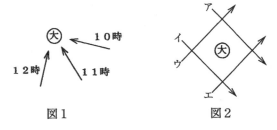

図1　　　　　　　　図2

問3　台風の接近にともなって海岸では気圧の変化や風の影響で海面が異常に上昇する現象が起こることがあります。この現象を何といいますか。次のア～エの中から1つ選び、記号で答えなさい。

ア．満潮（みちしお）　　イ．大潮（おおしお）　　ウ．高潮（たかしお）　　エ．津波

問4　次の文章の（　　）内に当てはまる言葉の組み合わせを下のア～クの中から1つ選び、記号で答えなさい。

　　台風が上陸すると次第に勢力が（　①　）のは、水蒸気の供給が（　②　）し、上昇気流が（　③　）ためである。

	①	②	③
ア	増す	増加	強まる
イ	増す	増加	弱まる
ウ	増す	減少	強まる
エ	増す	減少	弱まる
オ	おとろえる	増加	強まる
カ	おとろえる	増加	弱まる
キ	おとろえる	減少	強まる
ク	おとろえる	減少	弱まる

問4　次の□□□の文章は、実験結果をもとに考察したものです。文中（　①　）～（　③　）に当てはまる水温を下の語群からそれぞれ1つ選び、記号で答えなさい。

> ふ化日数から見れば、最適な水温は（　①　）であり、ふ化率から見れば、最適な水温は（　②　）であるとわかる。よって、できるだけ短期間に、より多くの卵がふ化するための最適な水温は（　③　）であると考えられる。

①の語群
　　ア．10～15℃　　　イ．15～20℃　　　ウ．20～25℃　　　エ．25～30℃

②の語群
　　ア．10～15℃　　　イ．15～20℃　　　ウ．20～25℃　　　エ．25～30℃

③の語群
　　ア．10℃　　　　イ．15℃　　　　ウ．20℃　　　　エ．25℃　　　　オ．30℃

問5　近年、さまざまな原因によって野生のメダカが各地で減少し、姿を見ることが難しくなってきました。野生のメダカの他に、古くから日本の各地に生息している生物のうち、近年絶滅の危機にあるといわれているものはどれですか。次のア～エの中からすべて選び、記号で答えなさい。
　　ア．アライグマ　　　　イ．イリオモテヤマネコ　　　　ウ．タンチョウ　　　　エ．ハクビシン

7　ふりこの運動について、以下の各問いに答えなさい。

　まず、軽くて伸び縮みしない長さ50cmの糸と、重さが100gのおもりからなるふりこAを用意しました。

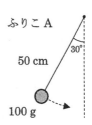

問1　ふりこAが10往復する時間を5回はかると、下の表のようになりました。ふりこAが10往復する時間の平均の値を小数第二位まで求めなさい。

1回目	2回目	3回目	4回目	5回目
14.08秒	14.03秒	14.10秒	14.07秒	14.02秒

問2　ふりこAが1往復する時間を小数第一位まで求めなさい。

　次に、100cmの糸と100gのおもりからなるふりこBと、50cmの糸と200gのおもりからなるふりこCも準備して、同様にふりこが往復する時間を調べました。

問3　ふりこA，B，Cが1往復する時間を調べたとき、1往復する時間が最も長いのはどれですか。A～Cの中から1つ選び、記号で答えなさい。

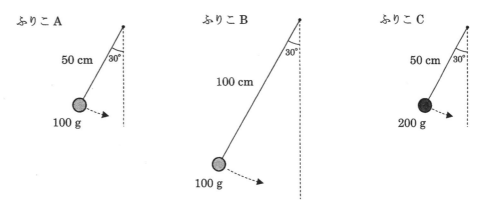

次に図2のように、電熱線A，B，Cを並列に配線して、実験1～3のときと同じ大きさの電圧で実験を行いました。容器にはそれぞれ質量100gで20℃の水が入っています。

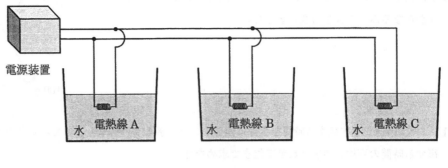

図2

問5　水温の上がり方の説明として、最も適当なものをア～エの中から1つ選び、記号で答えなさい。

　　ア．電熱線Aを入れた容器の水温が一番上がる。

　　イ．電熱線Bを入れた容器の水温が一番上がる。

　　ウ．電熱線Cを入れた容器の水温が一番上がる。

　　エ．どの容器も水温の上がり方は同じである。

問6　10分間電流を流したとき、電熱線Aを入れた容器の水温は何℃になっていますか。

平成 28 年度

福岡大学附属大濠中学校

入 学 試 験 問 題

社 会

［時 間 40分］

注 意

1．答えはすべて解答用紙に記入してください。

2．解答用紙には氏名・受験番号（算用数字　例10001）をきちんと書いて
ください。

問1　文中の　A　、　B　に当てはまる数値の正しい組合せを次のイ～ヘから一つ選び、記号
　　で答えなさい。

解答の記号	イ	ロ	ハ	ニ	ホ	ヘ
A	37.8	37.8	47.6	47.6	58.1	58.1
B	338.8	508.2	269.0	403.5	220.4	330.6

問2　文中の　C　に当てはまる都市名は何か、またその都市の位置は次の図1中のあ～えのう
　　ちのどれか、都市名と位置の正しい組合せを、あとのイ～ニから一つ選び記号で答えなさい。

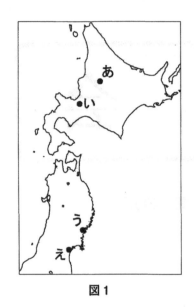

図1

解答の記号	イ	ロ	ハ	ニ
都市名	札幌	札幌	仙台	仙台
位置	あ	い	う	え

問3　文中の下線部①に関して、日本よりも**人口が少ない国**を次のイ～ニから一つ選び、記号で答え
　　なさい。
　　イ．インド　　　ロ．アメリカ合衆国　　　ハ．ブラジル　　　ニ．オーストラリア

問4　文中の下線部②に関して、次の図2は日本の出生数・出生率・死亡率の推移を表したものです。図2について述べた文として誤っているものを、あとのイ～ニから一つ選び記号で答えなさい。

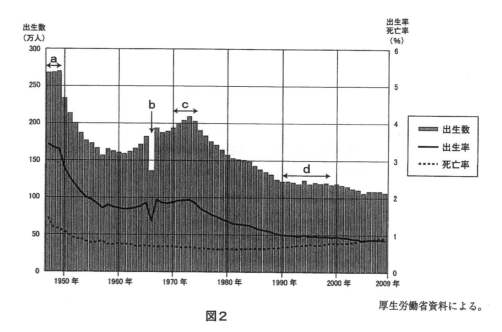

図2

厚生労働省資料による。

イ．終戦直後のaの時期には出生数が多く、この時期に生まれた世代を団塊の世代という。

ロ．石油危機にともなう不況の影響によって、bの年の出生数はその前後の年よりも少なかった。

ハ．aの時期に生まれた世代が出産適齢期となったcの時期には、出生数がその前後の時期よりも多かった。

ニ．dの時期には、出生数・出生率はほぼ横ばいであるが、死亡率が出生率よりも低かったため、人口は増加した。

問5　文中の下線部③に関して、少子高齢化の状況は地域によって異なります。次の(1)～(3)のグラフは秋田市、福岡市、那覇市のいずれかの男女別・年齢別人口構成を表したものです。グラフと都市の正しい組合せを、あとのイ～ヘから一つ選び記号で答えなさい。

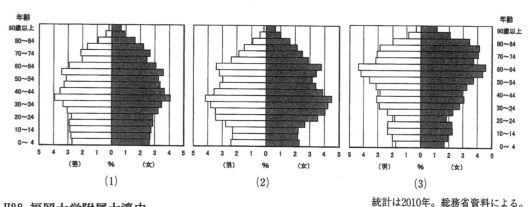

統計は2010年。総務省資料による。

問1　A島とB島の島名をそれぞれ漢字で答えなさい。

問2　C島とD島は何県に属するか、県名をそれぞれ漢字で答えなさい。

問3　B島、D島、E島、F島の農業について述べた文として**誤っているもの**を、次のイ〜ニから一つ選び記号で答えなさい。
　　イ．B島では、茶やイグサの栽培が盛んである。
　　ロ．D島では、タマネギの栽培など園芸農業が盛んである。
　　ハ．E島では、サトウキビやパイナップルの栽培が盛んである。
　　ニ．F島では、オリーブやミカンの栽培が盛んである。

問4　次の図は、国土地理院のホームページから入手した、Ｅ島の一部を表した地理院地図（一部改変）です。図をみて、あとの(1)、(2)の問いに答えなさい。なお、この地理院地図の地図記号と等高線の表現方法は2万5千分の1地形図のものと同じです。

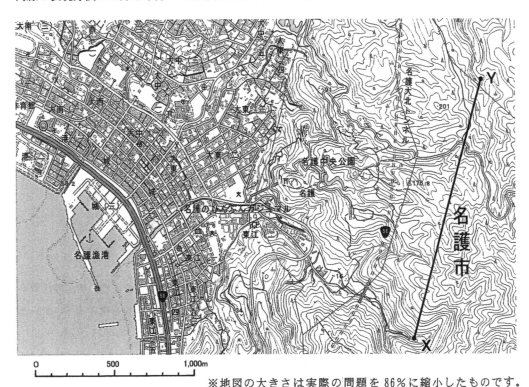

※地図の大きさは実際の問題を86％に縮小したものです。

(1)　次の文は図で表された地域について述べたものです。文中の下線部（イ）～（ニ）から誤っているものを一つ選び、記号で答えなさい。

　　　市役所から国道沿いに南東に1,100ｍほど進むと、左手に官公署、右手に（イ）消防署が現れる。官公署の先の交差点を左に曲がり、県道を北東方向に進む。すると道路右脇に設置された（ロ）水準点がみつかる。その150ｍほど先の三差路を左に曲がり、川を渡ったあと右に曲がり、左手に学校を見ながら川沿いに東に進む。学校の東側の、（ハ）果樹園が広がる山を階段で上がると神社に達する。神社のすぐ東側の山頂には（ニ）城跡があり、この山頂からは名護市街地を展望することができる。

問3　図Bに関して、奈良時代には天皇や貴族を中心とする国際色豊かで華やかな文化が花開きました。奈良時代の文化について述べた文として、**誤っているもの**を次のイ〜ニから一つ選び、記号で答えなさい。

　　イ．律令政府は仏教の力によって国を守るため、国分寺・国分尼寺を諸国につくった。

　　ロ．日本の国のおこりを説明するために、『古事記』・『日本書紀』が編さんされた。

　　ハ．天皇や貴族のほか、防人や農民の和歌を集めた『古今和歌集』が編さんされた。

　　ニ．行基は一般の人々に対して仏教を広め、人々とともに橋や用水路をつくった。

問4　図Bに関して、大陸からの文物は遣唐使によってもたらされました。遣唐使について述べた文として、**誤っているもの**を次のイ〜ニから一つ選び、記号で答えなさい。

　　イ．遣唐使は推古天皇によってはじめて派遣された。

　　ロ．遣唐使の中には、阿倍仲麻呂のように帰国がかなわなかったものがいた。

　　ハ．遣唐使にともなわれて渡来した鑑真によって、唐招提寺が建てられた。

　　ニ．菅原道真によって遣唐使の停止が唱えられた。

問5　図Cは源平の争乱によって焼失した後に、武家や公家、民衆の寄付を集め、中国の技術を用いて再建された寺院建築です。この寺院建築と同じ時期につくられたものを次のイ〜ニから一つ選び、記号で答えなさい。

　　イ．平等院鳳凰堂　　　ロ．慈照寺銀閣　　　ハ．『枕草子』　　　ニ．『方丈記』

問6　図Cに関して、この時期には武士や民衆の間に分かりやすく修行しやすい仏教の教えが広まりました。そのことについて述べた次の文中の　　X　　に入る適切な文章を、句読点を含めて15字以内で答えなさい。

　12世紀後半から13世紀にかけて、相次ぐ争乱や社会の変化の中で武士や民衆が成長してきたことや、浄土信仰が深まったことを背景に、武士や民衆の心のよりどころとして新しい仏教の教えが広まった。浄土宗の開祖となった法然は、だれでも　　X　　ことを説いた。

---

4 次の文を読んで、あとの問いに答えなさい。

中世や近世に武家政権が発した法令や政策からは、社会や経済の変化に対する武家政権の対応を知ることができる。

鎌倉幕府によって1232年に制定された最初の武家法である（　①　）には、武家社会の独自の慣習が反映されている。また、鎌倉後期に幕府は②永仁の徳政令を発し、経済が発達するなかで貧しくなった御家人を救おうとした。室町時代から戦国時代にかけて幕府や大名は、③争乱を利用して成長した地方武士や、貨幣経済が発達するなかで力をつけた商工業者を支配するための法令や政策を打ち出した。

近世に入ると、④江戸幕府や藩は農村に対して様々な法令を出し、村の中心となっていた本百姓の没落(ぼつらく)を防ごうとした。しかし18世紀から、農業生産などの技術が向上するなかで多くの産業が発展し、貨幣を中心とした経済がいっそう広がったことで、農村や都市で貧富の拡大が問題になった。このため税収が不安定になった幕府や藩は、財政問題に苦しめられた。これを受けて行なわれた幕政改革では、荒廃した農村を救うことや、⑤有力商人の力をおさえることを目的とした法令が出された。

問1　文中の（　①　）に当てはまる語句を漢字で答えなさい。

問2　文中の下線部②に関して、鎌倉時代の社会や経済について述べた文として、**誤っているもの**を次のイ～ニから一つ選び、記号で答えなさい。

　イ．経済的に発展していた東国で、米と麦の二毛作が発達した。

　ロ．分割相続によって領地が細かく分けられたため、御家人は貧しくなった。

　ハ．永仁の徳政令によって、御家人は売った土地を取り戻すことができた。

　ニ．寺社の門前や交通の便利な場所では、定期市が開かれるようになった。

問3　文中の下線部③について、室町幕府の政策や法令に当てはまるものを、次のイ～ニから一つ選び、記号で答えなさい。

　イ．座を廃止して商工業を活発にした。

　ロ．城下町に武士や商工業者を集めた。

　ハ．土倉や酒屋から営業税を徴収(ちょうしゅう)した。

　ニ．喧嘩両成敗(けんかりょうせいばい)を定めて家臣を統制した。

問3　文中の下線部③に関して、増税に耐えてこの戦争を支えた人々が講和条約に対して不満を持ったことを背景に、日比谷焼打ち事件がおこりました。講和条約のどのような点に人々は最も不満を持ったのか、この講和条約の名をあげて簡潔に述べなさい。

問4　文中の下線部④に関して、都市の発達は生活様式や文化に変化をもたらしました。大正から昭和初期にかけての生活様式や文化について述べた文として**誤っているもの**を、次のイ〜ニから一つ選び記号で答えなさい。

　イ．都市部から郊外に延びる鉄道沿線には、サラリーマン向けの文化住宅が建てられた。
　ロ．ラジオや映画などのマス＝メディアが発達した。
　ハ．低価格・大量出版の円本や、大衆雑誌『キング』が創刊された。
　ニ．『羅生門』を著した志賀直哉の作品が、都市の多くの人々から支持をえた。

問5　文中の下線部⑤について、この内閣の首相は誰か、次のイ〜ニから一つ選び記号で答えなさい。
　イ．桂太郎　　　ロ．加藤高明　　　ハ．原敬　　　ニ．犬養毅

6 次の文を読んで、あとの問いに答えなさい。

　日本の①権力分立制は、国の権力を国会、内閣、裁判所という国家機関にそれぞれ分けるという三権分立のしくみをとっている。このうち、国会と内閣との関係については議院内閣制が採用されている。内閣の地位について、日本国憲法は「（　1　）権は、内閣に属する」と定めている。内閣は内閣総理大臣と国務大臣で構成され、国務大臣の数はかつて20人とされていたが、現在では通常14人から17人以内とされている。このように国務大臣の定数が減少した理由の一つに、②中央省庁等改革関連法にもとづく2001年の省庁再編があげられる。ただし、東日本大震災を受けて2012年に（　2　）庁が設置されたのにともなって、この定数に1人追加することができるようになった。

　内閣の首長である内閣総理大臣は、③国務大臣を任命する権限のほか、内閣の会議である閣議を主催する権限などをもっている。内閣の仕事としては一般（　1　）事務に加えて、外交関係処理や（　3　）の締結、④予算の作成と国会への提出などがある。

問1　文中の（　1　）～（　3　）に当てはまる語句を、漢字で答えなさい。

問2　文中の下線部①について、権力分立制を採用している理由を述べた次の文中の　　X　　に入る適切な文章を、句読点を含めて15字以内で述べなさい。

国家の権力が集中することで、　　X　　ことを防ぐため。

問3　文中の下線部②に関して、次のaとbは、1府12省庁のうちどの役所の説明か、正しい組合せを次のイ～ニから一つ選び、記号で答えなさい。
　　a．各行政機関の事務の統合的な調整を行う機関で、消費者庁や金融庁が所属している。
　　b．ODAなどの国際支援や国際協力の事務を行う機関である。

解答の記号	イ	ロ	ハ	ニ
a	内閣府	総務省	総務省	内閣府
b	外務省	経済産業省	外務省	経済産業省

問4　文中の下線部③に関して、内閣総理大臣による国務大臣の任命について述べた文として正しいものを、次のイ～ニから一つ選び記号で答えなさい。
　　イ．国務大臣の過半数は、衆議院議員の中から選ばれなければならない。
　　ロ．国務大臣の3分の1は、参議院議員の中から選ばれなければならない。
　　ハ．国務大臣の全員が、国会議員の中から選ばれなければならない。
　　ニ．国務大臣の過半数は、国会議員の中から選ばれなければならない。

平成28年度　**算数　解答用紙**

氏名

受験番号

※150点満点
（配点非公表）

1	①	②	③	④	⑤	⑥

⑦	⑧	⑨	⑩	⑪

小　計

2	⑫	⑬	⑭	⑮	⑯

⑰	⑱	⑲	⑳	㉑

小　計

平成28年度　**理科　解答用紙**

氏名	

受験番号

※100 点満点
（配点非公表）

1

問 1		問 2	問 3	問 4	問 5	問 6	小　計
(a)	(b)		g		g	g	

2

問 1	問 2		問 3	
	気体Bの体積	水の重さ	C	D
L	L	g		

3

問 1	問 2	問 3	問 4		問 5	小　計
			月食	日食		
倍	約　　　　　万km					

4

問 1	問 2	問 3	問 4	小　計

平成28年度　社会　解答用紙

氏名　　　　　　　　　　　　受験番号

※100 点満点
（配点非公表）

1

問1		問2		問3		問4		問5		問6	

問7												

小 計	

2

問1	A		島	B		島	問2	C		県	D		県

問3		問4	(1)		(2)		

問5													

小 計	

3

問1	問2	天皇 問3	問4	問5		小 計

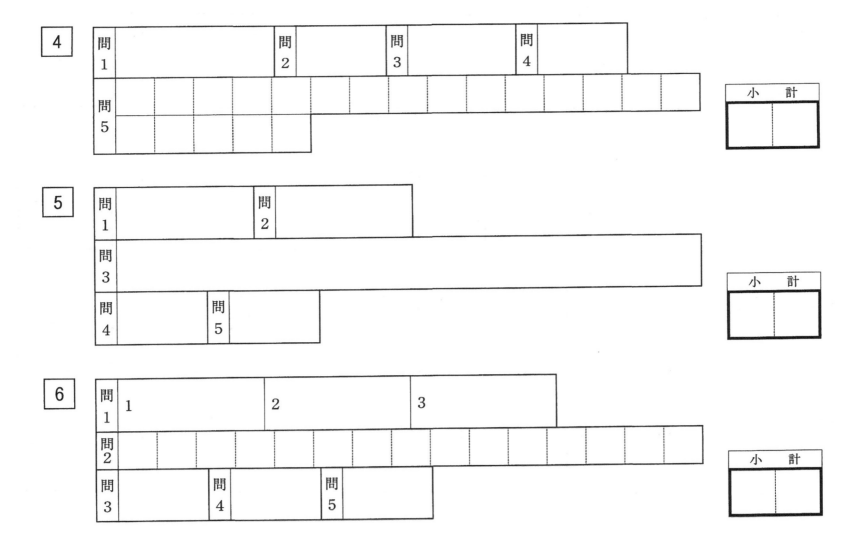

教英出版

5	問 1	問 2		問 3			問 4
		図 1	図 2	(1)	(2)	(3)	
				mL	mL	mL	mL

小	計

6	問 1	問 2	問 3	問 4			問 5
				①	②	③	
		→ → →					

小	計

7	問 1	問 2	問 3	問 4	問 5	問 6
	秒	秒				

小	計

8	問 1	問 2	問 3	問 4	問 5	問 6
			分間	分間		℃

小	計

3	㉒	㉓	㉔	㉕	㉖	㉗

小　計	

4	㉘	㉙	㉚	㉛	㉜	㉝

㉞	㉟

小　計	

5	㊱	㊲	㊳	㊴	㊵

小　計	

問5　文中の下線部④に関して、次のグラフは平成27年度一般会計予算（歳出）の内わけを示したもので
ある。グラフ中の**A～C**について、正しい組合せをあとのイ～ニから一つ選び、記号で答えなさい。

平成27年度　一般会計予算（歳出）の内わけ

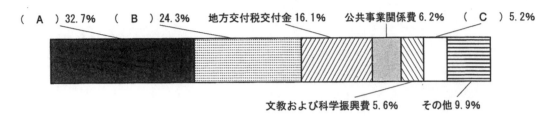

（　A　）32.7%　　（　B　）24.3%　　地方交付税交付金 16.1%　　公共事業関係費 6.2%　　（　C　）5.2%

文教および科学振興費 5.6%　　その他 9.9%

財務省資料による。

解答の記号	イ	ロ	ハ	ニ
A	社会保障関係費	社会保障関係費	国債費	国債費
B	防衛関係費	国債費	社会保障関係費	防衛関係費
C	国債費	防衛関係費	防衛関係費	社会保障関係費

　日本の選挙の歴史について述べた次の文を読んで、あとの問いに答えなさい。

　2015（平成27）年6月、公職選挙法が改正されて、選挙権年齢が満18歳以上に引き下げられた。1945（昭和20）年、①GHQ（連合国軍総司令部）の指令にもとづいて衆議院議員選挙法が改正されて女性参政権が認められ、選挙権年齢が満25歳以上から満20歳以上に引き下げられて以来、70年ぶりの選挙権年齢の変更となった。

　日本最初の衆議院議員選挙は、大日本帝国憲法が発布された翌年の1890（明治23）年に実施された。選挙権は満25歳以上で②直接国税15円以上を納める男子に限られ、有権者数は総人口の1.1％（約45万人）にすぎなかった。1900（明治33）年には、納税額が直接国税10円以上に引き下げられ、また③日露戦争中の増税によって有権者数は増加した。

　普通選挙を求める運動は、第一次世界大戦後の民主主義的風潮の高まりのなかで、④都市を中心に大きな盛りあがりをみせた。1919（大正8）年に、本格的な政党内閣によって納税額が直接国税10円以上から3円以上に引き下げられたが、普通選挙の実現は見送られた。その後、1924（大正13）年には普通選挙実現をかかげる第二次護憲運動が起こり、⑤この運動によって翌25（大正14）年に結成された内閣は、納税額による制限を廃止して、満25歳以上の男子に選挙権を与える普通選挙法を成立させた。これにより、有権者数は約1240万人に達し、これまでの4倍以上に増加した。

問1　文中の下線部①について、最高司令官の名を答えなさい。

問2　文中の下線部②に関して、次のグラフは国税収入の推移を示しています。このグラフについて説明したあとの文中の　X　に入る適切な語句を、漢字で答えなさい。なお、グラフ中の　X　と文中の　X　には同じ語句が入ります。

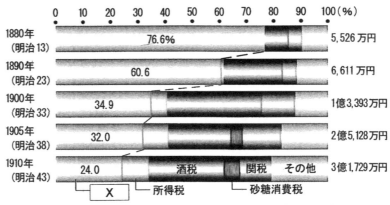

『近代経済史要覧』による。

　　1880（明治13）年には　X　収入が国税収入全体の4分の3以上を占めていたが、経済の発展にともない酒税・所得税などが増加し、1910（明治43）年には　X　収入は4分の1まで減少している。

問4　文中の下線部④に関して、江戸幕府による農村支配について述べた文として、誤っているもの
　　　を次のイ〜ニから一つ選び、記号で答えなさい。

　　　イ．本百姓に年貢をおさめさせ、村役人による自治を認めた。

　　　ロ．はじめて石高による検地を全国で実施した。

　　　ハ．五人組の制度を定めて、年貢納入の連帯責任を負わせた。

　　　ニ．百姓の経営を安定させるため、土地の売買を禁止した。

問5　文中の下線部⑤に関して、松平定信による寛政の改革では、旗本が貧しくなっていたことが問
　　　題となり、旗本を救済する政策が実施されました。その政策はどのような内容であったのか、江
　　　戸で活動していた金融業者の呼び名をあげて、句読点を含めて20字以内で説明しなさい。

3 原始・古代から中世にかけて、大陸から日本に多くの物品や文化が流入し、多様な分野に影響を与えました。そのことを示す次の図を見て、あとの問いに答えなさい。

図A

図B

図C

問1　図Aは朝鮮半島南部や畿内を中心とする日本列島各地で発見されている鉄の延べ板で、4世紀末から5世紀にかけて、日本はこの資源を入手するために朝鮮半島南部への進出や中国との結びつきの強化を図りました。4世紀から5世紀の日本について述べた文として、正しいものを次のイ～ニから一つ選び、記号で答えなさい。

イ．鉄器がはじめて伝来し、武器や工具として使用された。

ロ．集団間の戦いが起こったため、集落の周囲に濠がめぐらされた。

ハ．大阪平野に大仙古墳がつくられ、武具や馬具がおさめられた。

ニ．仏教が伝来したことを受けて、寺院を建てる豪族があらわれた。

問2　図Bは、ペルシャの影響を受けた漆器の水差しで、奈良時代の天皇の遺品として東大寺正倉院におさめられています。その天皇とはだれか、漢字で答えなさい。

(2) 図中の**X—Y**の高度を表した断面図として正しいものを次のイ～ニから一つ選び、記号で答えなさい。

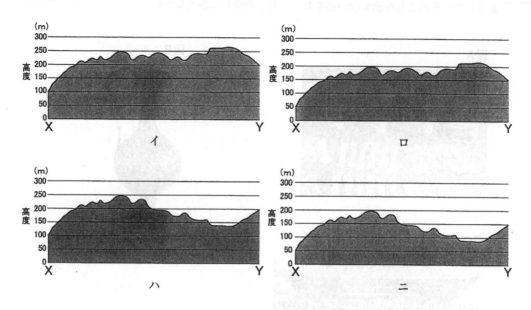

問5 山陰地方や南四国地方の気候と比較した場合、**F**島など瀬戸内地方の気候はどのような点に特色があるか、次の二つの語句を用いて、句読点を含めて25字以内で述べなさい。

降水量　　　日照時間

2 日本は本州・北海道・九州・四国のほか多くの島からなる島国です。次の6つの図は日本の主な島を表したものです。なお、どの図も上の方が北ですが、縮尺は図ごとに異なります。図をみて、あとの問いに答えなさい。

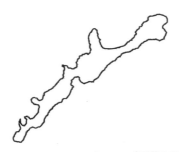

A島　　　（面積3,183km²）

本州、北海道、九州、四国を除けば日本で最大の島である。現在、ロシアによって占拠されている。

B島　　　（面積854km²）

日本海に位置する島であり、かつては日本有数の産出量をほこる金山があった。

C島　　　（面積504km²）

高い山々がそびえ「洋上のアルプス」とよばれる島であり、ユネスコ世界自然遺産の登録地である。

D島　　　（面積593km²）

本四架橋によって本州や四国とつながる島であり、北部を東経135度線が通過する。

E島　　　（面積1,208km²）

太平洋戦争の激戦地となった島であり、現在、面積の約2割を米軍基地が占める。

F島　　　（面積153km²）

瀬戸内海に位置する島のうち二番目に大きい島であり、江戸時代まで海上交通の拠点であった。

解答の記号	イ	ロ	ハ	ニ	ホ	ヘ
(1)	秋田市	秋田市	福岡市	福岡市	那覇市	那覇市
(2)	福岡市	那覇市	秋田市	那覇市	秋田市	福岡市
(3)	那覇市	福岡市	那覇市	秋田市	福岡市	秋田市

問6　文中の下線部④に関して、次の図3は、日本に居住する外国人の国籍（出身地）別人口の推移を表したものです。図3の日本に居住する外国人について述べた文として**誤っているもの**を、あとのイ～ニから一つ選び記号で答えなさい。

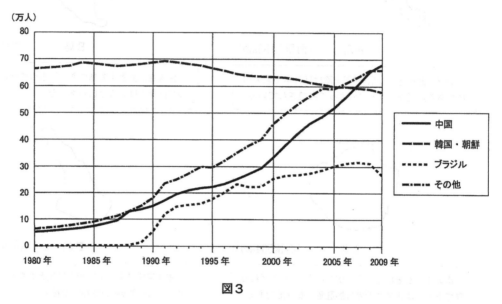

図3

中国は台湾、香港、マカオを含む。法務省資料による。なお、国名・出身地名の表記は資料のままである。

イ．図3の中国の人々の人口は1980年代以降急増し、2009年の人口は1990年の人口の3倍以上になった。

ロ．図3の韓国・朝鮮の人々は、太平洋戦争以前から日本に居住する人々やその子孫を多く含んでいる。

ハ．図3のブラジルの人々は、大都市を中心に居住し、主にサービス業で働いている。

ニ．2009年の時点では、図3の日本に居住する外国人の総人口は200万人を超えている。

問7　文中の　　X　　に関して、少子高齢化が生じさせる代表的な問題について、　　X　　に入る適切な文を次の二つの言葉を用いて、句読点を含めて20字以上30字以内で答えなさい。

高齢者　　若い世代

$\boxed{1}$　次の文は大濠中学校の先生と生徒の会話文です。文を読んで、あとの問いに答えなさい。

先生：「日本の人口がどのくらいか知っていますか。」

生徒：「1億3,000万人ほどですか。」

先生：「そのくらいです。2010年の統計では1億2,805.7万人です。日本の人口は190余りある世界の国々のなかでも10番目の多さです。」

生徒：「①日本よりも人口が多い国は9か国しかないのですね。面積は何番目ですか。」

先生：「日本の国土面積は　$\boxed{\text{A}}$　万km²で、世界の国々のなかで62番目です。国土の広さの割に人口が多い国なんですね。しかも、山がちな日本では、人口は平野部に集中しています。例えば、日本全体の人口密度は1km²当たり　$\boxed{\text{B}}$　人ですが、関東平野に位置する東京23区の人口密度は1km²当たり1万4,000人を超えています。」

生徒：「日本全体の平均よりもずいぶんと多いなぁ。さすがに東京は大都市ですね。」

先生：「東京、大阪、名古屋を三大都市とよぶことがあります。これらの都市やその近郊で暮らしている人々が、日本の総人口の半分近くを占めています。」

生徒：「でも、地方にも人口が多い都市がありますね。」

先生：「三大都市と比較すれば規模は小さいけれど、地方の経済・文化の中心となっている都市があります。人口191.4万人の　$\boxed{\text{C}}$　、146.4万人の福岡、117.4万人の広島などがこの地方中枢都市の代表例です。」

生徒：「少子化が進んでいる日本では、今後、人口が減少していくんですよね。」

先生：「②日本の出生数はおおむね減少傾向にあり、人口減少が進みつつあります。③少子化は人口減少を引き起こすだけでなく、人口に占める高齢者の割合を増加させます。少子高齢化にともなってどのような問題が出てくるでしょうか。」

生徒：「はい……。労働者が不足して経済活動が停滞するという問題や、　$\boxed{\text{X}}$　という問題が出てきます。」

先生：「その通り。それらの問題解決のために現在、さまざまな少子高齢化対策が行われようとしています。また、人口減少をくいとめるために④外国人をより積極的に受け入れるべきだという主張もなされています。人口問題は君たちの今後の生活にかかわる重要な問題なので、しっかり学習して自分の意見を確立してください。」

生徒：「はい。わかりました。」

（統計は2010年。総務省資料による。）

問題は次のページから始まります。

8 水の入った容器に電熱線を入れて電流を流し、水温の温度上昇を調べました。電熱線はすべて同じ長さで、太さが違うものを3つ準備し、それぞれ電熱線A，B，Cとします。

図1のように、容器に質量100gの水を入れ、水の中に電熱線を入れます。そして、ある一定の電圧で電流を流し、1分ごとに容器内の水温を測定したところ、下の表のようになりました。以下の各問いに答えなさい。ただし、電熱線から発生する熱はすべて水温の変化に使われるものとします。

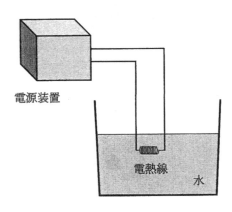

図1

	電熱線	時間〔分〕	0	1	2	3	4
実験1	A	水の温度〔℃〕	20	20.2	20.4	20.6	20.8
実験2	B	水の温度〔℃〕	20	20.4	X	21.2	21.6
実験3	C	水の温度〔℃〕	20	20.8	21.6	22.4	23.2

問1　表のXにあてはまる数字を答えなさい。

問2　電熱線A，B，Cの中で一番太いのはどれですか。正しいものをA〜Cの中から1つ選び、記号で答えなさい。

問3　電圧の大きさを変えずに、電熱線Aを用いて水100gの温度を10℃上昇させるには、何分間電流を流せばいいですか。

問4　電圧の大きさを変えずに、電熱線Cを用いて水80gの温度を10℃上昇させるには、何分間電流を流せばいいですか。

ふりこA，B，Cを用いて，ア〜カのような図の位置で静かにはなしました。

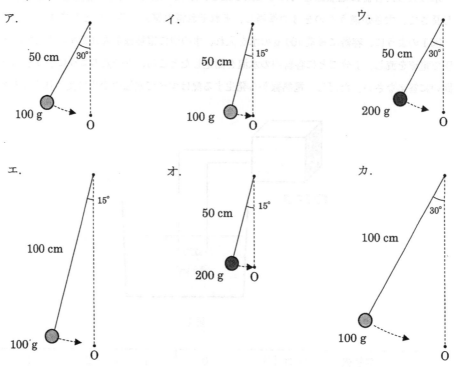

問4　おもりが中央Oの位置を通るときの速さが，最も速いのはどれですか。ア〜カの中から1つ
　　選び，記号で答えなさい。

問5　メトロノームのテンポを速くするには，おもりを下図のaとbのどちらの向きに動かすとい
　　いですか。aまたはbの記号で答えなさい。

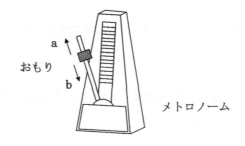

問6　ブランコで遊んでいるときに，座った状態から立ち上がりました。ブランコに立ち上がった
　　とき，ブランコが1往復する時間はどうなりますか。最も適当なものを，次のア〜ウの中から
　　1つ選び，記号で答えなさい。
　　ア．1往復する時間は，座ったときと比べて長くなる。
　　イ．1往復する時間は，座ったときと比べて短くなる。
　　ウ．1往復する時間は，座ったときと比べて変わらない。

6 メダカに関する次の実験の文章を読んで、以下の各問いに答えなさい。

　メダカの卵が、できるだけ短期間に、より多くふ化するための最適な水温を調べるため、さまざまな水温の水そうを準備し、同じ日に産卵されたメダカの卵を入れて観察を行いました。水そうを暗所に置いた場合は、水温が何℃であっても卵がふ化しなかったので、水そうを明るい場所に置いて実験を行いました。図1は水温とふ化日数、図2は水温とふ化率との関係をグラフにしたものです。なお、ふ化日数とは産卵からふ化に要する日数のことで、ふ化率とは水そうに入れた卵のうちのふ化した卵の数を割合で示したものです。

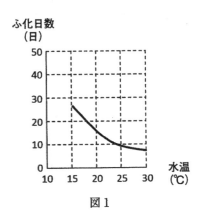

図1

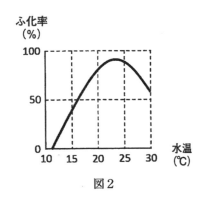

図2

問1　メダカのオスのスケッチとして正しいものを、次のア～エの中から1つ選び、記号で答えなさい。

ア. 　　　　　　イ. 　　　　　　ウ. 　　　　　　エ.

問2　次のア～エは、卵の変化のようすを観察してスケッチしたものです。卵が変化する順番に並べなさい。

ア.　　　　　　イ.　　　　　　ウ.　　　　　　エ.

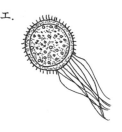

問3　この実験から言えることとして正しいものを次のア～エの中から1つ選び、記号で答えなさい。

　ア. 水温を10℃に保った水そうに卵を入れると、およそ40日でふ化する。

　イ. 光の有無の条件は、卵のふ化にはまったく影響しない。

　ウ. 水温が高いほど、ふ化率は高くなる。

　エ. 水温を15℃に保った水そうに卵を30個入れると、およそ12～14個がふ化する。

5

茎に4枚の葉がついたアジサイの枝を3本と、メスシリンダー4本を用意しました。これらのメスシリンダーにそれぞれ水を適量入れたものをA〜Dとし、A〜Cにはそれぞれ下の表のように処理した枝を1本ずつ入れ、Dにはガラス棒を入れて、一定時間後の水の減少量を調べました。以下の各問いに答えなさい。なお、すべての葉の大きさはほぼ等しく、すべての茎とガラス棒の長さと太さもほぼ同じものとします。

		実験前 (mL)	実験後 (mL)
A	すべての葉の表にだけワセリンをぬった枝	52.7	46.0
B	すべての葉の裏にだけワセリンをぬった枝	54.0	52.5
C	すべての葉を取り除き、切り口にワセリンをぬった枝	57.9	56.8
D	ガラス棒	55.3	54.5

問1　メスシリンダーの水面の図で、「55.0 mL」を正しく表したものを、次のア〜オの中から1つ選び、記号で答えなさい。

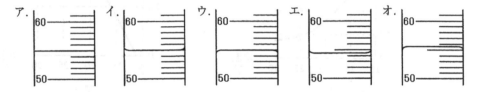

問2　次の図は、葉と茎の断面の模式図です。水の移動する部分を図1のア，イ、図2のウ，エからそれぞれ1つ選び、記号で答えなさい。

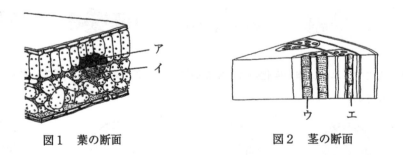

図1　葉の断面　　　　　　図2　茎の断面

問3　次の (1)〜(3) の水の放出量 (mL) を、表の結果をもとにそれぞれ小数第一位まで答えなさい。
    (1) 葉の表からの蒸散量
    (2) 葉の裏からの蒸散量
    (3) 水面からの蒸発量

問4　Aのアジサイの枝から1枚だけ葉を取り除いて切り口にワセリンをぬり、同様の実験を行っていたら、実験後のメスシリンダーの水面の値は何mLになっていたと予想されますか。小数第一位まで答えなさい。

2 気体A、B、C、Dに関する次の文章①〜⑤を読み、以下の各問いに答えなさい。ただし、気体A、B、C、Dは、水素、酸素、二酸化炭素、アンモニアのいずれかであるとします。

①気体Aと気体Bを容器に入れて燃やすと水が生じました。ある温度で気体A 15Lに気体Bを加えて燃やしたとき、反応せずに残った気体の体積（L）と生じた水の重さ（g）の関係を調べると、下表のようになりました。この反応で生じた水はすべて水滴となり、残った気体の体積には影響しないものとします。また、気体の体積はすべて同じ条件で測定したものとします。

気体Aの体積　　　〔L〕	15	15	15	15	15
気体Bの体積　　　〔L〕	2	4	6	8	10
残った気体の体積　〔L〕	11	7	3	0.5	2.5
生じた水の重さ　　〔g〕	3	6	9	11.25	11.25

②塩酸にマグネシウムを加えると、気体Aが発生しました。

③オキシドール（過酸化水素水）に二酸化マンガンを加えると、気体Bが発生しました。

④石灰石（炭酸カルシウム）に塩酸を加えると、気体Cが発生しました。

⑤気体Dは、刺激臭のある気体です。

問1　100Lの気体Aと過不足なく反応する気体Bの体積は何Lですか。ただし、気体の体積はすべて①と同じ条件で測定したものとします。

問2　気体Aと気体Bを混合した気体100Lを容器に入れて燃やすと、55Lの気体が残りました。さらに、残った気体に気体B 10Lを加えて点火しましたが、変化はありませんでした。混合した気体100L中に含まれていた気体Bの体積は何Lですか。また、このとき生じた水の重さは何gですか。ただし、気体の体積はすべて①と同じ条件で測定したものとします。

問3　気体C、Dの性質にあてはまる説明を次のア〜キの中から2つずつ選び、記号で答えなさい。
　　ア．最も軽い気体で、水に溶けにくいため、水上置換により捕集する。
　　イ．空気より軽く、水によく溶けるため、上方置換により捕集する。
　　ウ．植物の光合成によってつくられる。
　　エ．固体になったものはドライアイスとよばれる。
　　オ．空気中に約21％含まれ、水に溶けにくく、ものを燃やすはたらきがある。
　　カ．湿らせた赤色リトマス紙を青色に変えるはたらきがある。
　　キ．石灰水に通すと、石灰水を白く濁らせるはたらきがある。

　ある濃さの塩酸Aがあります。塩酸Aを400mLとり、水を加えてよくかき混ぜ、全体の体積を500mLにしました。この薄めた塩酸を塩酸Bとします。次に塩酸Bをビーカー①〜⑤に50mLずつとり、それぞれにBTB溶液を数滴加えました。表1は、ビーカー①〜⑤にある濃さの水酸化ナトリウム水溶液Cを加えたときの混合溶液の色を示しています。表2は、ビーカー①〜⑤に水酸化ナトリウム水溶液Cを加えた混合溶液から水を蒸発させたあと、ビーカー内に残った固体の重さを示しています。以下の各問いに答えなさい。

表1

ビーカー	①	②	③	④	⑤
水酸化ナトリウム水溶液Cの体積〔mL〕	10	20	30	40	50
混合溶液の色	(a)	(a)	(a)	緑	(b)

表2

ビーカー	①	②	③	④	⑤
水酸化ナトリウム水溶液Cの体積〔mL〕	10	20	30	40	50
ビーカー内に残った固体の重さ〔g〕	0.117	0.234	0.351	0.468	0.548

問1　表1の混合溶液の色 (a)、(b) に適する色を**漢字で**答えなさい。

問2　表2のビーカー⑤に残った固体を次のア〜キの中から選び、番号で答えなさい。
　　　ア．塩酸、水酸化ナトリウム、塩化ナトリウム
　　　イ．塩酸、水酸化ナトリウム
　　　ウ．塩酸、塩化ナトリウム
　　　エ．水酸化ナトリウム、塩化ナトリウム
　　　オ．塩酸
　　　カ．水酸化ナトリウム
　　　キ．塩化ナトリウム

問3　水酸化ナトリウム水溶液Cをビーカーに100mLとり、水を蒸発させると、ビーカー内に残る固体の重さは何gになりますか。

問4　塩酸Aをビーカーに100mLとり、BTB溶液を数滴加えたあと、水酸化ナトリウム水溶液C100mLを加えました。このときの混合溶液の色を**漢字で**答えなさい。

問5　問4の混合溶液から水を蒸発させると、ビーカー内に残る固体の重さは何gになりますか。

問6　塩酸A、塩酸Bを50mLずつ混合した溶液に水酸化ナトリウム水溶液Cを100mL加えた混合溶液から水を蒸発させると、ビーカー内に残る固体の重さは何gになりますか。

5　下のように，分数が規則正しく並んでいます。

$$\frac{1}{1}\quad\frac{1}{2}\rightarrow\frac{1}{3}\quad\frac{1}{4}\rightarrow\frac{1}{5}\quad\frac{1}{6}\quad\frac{1}{7}\quad\frac{1}{8}\quad\frac{1}{9}\quad\frac{1}{10}\quad\cdots\cdots$$

$$\downarrow\nearrow\swarrow\nearrow\swarrow$$

$$\frac{2}{1}\quad\frac{2}{2}\quad\frac{2}{3}\quad\frac{2}{4}\quad\frac{2}{5}\quad\frac{2}{6}\quad\frac{2}{7}\quad\frac{2}{8}\quad\frac{2}{9}\quad\frac{2}{10}\quad\cdots\cdots$$

$$\swarrow\nearrow\swarrow$$

$$\frac{3}{1}\quad\frac{3}{2}\quad\frac{3}{3}\quad\frac{3}{4}\quad\frac{3}{5}\quad\frac{3}{6}\quad\frac{3}{7}\quad\frac{3}{8}\quad\frac{3}{9}\quad\frac{3}{10}\quad\cdots\cdots$$

$$\downarrow\nearrow\swarrow$$

$$\frac{4}{1}\quad\frac{4}{2}\quad\frac{4}{3}\quad\frac{4}{4}\quad\frac{4}{5}\quad\frac{4}{6}\quad\frac{4}{7}\quad\frac{4}{8}\quad\frac{4}{9}\quad\frac{4}{10}\quad\cdots\cdots$$

$$\vdots$$

これらを使って，規則正しく $\frac{1}{1}$ から矢印の順番に並べたものがあります。

$$\frac{1}{1},\ \frac{2}{1},\ \frac{1}{2},\ \frac{1}{3},\ \frac{2}{2},\ \frac{3}{1},\ \frac{4}{1},\ \frac{3}{2},\ \frac{2}{3},\ \frac{1}{4},\ \frac{1}{5},\ \frac{2}{4},\ \cdots\cdots$$

次の各問いに答えなさい。

(1) 24番目の分数は ㊱ です。

(2) 40番目の分数の分母と分子の数をたすと ㊲ になります。

(3) $\frac{4}{15}$ の次の分数は ㊳ です。

(4) $\frac{3}{11}$ は ㊴ 番目です。

(5) 66番目から91番目の分数をすべてかけると ㊵ になります。

（計 算 用 紙）

3 下の図のように直角に交わる道があり，A地点からB地点へ遠回りしないで行くことにしました。

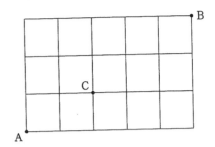

(1) A地点からB地点に行く道順は全部で ⑳ 通りあります。

(2) C地点を通る道順は全部で ㉓ 通りあります。

各交差点（たて線とよこ線が交わっているところ）での進み方は，進行方向に向かって，
直進（まっすぐに進む）・右折（右に曲がる）・左折（左に曲がる）の3つの進み方があります。
ただし，遠回りするような進み方はできません。

たとえば，
　下の図のような道順を進んだとき
　A 直進－左折－直進－右折－直進－左折－右折－直進 B となります。
　ただし，A地点からは直進とします。

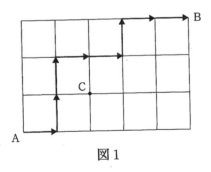

図1

(5) 下の図のような，ある立体の展開図があります。

この展開図の面積は ⑲ cm² です。ただし，円周率は3.14とします。

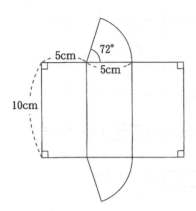

(6) 図1のような直方体の容器に高さ8cmのところまで水が入っています。

水の量は ⑳ cm³ です。

この中に，図2のような直方体を図3のように垂直に立てて入れると，

水の高さは ㉑ cm になります。（小数第2位を四捨五入して答えなさい）

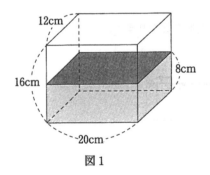

図1

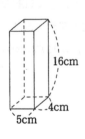

図2

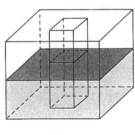

図3

— 4 —

1 次の各問いに答えなさい。

(1) $(2016 \div 42 + 2016 \div 63) \times \dfrac{1}{16}$ を計算すると $\boxed{①}$ です。

(2) $\left(\dfrac{2}{3} - \dfrac{1}{2}\right) \div \left(1 - \dfrac{1}{3}\right) \times 8$ を計算すると $\boxed{②}$ です。

(3) 次の $\boxed{}$ にあてはまる数は $\boxed{③}$ です。

$$13 \div \boxed{} - 1.6 \times 3 + \dfrac{17}{3} = 5.2$$

(4) 100から200までの整数のうち，5の倍数は全部で $\boxed{④}$ 個です。

(5) 縮尺 $\dfrac{1}{25000}$ の地図上で，たて 8 cm，よこ 6 cm の長方形の土地があります。
この土地の実際の面積は $\boxed{⑤}$ km^2 です。

(6) あめ玉がいくつかあります。兄に $\dfrac{3}{8}$，弟に $\dfrac{1}{5}$，妹に $\dfrac{1}{4}$ を配り，友だちには $\dfrac{3}{20}$ を
配ったところ 2 個あまりました。兄には，あめ玉を $\boxed{⑥}$ 個配りました。

(7) 太郎君が算数のテストを 5 回受け，5 回全体の平均点は75点でした。
また，3 回目までの平均点は74点で，4 回目までの平均点は76点でした。
4 回目と 5 回目の点数の差は $\boxed{⑦}$ 点です。

(8) 厚さ 1 mm の紙を 2 つ折りにすると紙の厚さは 2 mm になります。
さらに続けて 2 つ折りにすると紙の厚さは 4 mm になります。
厚さ 1 mm の紙で，2 つ折りを繰り返すと $\boxed{⑧}$ 回目には紙の厚さが10m（メートル）を
超えてしまいます。

(9) 下の図のように，平行な直線 X，Y と正六角形があります。
角アは $\boxed{⑨}$ 度です。

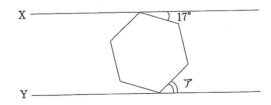

問題は次のページから始まります。

平成 27 年度

福岡大学附属大濠中学校

入 学 試 験 問 題

算 数

［時 間 60 分］

注 意

1. 答えはすべて解答用紙に記入してください。

2. 解答用紙には氏名・受験番号（算用数字 例10001）をきちんと書いて
　 ください。

(6) 下の図のように，円 O 上に等間隔に12個の点をとりました。

　3つの点を結んでできる正三角形は全部で ⑱ 個あります。また，2つの点を結んでできる直線は全部で ⑲ 本あります。

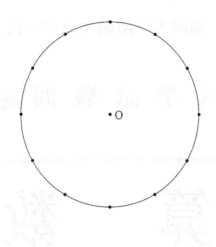

(7) 下の図のように，正方形 ABCD の中におうぎ形 CBD があります。

　おうぎ形 CBD の中に正方形 EFCG をかき，その中におうぎ形 EFG をかきました。

　正方形 ABCD の面積が 40cm² のとき，おうぎ形 CBD の面積は ⑳ cm² で，

　正方形 EFCG の面積は ㉑ cm² で，斜線部分の面積は ㉒ cm² です。

　ただし，円周率は3.14とします。

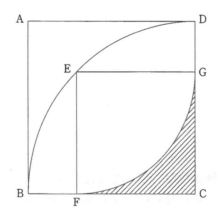

3 下のように数が規則正しく並んでいます。次の各問いに答えなさい。

$$\frac{1}{3},\ \frac{2}{3},\ 1,\ \frac{4}{3},\ \frac{5}{3},\ 2,\ \frac{7}{3},\ \frac{8}{3},\ 3,\ \frac{10}{3},\ \cdots\cdots,\ 10,\ \cdots\cdots$$

(1) 10は最初から数えて ㉓ 番目です。

(2) 10とその前後の3つの数をたすと ㉔ になります。

(3) ㉕ とその前後の3つの数をたすと60になります。

(4) 1番目から7番目までの数を全部たして帯分数で表すと，㉖ $\dfrac{1}{3}$ となります。

(5) 1番目から ㉗ 番目までの数を全部たして帯分数で表すと，$30\dfrac{1}{3}$ となります。

平成 27 年度

福岡大学附属大濠中学校

入 学 試 験 問 題

理　科

［時 間　40 分］

問3　上皿てんびんを使って物体の重さを量ると、68.3 g の分銅とつり合いました。このとき使った分銅は全部で何個ですか。図1の分銅で考えて答えなさい。

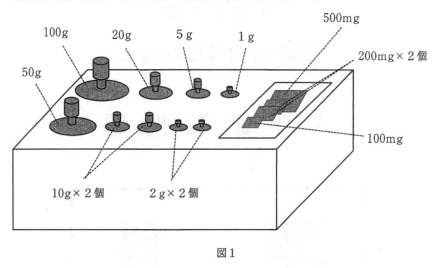

図1

B　てこの規則性を利用した装飾品（そうしょくひん）として「モビール」があります。軽い棒に図2のようにおもりをつり下げて、すべての棒が水平を保つようなモビールを作成しました。棒およびひもの重さは考えないものとします。以下の各問いに答えなさい。

問4　Aの重さは何 g ですか。

問5　x は何 cm ですか。

問6　Bの重さは何 g ですか。

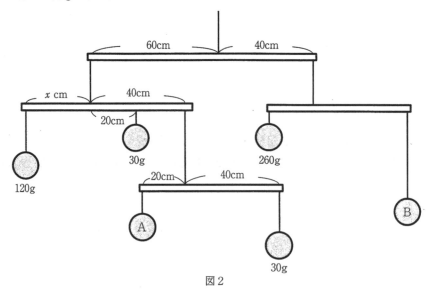

図2

以下の各問いに答えなさい。

問1　次のア〜キのものを、電池につないだり、磁石に近づけたりして、それぞれの性質を調べました。

　　ア．スプーン（鉄）　　　イ．スプーン（プラスチック）　　　ウ．10円玉（銅）
　　エ．1円玉（アルミニウム）　　　オ．コップ（ガラス）　　　カ．木片　　　キ．鉄くぎ

　　(1)　電気を通す性質があるものを上のア〜キの中からすべて選び、記号で答えなさい。
　　(2)　磁石に引きつけられるものを上のア〜キの中からすべて選び、記号で答えなさい。

問2　同じ長さのエナメル線をストローに巻いて、100回巻きのコイルと200回巻きのコイルを作り、コイルの中に鉄くぎを入れました。あまったエナメル線は、切らずに束ねておきます。図のように、これらのコイル、乾電池、電流計、スイッチを使って回路A〜Cを作り、スイッチを入れて電磁石の強さや電流の強さを調べました。次の問いに答えなさい。

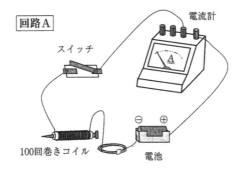

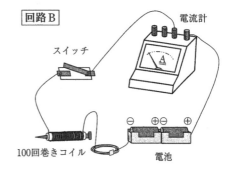

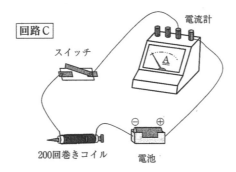

4 種類の異なるアルコールAとアルコールBがあります。これらのアルコールについて、次の実験を行いました。

実験1 アルコールAとアルコールBをそれぞれ燃やすと、どちらも二酸化炭素と水だけに変化しました。

実験2 アルコールAを1g燃やすと、二酸化炭素が0.7L、水が1.1gできました。このとき、アルコールAを燃やすために使われた酸素は1.5gでした。

実験3 アルコールBを1g燃やすと、二酸化炭素が0.95L、水が1.2gできました。

実験4 酸素、二酸化炭素について、それぞれ1Lあたりの重さを測ると、酸素は1.4g、二酸化炭素は2gでした。

　これらの実験について、以下の各問いに答えなさい。ただし、空気にはちっ素と酸素が混ざっていて、空気の全体積の80%がちっ素で、残り20%が酸素だとします。またアルコールA，Bが燃えてできた水の体積は考えなくてよいものとします。

問1 実験2を行ったときにできた二酸化炭素0.7Lの重さは、何gですか。

問2 実験3を行ったときに、アルコールBを燃やすために使われた酸素の体積は、何Lですか。

問3 1gのアルコールBを燃やすのに必要な空気は何Lですか。

問4 2.8gのアルコールAに空気30Lを混ぜて燃やしたとき、後に残る気体の体積は何Lになりますか。小数第1位を四捨五入して整数で答えなさい。

問5 アルコールAとアルコールBを混ぜたもの2gを燃やすと、水が2.34gできました。2g中にアルコールBは何gふくまれていますか。

5 　図1は、日本の冬至の日における地球にあたる太陽光の様子を表しています。これを見て、以下の各問いに答えなさい。

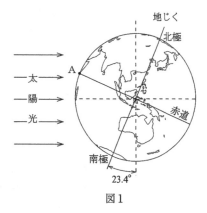

図1

問1　図1のとき、地球上で夜になっている地域を灰色でぬりつぶしたものとしてもっとも正しいものを、次のア～クの中から1つ選び、記号で答えなさい。

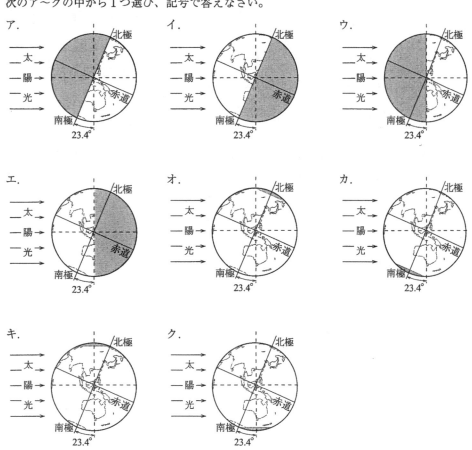

問2　図1の日、地球上で1日中夜の地域を灰色でぬりつぶしたものとしてもっとも正しいものを、問1のア～クの中から1つ選び、記号で答えなさい。

問3　図1の日、次のア～ウの3地点を、昼の時間が長い方から順に記号で並べなさい。
　　ア．福岡（北緯33°）　　　イ．シンガポール（北緯1°）　　　ウ．シドニー（南緯34°）

B　植物の光合成について調べるため、ホウセンカの葉に次の1〜4のことを行いました。

　1．夕方、アルミホイルで葉全体を包み、翌朝もそのままにして十分に日光にあてました。

　2．夕方、アルミホイルで葉全体を包み、翌朝はずして十分に日光にあてました。

　3．夕方、アルミホイルで葉の一部を包み、翌朝もそのままにして十分に日光にあてました。

　4．夕方、アルミホイルで葉の一部を包み、翌朝はずして十分に日光にあてました。

問4　その後、1〜4のそれぞれの葉を取りました。そして、葉をやわらかくなるまで湯で煮て冷
　　ました後、葉をヨウ素液につけて変化を見ました。1〜4の結果として正しい組み合わせを、
　　次のア〜エの中から1つ選び、記号で答えなさい。

	1の結果	2の結果	3の結果	4の結果
ア	色は変化しない	全体が青紫色になる	一部を除いて青紫色になる	一部を除いて青紫色になる
イ	全体が青紫色になる	色は変化しない	一部だけが青紫色になる	一部を除いて青紫色になる
ウ	全体が青紫色になる	色は変化しない	一部だけが青紫色になる	色は変化しない
エ	色は変化しない	全体が青紫色になる	一部を除いて青紫色になる	全体が青紫色になる

問5　夕方から翌朝までアルミホイルで葉を包んだ理由として正しいものを、次のア〜エの中から
　　1つ選び、記号で答えなさい。

　　ア．もともと葉にあったでんぷんをなくすため

　　イ．アルミホイルで包むことに葉を慣れさせるため

　　ウ．気孔をふさいで気体の出入りを防ぐため

　　エ．蒸散をさせないようにするため

－ 10 －

8

昆虫に関する次の文章A，Bを読んで、以下の各問いに答えなさい。

A　セミの仲間は <u>卵→幼虫→成虫と姿を変えて成長します。</u> このようなサナギの期間がない成長
　　のしかたを不完全変態といいます。また、セミは幼虫の期間がとても長く、種類によっては10年
　　以上のものもいます。セミは、 <u>羽化を夕方から夜にかけて行う</u>ことが知られています。

問1　下線部aについて、セミが各時期に大部分を過ごす場所としてふさわしい組み合わせを次の
　　ア～エの中から1つ選び、記号で答えなさい。

	卵	幼虫	成虫
ア	土の中	木の中	木の表面
イ	土の中	土の中	木の表面
ウ	木の中	土の中	木の表面
エ	木の中	木の中	木の表面

問2　セミの成虫の頭部のスケッチとしてふさわしいものを、次のア～エの中から1つ選び、記号
　　で答えなさい。

ア. 　　イ. 　　ウ. 　　エ.

問3　下線部bについて、その理由として最も適当なものを、次のア～エの中から1つ選び、記号
　　で答えなさい。
　　ア．外敵に見つかりにくいから。
　　イ．太陽の光が苦手だから。
　　ウ．日中よりも空気が乾燥し、はねが乾きやすいから。
　　エ．夏の日中の暑さに耐えられないから。

B　カイコガなどの昆虫は、からだが頭部と胸部と腹部の3つに分かれており、眼と触角とはねを
　　もち、 <u>あしが6本ある</u>のが共通した特徴です。
　　　カイコガのオスは、羽化するとすぐに近くのメスに接近し、交尾をします。カイコガははねが
　　あるが、飛ぶことができないので歩いて移動します。カイコガのオスがどのような刺激を感じて
　　交尾相手を探し出しているのか調べるために、次の実験①～⑤を行いました。

平成 27 年度

福岡大学附属大濠中学校

入 学 試 験 問 題

社　会

［時 間　40分］

注　意

1．答えはすべて解答用紙に記入してください。

2．解答用紙には氏名・受験番号（算用数字　例10001）をきちんと書いて
ください。

問3　次の**表2**は、政令指定都市のうちもっとも北にある札幌市と、もっとも南にある熊本市の、月平均気温と月降水量をあらわしたものです。この表から読み取れることについて述べたあとのイ〜ニの文のうち、**誤っている**ものを一つ選び、記号で答えなさい。

表2　　　　　　　　　　　　　　　　　　上段は月平均気温（℃）下段は月平均降水量（mm）

	1月	2月	3月	4月	5月	6月	7月	8月	9月	10月	11月	12月
札幌市	-3.6	-3.1	0.6	7.1	12.4	16.7	20.5	22.3	18.1	11.8	4.9	-0.9
	114	94	78	57	53	47	81	124	135	109	104	112
熊本市	5.7	7.1	10.6	15.7	20.2	23.6	27.3	28.2	24.9	19.1	13.1	7.8
	60	84	138	146	196	405	401	174	170	80	81	54

気象庁資料から作成

イ．最暖月の平均気温と最寒月の平均気温の差は、札幌市よりも熊本市のほうが大きい。

ロ．札幌市と熊本市の月平均気温の差は、7月よりも1月のほうが大きい。

ハ．札幌市で1月や12月に降水量が多いのは、北西の季節風の影響で降雪が多いことによる。

ニ．熊本市で6月や7月に降水量が多いのは、おもに梅雨の影響である。

問4　次の(1)〜(3)の文は、**表1**中の浜松市、堺市、北九州市のいずれかの産業について述べたものです。(1)〜(3)の文と都市の正しい組合せをあとのイ〜ヘから一つ選び、記号で答えなさい。

(1)　交通の要地に位置することから、近代から鉄鋼などの重工業が発達した。近年は自動車関連、環境関連、半導体関連などの産業などが集まってきている。

(2)　中世から貿易港として栄えてきた。臨海部を埋め立てた大規模な臨海工業地域が形成されており、石油化学工業や鉄鋼業が発達している。

(3)　近世から城下町、宿場町として栄えてきた。現在は楽器・オートバイ・自動車の生産や紡績業などが盛んである。

解答の記号	イ	ロ	ハ	ニ	ホ	ヘ
(1)	浜松市	浜松市	堺市	堺市	北九州市	北九州市
(2)	堺市	北九州市	浜松市	北九州市	浜松市	堺市
(3)	北九州市	堺市	北九州市	浜松市	堺市	浜松市

問5　都市に昼間、どれだけ多くの人々が集まってくるかをとらえる数値に、昼夜間人口比率があり、これは、昼間の人口÷夜間の人口×100で求められます。次の表3は3つの政令指定都市の昼夜間人口比率（2010年）と人口増加率（2005年〜2010年）をまとめたもので、表の(1)〜(3)にはさいたま市、新潟市、福岡市のいずれかが当てはまります。(1)〜(3)の都市の正しい組合せをあとのイ〜へから一つ選び、記号で答えなさい。

表3

都市	昼夜間人口比率	人口増加率（％）
(1)	101.8	−0.2
(2)	92.8	4.0
(3)	111.9	4.5

統計局ホームページなどから作成

解答の記号	イ	ロ	ハ	ニ	ホ	ヘ
(1)	さいたま市	さいたま市	新潟市	新潟市	福岡市	福岡市
(2)	新潟市	福岡市	さいたま市	福岡市	さいたま市	新潟市
(3)	福岡市	新潟市	福岡市	さいたま市	新潟市	さいたま市

(2) 次の写真は、地形図中イ〜ニのどの地点から撮影したものか、一つ選び、記号で答えなさい。

(3) 地形図中のA県は群馬県です。群馬県のかたちと浅間山の位置（▲）を示した次の地図を参考にして、地形図中のB県をあとのイ〜ニから一つ選び、記号で答えなさい。

イ．長野県　　　ロ．栃木県　　　ハ．岐阜県　　　ニ．山梨県

問4　文中の下線部④に関して、火山の噴出物が川をせき止めてつくった湖の例として、誤っているものを次のイ〜ニから一つ選び、記号で答えなさい。
　　イ．猪苗代湖（福島県）　　　ロ．中禅寺湖（栃木県）
　　ハ．河口湖（山梨県）　　　　ニ．浜名湖（静岡県）

問5　文中の下線部⑤に関して、次の(1)、(2)は火山の噴火によって起こった災害について述べたものです。どの火山で起こった災害か、火山の正しい組合せをあとのイ〜ニから一つ選び、記号で答えなさい。

(1)　1990年から活動が活発化し、山頂付近に溶岩ドームが形成された。1991年には大規模な火砕流（かさいりゅう）が発生し、43人が犠牲になった。

(2)　2000年に大噴火が起こり、ふもとの温泉街が泥流（でいりゅう）に飲み込まれた。1万人以上の住民が避難をしたが、犠牲者は出なかった。

解答の記号	イ	ロ	ハ	ニ
(1)	雲仙岳	雲仙岳	新燃岳	新燃岳
(2)	三宅島	有珠山	三宅島	有珠山

問6　文中の下線部⑥に関して、地中深くから取り出した蒸気でタービンを回して発電することを何というか、漢字で答えなさい。

4 次の図1～図3はそれぞれ武家政権に関係するものです。図に関するあとの問いに答えなさい。

図1

図1は幕府が置かれていた都市の現在の様子です。この都市は三方を山に囲まれ、南を海に面した地形から、天然の要害となっています。また、この都市にある鶴岡八幡宮は源氏と関係の深い神社です。

図2

図2は将軍の邸宅を描いたものです。この邸宅は天皇の住む内裏の近くにあり、その規模は内裏よりもはるかに大きなものでした。将軍の邸宅は「花の御所」と呼ばれたこともありました。

図3

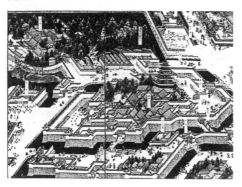

図3は武家政権の中心となった城を描いたものです。この城を中心に発展した都市は「将軍のお膝元」といわれていました。

問1　図1の都市に幕府が置かれていた時代のこととして、**誤っているもの**を次のイ〜ニから一つ選び記号で答えなさい。

　　イ．経済の活発な近畿地方を中心に、幕府の政治や荘園の支配に反抗する悪党が現れた。

　　ロ．奈良の東大寺が再建され、図1の都市では人々の寄付によって大仏がつくられた。

　　ハ．幕府では強大な権力をふるった将軍が暗殺されたのち、守護大名の対立が起こるようになった。

　　ニ．農作業には牛や馬が利用され、草や木を焼いた灰が肥料として使われた。

問2　図2の武家政権の時代には禅宗の影響を強く受けた文化が生まれましたが、この文化の時期に活躍した人物を次のイ〜ニから一つ選び、記号で答えなさい。

　　イ．狩野永徳　　　ロ．運慶　　　ハ．俵屋宗達　　　ニ．雪舟

問3　図2の邸宅があった都市のことに当てはまるものを次のイ〜ニから一つ選び、記号で答えなさい。

　　イ．この都市では裕福な商工業者である町衆が自治を行い、彼らによって祇園祭が盛大に行われた。

　　ロ．この都市にあった足利学校には、儒学を学ぶために各地から人材が集まった。

　　ハ．徳川家康は征夷大将軍となったのち、この都市での二度にわたる戦いによって豊臣氏を滅ぼした。

　　ニ．天保の飢饉で苦しむ人々を救うため、大塩平八郎がこの都市で乱を起こした。

問4　図3には5層の天守が描かれていますが、日本初の本格的な天守は、織田信長が近江国に築いた城の5層7階のものであったといわれています。織田信長の築いたこの城の名を漢字で答えなさい。

問5　図3の城を中心に発展した都市のことに**当てはまらないもの**を次のイ〜ニから一つ選び、記号で答えなさい。

　　イ．五街道の起点となった。

　　ロ．西陣織や清水焼などの工芸品が生産された。

　　ハ．化政文化の中心となった。

　　ニ．諸藩の大名たちが屋敷を構えていた。

問6　図3の城を拠点とした武家政権の時代のこととして、正しいものを次のイ〜ニから一つ選び記号で答えなさい。

　　イ．宗門改帳が記され、人々が仏教の信者であることを寺院が証明した。

　　ロ．この武家政権は中国・朝鮮と正式な国交を結び、貿易を行った。

　　ハ．大名たちは教育を重視し、多くの藩校では庶民に「読み・書き・そろばん」が教えられた。

　　ニ．この武家政権は村の自治を認めず、庄屋という武士を村ごとにおいて支配した。

H27. 福岡大学附属大濠中
教英出版

6 次の文を読んで、あとの問いに答えなさい。

　第二次世界大戦後、基本的人権は多くの国々の憲法で保障された。日本でも基本的人権は生まれながらの権利として不可欠なものであるという立場に立ち、平等権、自由権、①参政権と請求権、②社会権が憲法で保障されている。今日の日本では、経済的格差が問題となっており、この格差による経済的弱者を救済するため、国に対して人間らしい生活を求める権利である社会権の実現が望まれている。このため、社会権の一つである生存権が重要な意味を持ちはじめている。この生存権を国が責任をもって実現するために社会保障制度があり、それは③社会保険、公的扶助、社会福祉、＜　④　＞の４つから成り立っている。

　今日、人権の問題はもはや一つの国の中だけではなく、国の枠組みを超えた人類全体の問題となっている。⑤国際連合では、各国が達成すべき人権保障の共通の基準として1948年に世界人権宣言が採択された。さらに、世界人権宣言をより具体化した国際人権規約の採択にみられるように、国際社会においても人権保障に関する法的整備が進められている。日本においても、女性に対するあらゆる形態の差別の撤廃を各国に義務づける⑥女性差別撤廃条約の批准にむけて、1985年に新たに法律が制定された。

問1　文中の下線部①について、次のa、bの権利に当てはまるものを、あとのイ～へからそれぞれ一つずつ選び、記号で答えなさい。
　　a．参政権
　　b．請求権

　　　イ．自由にものを考え意見を発表できる権利
　　　ロ．性別や社会的身分によって差別されない権利
　　　ハ．憲法改正について国民が投票する権利
　　　ニ．現行犯のほかは令状がなければ逮捕されない権利
　　　ホ．裁判所で裁判を受ける権利
　　　ヘ．能力に応じてひとしく教育を受ける権利

問2　文中の下線部②に関して、社会権の中には労働三権があり、この労働三権を具体的に保障する
　　ものとして労働三法があります。これらの法律の内容について述べた次のa～cについて正誤の
　　正しい組合せを、あとのイ～へから一つ選び記号で答えなさい。

　　　a．労働組合法は、労働者がストライキなどを行う争議権を保障している。
　　　b．労働基準法は、労働者に対して、毎週少なくとも1回の休日を与えなければならないと定
　　　　めている。
　　　c．労働関係調整法は、使用者の不当労働行為を禁止している。

解答の記号	イ	ロ	ハ	ニ	ホ	ヘ
a	正	正	誤	誤	誤	正
b	誤	誤	誤	正	正	正
c	誤	正	正	誤	正	誤

問3　文中の下線部③について、この社会保険に当てはまらないものを、次のイ～ニから一つ選び記
　　号で答えなさい。

　　　イ．医療保険　　　ロ．生命保険　　　ハ．介護保険　　　ニ．労働災害保険

問4　文中の＜　④　＞に当てはまる語句を漢字で答えなさい。

問5　文中の下線部⑤に関して、(1)、(2)の問いに答えなさい。

　(1)　国際連合について説明をした文として正しいものを、次のイ～ニから一つ選び記号で答えな
　　　さい。

　　　イ．サンフランシスコ会議で国際連合憲章が採択され、国際連合が発足した。
　　　ロ．国際連合の本部はスイスのジュネーブにおかれている。
　　　ハ．国際連合の中心的な審議機関である総会は、全会一致制をとっている。
　　　ニ．安全保障理事会の常任理事国は、アメリカ・イギリス・中国・ロシア・ドイツである。

　(2)　国際連合の専門機関のうち、労働条件の改善を国際的に実現することを目的として設置され
　　　ているものを、次のイ～ニから一つ選び記号で答えなさい。

　　　イ．WHO　　　ロ．UNESCO　　　ハ．UNICEF　　　ニ．ILO

問6　文中の下線部⑥について、女性の地位向上をめざして日本で1985年に制定された法律を次のイ
　　～ニから一つ選び、記号で答えなさい。

　　　イ．男女共同参画社会基本法　　　ロ．男女雇用機会均等法
　　　ハ．育児・介護休業法　　　　　　ニ．パートタイム労働法

平成27年度　**算数　解答用紙**

氏名

受験番号

※150点満点
（配点非公表）

1

①	②	③	④	⑤

⑥	⑦	⑧	⑨	⑩

小　計	

2

⑪	⑫	⑬	⑭	⑮	⑯

⑰	⑱	⑲	⑳	㉑	㉒

小　計	

平成27年度　**理科　解答用紙**

氏名

受験番号

※**100点満点**
（配点非公表）

1

問 1	問 2	問 3	問 4	問 5	問 6
		個	g	cm	g

小　計

2

問 1		問 2		
(1)	(2)	(1)	(2)	(3)

小　計

3

問 1		問 2	問 3	問 4	問 5
3番目	5番目				
			g	g	mL

小　計

4

問 1	問 2	問 3	問 4	問 5

小　計

平成27年度　**社会　解答用紙**

氏名

受験番号

※100点満点
（配点非公表）

1

問1	A		B		C		D	
		県		市		市		県・市

問2		問3		問4		問5	

小　計

2

問1		問2		問3	(1)	(2)	(3)

問4		問5		問6		
					発電	

小　計

3

問1		問2		問3		問4	

小　計

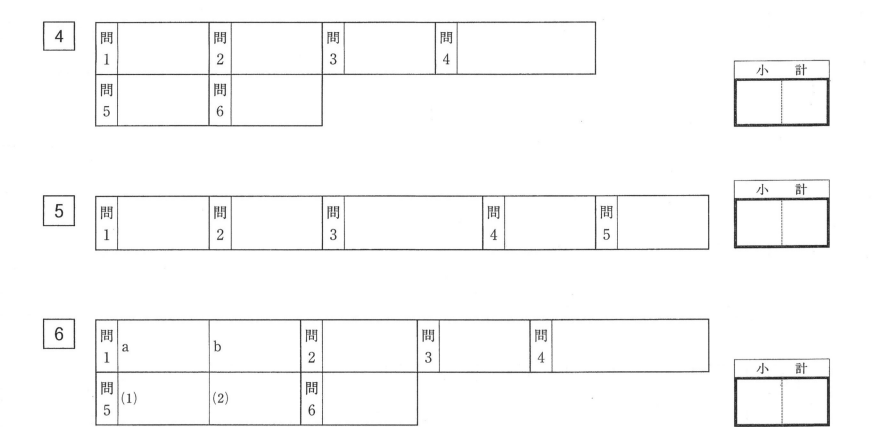

4	問1		問2		問3		問4	
	問5		問6					

小　計

| 5 | 問1 | | 問2 | | 問3 | | 問4 | | 問5 | |

小　計

6	問1	a	b		問2		問3		問4	
	問5	(1)	(2)		問6					

小　計

5	問 1	問 2	問 3	問 4	問 5		小　計
			， ，		， ，		

6	問 1	問 2	問 3	問 4		小　計
		m				

7	問 1	問 2	問 3	問 4	問 5		小　計

8	問 1	問 2	問 3	問 4	問 5	問 6		小　計

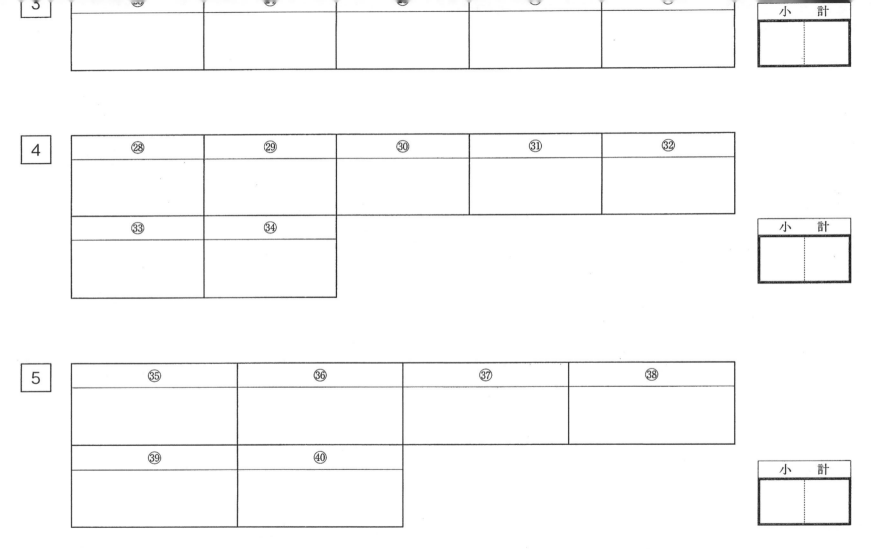

3						小　計

4	㉘	㉙	㉚	㉛	㉜	小　計
	㉝	㉞				

5	㉟	㊱	㊲	㊳	小　計
	㊴	㊵			

問3　文中の下線部③に関して、同じ時期に婦人参政権を求める声も高まった。1911年に青鞜社を創設し、1920年には新婦人協会を設立して婦人参政権獲得の運動に取り組んだ人物は誰か、答えなさい。

問4　文中の下線部④について、この事件の中心人物とされて処刑された社会主義者は誰か、次のイ〜ニから一つ選び記号で答えなさい。

　　イ．小林多喜二　　　ロ．片山潜　　　ハ．大杉栄　　　ニ．幸徳秋水

問5　文中の下線部⑤について述べた文として正しいものを、次のイ〜ニから一つ選び記号で答えなさい。

　　イ．銀行の取りつけさわぎや休業があいついだ。
　　ロ．アメリカへの生糸の輸出が激減し、養蚕業が大きな打撃を受けた。
　　ハ．ヨーロッパ経済の回復により、輸出が後退して輸入超過となった。
　　ニ．ブロック経済体制がきずかれ、日本製品に高い関税がかけられた。

5 次の文を読んで、あとの問いに答えなさい。

①明治維新後に急速な近代化をすすめた日本は、日露戦争に勝利して大陸へ勢力を拡大した。その後、日本はさらなる権益拡大をめざし、1914年8月、②第一次世界大戦に連合国側で参戦した。史上初の総力戦となった第一次世界大戦は、世界に大きな変化を与えた。

第一次世界大戦中に民主主義を広める動きが世界中に拡大されたことを背景に、日本では1918年に本格的な政党内閣が成立した。大戦後の1924年には第二次護憲運動がおこり、③1925年に男子普通選挙が実現した。さらに、ロシア革命の影響や社会運動の高まりにより、④大逆事件で打撃を受けていた社会主義運動もふたたび盛んになった。

また、第一次世界大戦をきっかけに日本では造船業や化学工業が発展し、工業生産額が農業生産額を上まわるなど日本経済は飛躍的な成長をとげた。しかし、⑤戦後まもない1920年、大戦景気から一転して戦後恐慌にみまわれた。

問1　文中の下線部①に関して、近代化をすすめるための安定した財源を確保するため、政府は地租改正を実施した。次の年表に示した ａ 〜 ｄ の時期のうち、地租改正が始まった時期として正しいものを、あとのイ〜ニから一つ選び、記号で答えなさい。

1867年	王政復古の大号令が出された
	ａ
1871年	廃藩置県が実施された
	ｂ
1877年	西南戦争が起こった
	ｃ
1885年	内閣制度が始まった
	ｄ

イ. ａ　　ロ. ｂ　　ハ. ｃ　　ニ. ｄ

問2　文中の下線部②について述べた文として誤っているものを、次のイ〜ニから一つ選び記号で答えなさい。
　　イ. イタリアは同盟国側で参戦した。
　　ロ. アメリカは連合国側で参戦した。
　　ハ. 日本は山東半島の青島やドイツ領南洋諸島を占領した。
　　ニ. ソビエト政府はドイツと単独で講和した。

［B］

　律令体制を整えた中央政府は、④奈良時代から平安時代前期にかけて東北地方への勢力の拡大をはかった。10世紀になると、地方政治の変化とともに武士の成長が見られ、各地で戦乱がおこるようになった。⑤11世紀後半には東北地方で二つの戦乱が発生したが、この戦乱をしずめた一族は武家の棟梁として東国に基盤を築いた。また、この戦乱ののち、⑥東北地方では奥州藤原氏が勢力をもったが、12世紀後半には滅び、鎌倉幕府の支配がおよぶこととなった。

問４　文中の下線部④に関して、中央政府が東北地方への勢力拡大をはかった奈良時代から平安時代前期のこととして**誤っている**ものを次のイ～ニから一つ選び、記号で答えなさい。

　　イ．行基は民衆の間に仏教を広め、橋や用水路をつくる社会事業をおこなった。

　　ロ．政府は墾田永年私財法を発して開墾をすすめ、新たな開墾地には租をかけなかった。

　　ハ．唐から伝わった天台宗と真言宗は、ともに山奥の寺での修行を重視した。

　　ニ．桓武天皇は長岡京、平安京へと都を移し、奈良にある寺院の新しい都への移転を禁止した。

問５　文中の下線部⑤について、この戦乱に関わった人物を次のイ～ニから一つ選び、記号で答えなさい。

　　イ．坂上田村麻呂　　　ロ．平清盛　　　ハ．藤原純友　　　ニ．源義家

問６　文中の下線部⑥について、奥州藤原氏や奥州藤原氏が勢力を持っていた12世紀のことに当てはまらないものを次のイ～ニから一つ選び、記号で答えなさい。

　　イ．奥州藤原氏は京都の文化を積極的に取り入れ、中尊寺金色堂などの豪華な寺院を建てた。

　　ロ．源頼朝は対立する源義経をかくまったことを理由に、奥州藤原氏を攻め滅ぼした。

　　ハ．宋や高麗が建国され、商人によって両国の文物が日本にもたらされた。

　　ニ．院政が行われていたこの時期には、多くの荘園が上皇のもとに寄進されていた。

H27. 福岡大学附属大濠中
K 教英出版

3 　次の ［A］・［B］ の文は、古代から中世にかけての九州北部地方と東北地方に関するものです。この文を読んで、あとの問いに答えなさい。

［A］

　大陸から九州北部に伝えられた稲作は、人々の生活や社会を大きく変化させた。①弥生時代の九州北部には小さな国々が成立したが、小国の連合の時期を経て、古墳時代にはこの地域にもヤマト政権の勢力がおよんだ。その後、②7世紀後半から8世紀初めにかけて律令国家が成立すると、（　③　）という役所が九州諸国をまとめ、外交や防衛の拠点としての役割を果たすこととなった。

問1　文中の下線部①に関して、次のイ～ニから弥生時代に当てはまるものを一つ選び、記号で答えなさい。

　　イ．集落には物見やぐらがつくられ、周りに濠がめぐらされるようになった。

　　ロ．王の墓がつくられ、墓には鉄製の武器や埴輪がおさめられるようになった。

　　ハ．大王の勢力が拡大し、関東地方にまでおよぶようになった。

　　ニ．朝鮮の技術を用いて高温で焼いた、質のかたい土器がつくられるようになった。

問2　文中の下線部②に関して、7世紀後半から8世紀初めの政治改革や争乱を経て成立した律令国家について述べた次のイ～ニから、**誤っているもの**を一つ選び記号で答えなさい。

　　イ．朝鮮半島での白村江の戦いののち、中大兄皇子は防衛のため九州に山城や水城を築いた。

　　ロ．壬申の乱に勝利した天武天皇は飛鳥を都とし、律令の編さんを命じた。

　　ハ．平城京に都を移して大宝律令を定めたことで、律令国家のしくみが整った。

　　ニ．律令国家では成人男子に兵役が課せられ、九州北部の防衛のため防人となる者もあった。

問3　文中の（　③　）に当てはまる語句を漢字で答えなさい。

問3　文中の下線部③に関して、次の地図は、日本の代表的な火山である浅間山の周辺の、縮尺5万分の1の地形図（平成10年発行、原寸・一部加工）です。この地形図に関する次の(1)～(3)の問いに答えなさい。

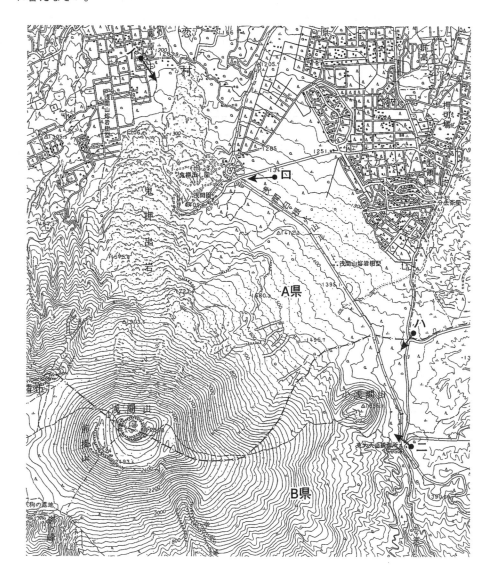

(1)　地形図から読み取れることについて述べた次のイ～ニのうち、**誤っているもの**を一つ選び、記号で答えなさい。

　　イ．「浅間山」の東側斜面の標高2000m以上の部分には、樹木がみられない。

　　ロ．「浅間山」の火口のふちは、北側よりも南側のほうがやや低くなっている。

　　ハ．「浅間山白根火山ルート」は有料道路で、料金所もみられる。

　　ニ．「鬼押出岩」の東側にある「鬼押出し園」の周囲には、寺院や記念碑がみられる。

2 日本の山地と火山についての次の文を読んで、あとの問いに答えなさい。

日本列島は、太平洋を取り囲むようにつながっている①環太平洋造山帯の一部をなし、そのため、日本列島にはけわしい山地が多い。おもな山地や山脈は、東北日本ではおよそ南北の方向に、西南日本ではおよそ東西の方向に連なっている。そのあいだの中部日本には、②日本アルプスとよばれる標高3000m級の山脈が並んでいる。

③火山活動は日本の地形をより複雑にしている。火山は噴火によって大きな火口を形成したり、溶岩が流れ出して台地を形成したり、④噴出物が川をせき止めて湖を形成したりしている。ときには⑤噴火による災害もおこるが、火山灰は土壌のもととなって耕地の生産力を支えている。また、高温のマグマによって熱せられた地下水は、温泉や⑥発電に利用されている。火山の美しい景色は観光資源としての価値もあり、日本の国立公園のおよそ3分の2には火山がある。

問1 文中の下線部①に関して、次のイ〜ニの地域のうち、環太平洋造山帯に**含まれない**地域を一つ選び、記号で答えなさい。

　　イ．北アメリカ大陸西部のロッキー山脈からアラスカ地方にかけての地域

　　ロ．ロシア東部のカムチャツカ半島から千島列島にかけての地域

　　ハ．朝鮮半島から中国東部やインドにかけての地域

　　ニ．ニューギニア島からニュージーランドにかけての地域

問2 文中の下線部②に関して、日本アルプスの3つの山脈を北西から南東へ正しく並べたものを、次のイ〜ヘから一つ選び記号で答えなさい。

解答の記号	イ	ロ	ハ	ニ	ホ	ヘ
北西	木曽山脈	木曽山脈	飛驒山脈	飛驒山脈	赤石山脈	赤石山脈
↓	飛驒山脈	赤石山脈	木曽山脈	赤石山脈	木曽山脈	飛驒山脈
南東	赤石山脈	飛驒山脈	赤石山脈	木曽山脈	飛驒山脈	木曽山脈

1 　日本には現在20の政令指定都市があり、次の**表1**は日本の政令指定都市をまとめたものです。この**表1**について、あとの問いに答えなさい。

表1

都道府県	政令指定都市　（　）内は2013年の人口
北海道	札幌市（191.0万人）
[A]　県	仙台市（102.9万人）
埼玉県	さいたま市（122.9万人）
千葉県	千葉市（93.8万人）
神奈川県	横浜市（あ）、[B]市（139.6万人）、相模原市（70.0万人）
新潟県	新潟市（80.1万人）
静岡県	静岡市（71.1万人）、浜松市（79.0万人）
愛知県	名古屋市（い）
京都府	京都市（138.0万人）
大阪府	大阪市（う）、堺市（83.7万人）
兵庫県	[C]市（151.2万人）
[D]　県	[D]市（69.2万人）
広島県	広島市（116.4万人）
福岡県	福岡市（143.4万人）、北九州市（97.1万人）
熊本県	熊本市（72.7万人）

総務省ホームページなどから作成

問1　表1中の [A] ～ [D] に入る県名、都市名をそれぞれ漢字で答えなさい。ただし、[D] の県名と都市名は同一です。

問2　表1中の（あ）～（う）に入る人口の正しい組合せを次のイ～へから一つ選び、記号で答えなさい。

解答の記号	イ	ロ	ハ	ニ	ホ	ヘ
（あ）	363.3万人	363.3万人	254.7万人	254.7万人	218.7万人	218.7万人
（い）	254.7万人	218.7万人	363.3万人	218.7万人	363.3万人	254.7万人
（う）	218.3万人	254.7万人	218.7万人	363.3万人	254.7万人	363.3万人

問題は次のページから始まります

実験①　メスを机の上に置き、20cmはなれたところにオスを放すと、オスははねを激しくはばたか
　　　　せながら接近して、メスのところにたどりつきました。

実験②　メスを机の上に置き、透明(とうめい)なガラス容器をそのメスにかぶせて密閉しました。その後、
　　　　20cmはなれたところにオスを放しましたが、オスは何の反応も示しませんでした。

実験③　メスを机の上に置き、両眼を黒くぬりつぶしたオスを20cmはなれたところに放すと、オス
　　　　ははねを激しくはばたかせながら接近して、メスのところにたどりつきました。

実験④　ビーカーの中にオスを入れ、メスの尾(お)の部分にこすりつけたろ紙をピンセットでつまんで
　　　　近づけると、オスははねを激しくはばたかせました。

実験⑤　ビーカーの中に両方の触角を根元から切ったオスを入れ、メスの尾の部分にこすりつけた
　　　　ろ紙をピンセットでつまんで近づけましたが、触角のないオスは何の反応も示しませんでし
　　　　た。

問4　下線部cについて、カイコガのあしの付き方を正しく表したものを、次のア～キの中から1
　　　つ選び、記号で答えなさい。ただし、図はカイコガを背側から見たものです。

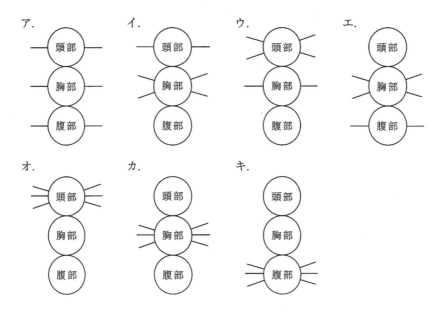

問5　どの実験とどの実験を比べれば、オスのカイコガはメスを眼で見て接近しているのではない
　　　ことがわかりますか。実験①～⑤の中から2つ選び、番号で答えなさい。

問6　どの実験とどの実験を比べれば、オスのカイコガはメスが発するにおいを触角(しょっかく)で感じている
　　　ことがわかりますか。実験①～⑤の中から2つ選び、番号で答えなさい。

7 植物の観察について、A，Bの各問いに答えなさい。

A　たろう君は、4月にホウセンカの種をまきました。水をやり、日当たりのよいところに植木鉢を置いて育てていると、丸い子葉が2枚出てきました。少し大きくなった後、花だんに植えかえて育てると、種をまいて3か月ぐらいたったころに高さが30cm程になり、葉の数も増えて成長し花が咲きました。

　ホウセンカをよく調べると、葉が茎に交互に付いていて、上から見るとどの葉にもよく日光があたるようなつくりになっていました。

　花が咲いた後、その場所に2cmぐらいの実ができ、その実がはじけて種が出てきました。その後、しばらくしてホウセンカはかれました。

問1　上の文章の下線部のような葉のつき方をしていない植物を、次のア～エの中から1つ選び、記号で答えなさい。
　　ア．ヒマワリ　　　イ．アサガオ　　　ウ．オクラ　　　エ．アジサイ

問2　ホウセンカは、発芽後成長し、花が咲いて種ができた後、かれてしまう植物です。このような植物ではないものを、次のア～エの中から1つ選び、記号で答えなさい。
　　ア．マリーゴールド　　　イ．タンポポ　　　ウ．ツルレイシ　　　エ．トマト

問3　ホウセンカは実がはじけて種を遠くにまきますが、このような方法で地上へ種を落とす植物を、次のア～エの中から1つ選び、記号で答えなさい。
　　ア．スミレ　　　イ．タンポポ　　　ウ．カキ　　　エ．クリ

問4　図1のとき、地点Aでの太陽の高度を表しているのはどれですか。次のア～ウの中から1つ
　　　選び、記号で答えなさい。

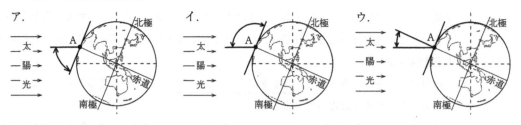

問5　図1の日、問3のア～ウの3地点を、太陽の南中高度が高い方から順に記号で並べなさい。

6　　図1は、ある地域の地形図を表したものです。図1のA，Bの2地点でボーリングをして地下の
　　　様子を調べた結果が図2です。ただし、この地域の地層は東西方向には水平で、南北の方向には一
　　　定の角度でかたむいており、断層はないものとします。以下の各問いに答えなさい。

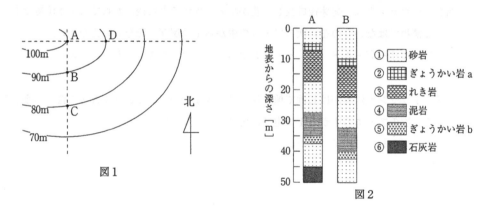

図1
図2

① □ 砂岩
② 田 ぎょうかい岩a
③ れき岩
④ 泥岩
⑤ ぎょうかい岩b
⑥ ■ 石灰岩

問1　A地点で深さ10mから30mの間の地層がつくられたとき、この地域の海水面はどう変化し
　　　ましたか。次のア～ウの中から1つ選び、記号で答えなさい。
　　　ア．海水面はだんだん上昇した。　　　イ．海水面はだんだん下降した。
　　　ウ．海水面はあまり変化していない。

問2　B地点で石灰岩の層が現れるのは、地表からの深さが何mのところですか。

問3　D地点で地表からの深さ20mのところの地層はどの層ですか。図2の①～⑥の中から1つ
　　　選び、番号で答えなさい。

問4　C地点で地表からの深さ20mのところの地層はどの層ですか。図2の①～⑥の中から1つ
　　　選び、番号で答えなさい。ただし、地形図上でAB間とBC間の距離は等しいものとします。

3 次のA～Eの5種類の固体があります。

A．アルミニウム	B．鉄	C．銅	D．食塩	E．石灰石

これらすべての粉末を混ぜたもの10gをXとします。Xについて次のような実験を行いました。

実験1　Xに蒸留水を十分に加えると、とけずに残った物質の重さは9gでした。

実験2　Xに塩酸を十分に加えると、気体が4928mL発生しました。また、とけずに残った固体の重さは1.5gでした。

実験3　Xに水酸化ナトリウム水溶液（すいようえき）を十分に加えると、気体が3360mL発生しました。また、とけずに残った物質の重さは6.3gでした。

実験4　図のようにXを試験管に入れ、ガスバーナーで十分に加熱すると、気体が448mL発生しました。この気体を石灰水に通すと、石灰水が白くにごりました。

実験5　石灰石1gを加熱したとき発生した気体の体積は、石灰石1gを塩酸に加えて発生した気体の体積と等しく、その体積は224mLでした。

実験6　石灰石に水酸化ナトリウム水溶液を加えても、気体は発生しませんでした。

実験7　1gのアルミニウムに十分に塩酸を加えたとき発生した気体の体積と、十分に水酸化ナトリウム水溶液を加えたとき発生した気体の体積は、等しくなりました。

以下の各問いに答えなさい。

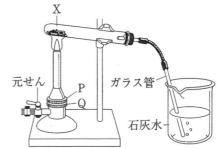

問1　次のア～クの文は、図のガスバーナーを使用するときの操作や様子です。ア～クを順番にならびかえたとき、3番目と5番目にくるものを選び、記号で答えなさい。

ア．Qの調節ねじを少し開く。　　イ．Qの調節ねじを指でおさえて固定する。
ウ．青い炎（ほのお）ができる。　　エ．PとQの調節ねじが閉じていることを確かめる。
オ．黄色い炎ができる。　　カ．ガスバーナーの口に火を近づける。
キ．元せんを開く。　　ク．Pの調節ねじを少しずつ開く。

問2　実験2で、とけずに残った固体は何ですか。A～Eの中からすべて選び、記号で書きなさい。ただし、答えが1つのときもあります。

問3　Xの中にふくまれる鉄の重さは、何gですか。

問4　Xの中にふくまれるアルミニウムの重さは、何gですか。

問5　鉄1gに塩酸を十分に反応させると、発生する気体の体積は、何mLになりますか。

(1) 電磁石の強さと電流の強さの関係を調べるには、回路A〜Cのうち、どれとどれを比べればよいですか。正しい組み合わせを次のア〜エの中から1つ選び、記号で答えなさい。

　　ア．AとB　　　　イ．BとC

　　ウ．AとC　　　　エ．この実験では調べることができない。

(2) 電磁石の強さとコイルの巻き数の関係を調べるには、回路A〜Cのうち、どれとどれを比べればよいですか。正しい組み合わせを次のア〜エの中から1つ選び、記号で答えなさい。

　　ア．AとB　　　　イ．BとC

　　ウ．AとC　　　　エ．この実験では調べることができない。

(3) 電磁石について説明した文で正しくないものを、次のア〜カの中からすべて選び、記号で答えなさい。

　　ア．エナメル線を用いて電磁石を作成するとき、回路につなぐ部分はエナメルをはがす必要がある。

　　イ．電磁石は、電流を流しているときのみ磁石のはたらきをする。

　　ウ．電磁石には、N極とS極がある。

　　エ．電磁石の強さが変わる条件は、コイルの巻き数と電流の強さだけである。

　　オ．鉄心を入れないコイルでは、モーターを作ることができない。

　　カ．スピーカーにも電磁石は使われている。

1 てこの規則性について次のＡ，Ｂを解きなさい。

Ａ　てこの規則性を利用した道具として、てんびんがあります。てんびんは重さを正確に測るのに昔から使われてきました。上皿てんびんについて、以下の各問いに答えなさい。

問１　上皿てんびんの使い方として**正しくないもの**を、次のア～クの中から**すべて**選び、記号で答えなさい。

　　ア．右利きの人が使うときは、重さを測定したい物体は左の皿に、分銅は右の皿にのせる。

　　イ．分銅は軽いものからのせる。

　　ウ．上皿てんびんは、平らで水平なしっかりとした台の上にのせて使う。

　　エ．つりあっているかどうかを確認するときは、指針が目盛りの中央で静止するまで待つ。

　　オ．分銅はピンセットを使って持つのが基本であるが、重い分銅の場合、落とさないようにするために、つまみ部分を指で持って運ぶ。

　　カ．一定量の薬品を量り取るときは、両方の皿に薬包紙をのせてから測定を行う。

　　キ．測定を始める前に、左右がつり合うように分銅を置いて調節する。

　　ク．測定が終わったら、皿の上のものを取り除き、皿は一方に重ねておく。

問２　てんびんがつり合うものを、次のア～オの中からすべて選び、記号で答えなさい。

　　ア．１ｇの鉄と１ｇの綿をのせたとき　　　　イ．同じ体積の鉄と木をのせたとき

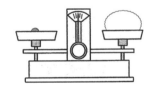 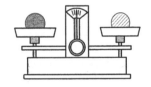

　　ウ．体積がちがう鉄をのせたとき　　　　　　エ．同じブロックを図のようにのせたとき

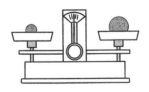 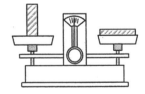

　　オ．同じ紙コップを３つ、図のようにのせたとき

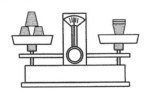

H27. 福岡大学附属大濠中
教英出版

問題は次のページから始まります

5 下の図のように, 大, 中, 小3つの円柱があります。3つの円柱の高さはそれぞれ4cmで, 半径はそれぞれ10cm, 5cm, 3cmです。

次の各問いに答えなさい。ただし, 円周率は3.14とします。

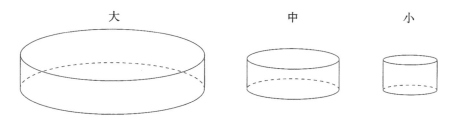

(1) 「大」の円柱の体積は ㉟ cm³ で, 表面積は ㊱ cm² です。

(2) 右の〈図1〉のように, 「大」「中」の円柱を重ねた立体を つくりました。

　　この立体の表面積は ㊲ cm² です。

〈図1〉
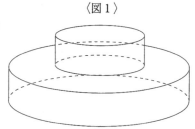

(3) 右の〈図2〉のように, 〈図1〉の上段の円柱を中心Oを 通り, 底円に垂直な平面で切り取った立体をつくりました。

　　この立体の体積は ㊳ cm³ で, 表面積は ㊴ cm² です。

〈図2〉
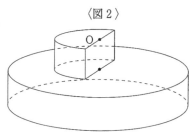

(4) 右の〈図3〉のように, 底面の円の中心がそろうように 「大」「中」「小」の円柱を重ねた立体をつくりました。

　　この立体を中心Oを通る平面で, 体積を二等分するよう に切ったとき, 切り口の面積は ㊵ cm² です。

〈図3〉
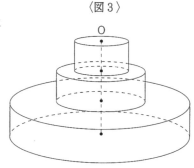

4

次の各問いに答えなさい。

(1) 下の図のように，半径10cm の円を 2 個重ね，重なった斜線部分を A とします。

半径 10cm の円の面積は ㉘ cm² で，A の面積は ㉙ cm² です。

ただし，円周率は3.14とします。

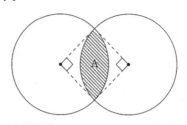

また，下の図は，半径10cm の円を 1 個，2 個，3 個と上の図と同じように重ねてつくった図形です。

A の面積の ㉚ 倍が，初めて図 1 の図形の面積より大きくなります。

A の面積の ㉛ 倍が，初めて図 2 の図形の面積より大きくなります。

図 3 の図形の周の長さは ㉜ cmです。

また，円を 4 個，5 個，……と上の図と同じように重ねてできる図形をつくります。

A の面積の30倍は，円を ㉝ 個重ねてできる図形の面積より，初めて小さくなります。

図 1　　　　　　　　　図 2　　　　　　　　　　　　図 3

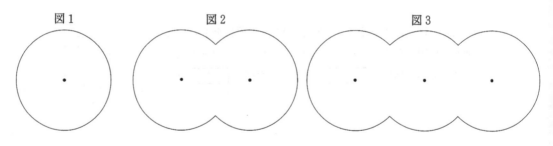

(2) 下の図は，半径10cm の円をどの 2 個も同じ位置関係になるように，円を 3 個重ねた図形です。

3 個の円が重なった斜線部分の面積は，この図形全体の面積から ㉞ cm² を引いたものです。

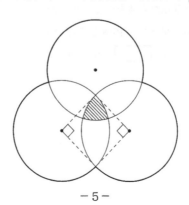

－ 5 －

$\boxed{2}$ 次の各問いに答えなさい。

(1) 分数 $\frac{11}{37}$ を小数になおしたとき，小数第9位の数字は $\boxed{⑪}$ で，小数第1位から

小数第 $\boxed{⑫}$ 位までの数字の和が173になります。

(2) 5で割ると3余り，7で割ると2余る2桁の整数を全部たすと $\boxed{⑬}$ です。

(3) 1個50円のお菓子があります。3,000円でこのお菓子は最大で $\boxed{⑭}$ 個買えます。

あと $\boxed{⑮}$ 円あれば，もう1個このお菓子を買うことができます。

ただし，消費税が8％かかります。

(4) 一辺の長さが10cmである正方形Aと一辺の長さがAより短い正方形Bがあります。

面積の差が64cm² であるとき，正方形AとBの一辺の長さの差は $\boxed{⑯}$ cm です。

(5) 下の図のように，角㋐が140°で，角㋑と㋒，角㋓と㋔がそれぞれ同じ大きさの角であるとき，

角㋕の大きさは $\boxed{⑰}$ 度です。

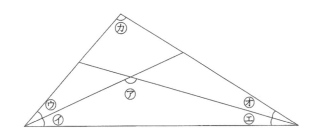

1

次の各問いに答えなさい。

(1) $1500 \times 20 \div 1000 \times \dfrac{2}{3}$ を計算すると ① です。

(2) $\left(\dfrac{7}{2} - \dfrac{3}{4} \times \dfrac{1}{2}\right) \div \left(1 - \dfrac{7}{8}\right)$ を計算すると ② です。

(3) 次の □ にあてはまる数は ③ です。

$\{18 + (12 + \boxed{} \times 7) \div 2\} \times 4 = 138$

(4) 36の約数を全部たすと ④ です。

(5) 3つの連続する整数の積が1320であるとき，3つの整数の和は ⑤ です。

(6) 60円切手と80円切手をどちらも1枚以上買って420円を支払いました。切手は全部で ⑥ 枚買いました。

(7) 今時計の針が12時を指しています。短針が一周する間に，長針と短針のつくる角が90°になるのは ⑦ 回です。また，6時10分を指したときの長針と短針のつくる角の小さい方は ⑧ 度です。

(8) 兄の年齢と妹の年齢が5歳離れています。5年前の兄の年齢は妹の年齢の2倍でした。現在の兄の年齢は ⑨ です。

(9) ある本を毎日同じページ数ずつ3日間読んでいくと，全体の $\dfrac{1}{4}$ を読み終えることができました。おもしろくなってきたので，1日に読むページ数を2倍にしてさらに4日間読むと，残りのページ数は12ページでした。この本全体のページ数は ⑩ ページです。

平 成 26 年 度

福岡大学附属大濠中学校

入 学 試 験 問 題

算　数

[時 間　60分]

注　意

1. 答えはすべて解答用紙に記入してください。

2. 解答用紙には氏名・受験番号（算用数字　例10001）をきちんと書いて
　 ください。

(4) 下の図のように，点 O, O′ を中心とする半径20cm の 2 つの円が重なっています。
色のついた部分の面積は ⑱ cm² です。ただし，円周率は3.14とします。

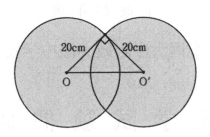

(5) 下の図のように，一辺が 1 cm，2 cm，3 cm の直方体を 5 個組み合わせた立体を作りました。
この立体の体積は ⑲ cm³ で，表面積は ⑳ cm² です。
また，この立体にもとの直方体をいくつか組み合せて最も小さい立方体を作るとき，もとの直方
体はあと ㉑ 個必要です。

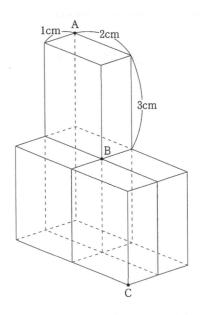

3 ある整数を連続する整数の和に表すことを考えます。(例えば，24 = 7+8+9 と表せます。)
次の ☐ に当てはまる数字を入れなさい。

(1) 2013を連続する2個の整数の和で表すとき，2013 = ㉒ となります。

解答欄： | ㉒ | ⑦ ＋ ① |

また，2013を連続する3個の整数の和で表すとき，2013 = ㉓ となります。

解答欄： | ㉓ | ⑦ ＋ ㉓ ＋ ㉔ |

(2) 2015を連続する整数の和で表すとき，最低 ㉔ 個の連続する整数の和として表せます。
また，2015を連続する5個の整数の和で表すとき，その連続する5個の整数のうち一番
小さい整数は ㉕ となります。

(3) 2014を連続する整数の和で表すとき，最低 ㉖ 個の連続する整数の和として表せます。

(4) 2012を連続する整数の和で表すとき，最低 ㉗ 個の連続する整数の和として表せます。

（計 算 用 紙）

平成 26 年度

福岡大学附属大濠中学校

入 学 試 験 問 題

理　科

［時 間　40分］

注　意

1. 答えはすべて解答用紙に記入してください。

2. 解答用紙には氏名・受験番号（算用数字　例10001）をきちんと書いて
くださ い。

2 動物の卵についての次の文章を読んで、以下の各問いに答えなさい。

　福岡のお土産物として有名な明太子は、スケトウダラの卵巣を調味料につけたものです。明太子には受精前の卵がたくさん入っており、1つの卵巣の中に卵がいくつ入っているか数えることにしました。しかし、すべてを数えるのは難しいので、次のようにしておおよその数を求めました。

　まず卵巣全体の重さをはかりました。次にそのうちの0.5gを取り出しました。それを4人で分けて卵の数を数えました。その結果が右の表です。なお、4人がそれぞれ数えた卵全体の重さははかっていません。

4人がそれぞれ数えた卵の数（個）			
149	136	151	154

問1　文中の下線部について、スケトウダラと同じように体外で受精する動物を次のア〜オの中からすべて選び、記号で答えなさい。
　　　ア．メダカ　　イ．ヤモリ　　ウ．トノサマガエル　　エ．マンボウ　　オ．モンシロチョウ

問2　次のア〜エの動物を産卵数が多いものから順にならべかえ、記号で答えなさい。
　　　ア．イワシ　　　イ．トノサマガエル　　　ウ．マンボウ　　　エ．モンシロチョウ

問3　卵巣全体の重さをはかると、97gでした。これらの結果から考えられる卵の数を千の位を四捨五入して答えなさい。

問4　スケトウダラは、体長が40cmのときの産卵数は20万個、体長が60cmのときの産卵数は100万個と言われています。体長と産卵数に比例の関係があるとすると、問3で答えた卵巣を持っていた魚の体長は何cmであったと考えられますか。計算して求めなさい。なお、割り切れない場合は小数第一位を四捨五入し、整数で答えなさい。

3

豆電球やコンデンサー，発光ダイオードを使った回路について、以下の各問いに答えなさい。

問1　乾電池と豆電球を導線でつなぎました。豆電球に明かりがつかないものを下のア～カの中から
　　　すべて選び、記号で答えなさい。

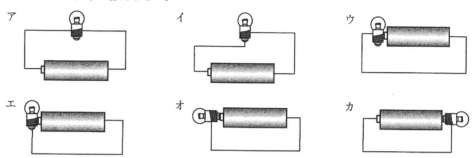

問2　危険なつなぎ方になっているものを次のア～カの中から1つ選び、記号で答えなさい。

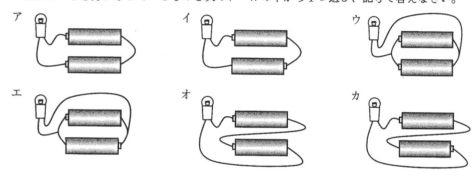

　　　次にコンデンサーに電気をたくわえる実験をしました。コンデ
ンサーの＋極と－極に注意しながら乾電池をつなぎ、十分に時間
がたった後に乾電池をはずし、図1，図2のように豆電球や発光
ダイオードにつなぎかえました。するとコンデンサーにたくわえ
られた電気で、豆電球や発光ダイオードには明かりがつきました。

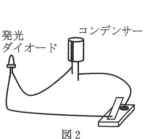

問3　ついた明かりが消えるまでの時間について、もっとも適切
　　　なものを次のア～ウの中から1つ選び、記号で答えなさい。
　　　ア．コンデンサーにたくわえられた電気の量が等しいとき、
　　　　　ついた明かりが消えるまでの時間は、豆電球も発光ダイオー
　　　　　ドも等しくなる。
　　　イ．コンデンサーにたくわえられた電気の量が等しいとき、
　　　　　ついた明かりが消えるまでの時間は、豆電球の方が発光ダ
　　　　　イオードよりも長くなる。
　　　ウ．コンデンサーにたくわえられた電気の量が等しいとき、ついた明かりが消えるまでの時間は、
　　　　　発光ダイオードの方が豆電球よりも長くなる。

－4－

5 日本のある場所で、ある日の午後6時に、月のようすを観察したところ、図1のように満月が見られました。以下の各問いに答えなさい。

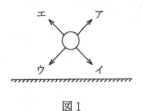

図1

問1 地球から見て月はいつも同じ面が見えます。その理由として正しいものを次のア～オの中から1つ選び、記号で答えなさい。
　ア．月と地球の自転の周期が同じで、回転方向が同じであるため。
　イ．月と地球の自転の周期が同じで、回転方向が逆であるため。
　ウ．月の自転と月の公転の周期が同じで、回転方向が同じであるため。
　エ．月の自転と月の公転の周期が同じで、回転方向が逆であるため。
　オ．月が公転していないため。

問2 図1のように見えたとき、月はどの方角に見えましたか。次のア～エの中からもっとも適切なものを1つ選び、記号で答えなさい。
　ア．東　　　　イ．西　　　　ウ．南　　　　エ．北

問3 この日、午後6時以降、月はどの方向に移動しますか。図1中の矢印ア～エの中からもっとも適切なものを1つ選び、記号で答えなさい。

問4 図1から何日か経過した後の午後6時に、再び月を観察したところ、図2のように見えました。これが見えたのは、図1から約何日後ですか。次のア～オの中からもっとも適切なものを1つ選び、記号で答えなさい。ただし、満月から次の満月までにかかる日数は約30日とします。

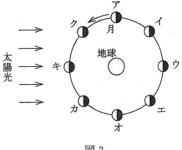

図2

　ア．約4日後　　　イ．約11日後　　　ウ．約15日後　　　エ．約18日後　　　オ．約26日後

問5 月が図2のように見えるのは、図3で月がどの位置にあるときですか。ア～クの中からもっとも適切なものを1つ選び、記号で答えなさい。ただし、図3は地球の北極側から見ているものとします。

図3

6　次の図1、図2は、いずれか一方が4月、もう一方が12月の天気図を表しています。いずれも時刻は午前9時です。また図3は、図2と同じ日時の衛星画像です。これらを見て以下の各問いに答えなさい。

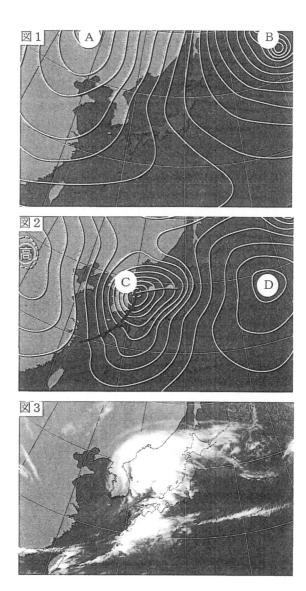

図1
図2
図3

H26. 福岡大学附属大濠中
K教英出版

実験4　6つのビーカー①〜⑥を準備し、それぞれのビーカーにいろいろな体積のB液を入れ、BTB液を2，3滴加えた後、A液20cm³をよくかき混ぜながら加えて、溶液の色を調べたところ、表4のような結果を得ました。

表4

ビーカー	①	②	③	④	⑤	⑥
B液の体積（cm³）	10	20	30	40	50	60
A液の体積（cm³）	20	20	20	20	20	20
色	（a）	（a）	（a）	緑色	（b）	（b）

問1　スチールウール8.4gを溶かすためには、A液は少なくとも何cm³以上必要ですか。整数で答えなさい。

問2　表3の（ア）、（イ）に適する数値を整数で答えなさい。

問3　表4の（a）、（b）に最も適する色の組み合わせを、次のア〜カの中から1つ選び、記号で答えなさい。

　　ア．（a）は赤色，（b）は青色　　　　　イ．（a）は青色，（b）は赤色

　　ウ．（a）は青色，（b）は黄色　　　　　エ．（a）は黄色，（b）は青色

　　オ．（a）は黄色，（b）は赤色　　　　　カ．（a）は赤色，（b）は黄色

問4　気体Xの性質として適するものを、次のア〜カの中からすべて選び、記号で答えなさい。

　　ア．石灰水に通すと白くにごる。　　　　イ．水に溶けやすい。

　　ウ．空気よりも軽い。　　　　　　　　　エ．鼻をつく強いにおいがする。

　　オ．ものを燃やすはたらきがある。　　　カ．火を近づけると、ポンという音をたてて燃える。

問5　B液に加えると気体Xが発生するものを、次のア〜カの中から1つ選び、記号で答えなさい。

　　ア．銅　　イ．砂糖　　ウ．亜鉛　　エ．アンモニア水　　オ．食塩水　　カ．炭酸水

問6　A液50cm³にB液200cm³を加えてよくかき混ぜた溶液に、アルミニウム4.0gとスチールウール1.0gからなる混合物を加えたとき、溶けずに残る混合物の重さは何gですか。小数第一位まで答えなさい。

問7　A液200cm³にB液40cm³を加えてよくかき混ぜた溶液に、アルミニウム1.35gとスチールウール5.6gからなる混合物を加えたとき、発生する気体Xの体積は何cm³ですか。整数で答えなさい。

8 　一般に固体は温度が高いほど、水によく溶けるようになります。次の表は物質Aがいろいろな温度で水100 g に溶けるときの最大量（g）を示したものです。以下の各問いに答えなさい。

温度（℃）	10	20	30	40	50
物質A（g）	3.4	4.8	6.8	8.8	11.4

問1　20℃の水500 g に物質Aは最大何 g 溶けますか。整数で答えなさい。

問2　30℃の水500 g に物質Aを最大量溶かした水溶液の濃さは何パーセント（％）ですか。小数第二位を四捨五入して、小数第一位まで答えなさい。

問3　40℃の水に物質Aを最大量溶かした水溶液544 g を10℃まで冷やすと、何 g の結晶が生じますか。整数で答えなさい。

H26.福岡大学附属大濠中
K 教英出版

平成 26 年度

福岡大学附属大濠中学校

入 学 試 験 問 題

社 会

［時 間 40分］

注 意

1. 答えはすべて解答用紙に記入してください。

2. 解答用紙には氏名・受験番号（算用数字 例10001）をきちんと書いてください。

次の文を読んで、あとの問いに答えなさい。

　　日本は①周辺を海に囲まれている島国である。日本全国を「津々浦々」という言葉であらわすように、日本は多くの②湾や半島、③港を持ち、人々は古来より④海と密接に関わってきた。島や入り江（湾）が多いということは陸地面積に比べて長い海岸線を持っているということであり、その長さは34,000km 近くにおよぶ。

　　また、日本には6,500余りの島があり、普段は「島」をつけて呼ぶことはないが、　A　、北海道、九州、四国も島である。世界的には　B　大陸よりも小さいものを「島」と呼んでおり、世界最大の島は北極に近い⑤グリーンランドである。

　　島を結ぶ交通手段は昔からおもに船であったが、⑥海底トンネルや橋が開通することによって鉄道や自動車が利用できるようになり、地域の経済や人々の生活は大きく変化した。島を結ぶ交通網の整備は、島国である日本にとってとりわけ重要である。

　　（注）：津は港、浦は入り江（湾）の意味

問1　文中の　A　、　B　に入る地名を、　A　は漢字、　B　はカタカナで答えなさい。
　　　なお、　A　は日本で最も大きい島、　B　は世界で最も小さい大陸です。

問2　文中の下線部①に関して、次の図は日本のある島の、25,000分の1地形図です。この島について述べたあとのイ〜ニの文のうち、正しいものを一つ選び記号で答えなさい。

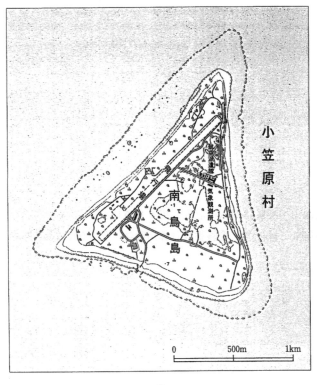

イ．南鳥島は日本最南端の島である。

　　ロ．南鳥島では果樹栽培が行われている。

　　ハ．南鳥島の周辺はサンゴ礁で囲まれている。

　　ニ．南鳥島の面積はおよそ５km²である。

問3　文中の下線部②に関して、次のあ〜うは、日本の代表的な湾や半島の地図です。あ〜うを北か
　　ら南へ並べたときの正しい順番をあとのイ〜ヘから一つ選び、記号で答えなさい。なお、図の縮
　　尺は同一ではありません。

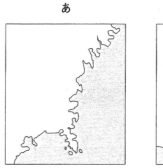

解答の記号	イ	ロ	ハ	ニ	ホ	ヘ
北	あ	あ	い	い	う	う
↓	い	う	あ	う	あ	い
南	う	い	う	あ	い	あ

H26.福岡大学附属大濠中

K教英出版

原始・古代から中世の人々の生活や社会の様子は、各時代の遺跡・遺物や史料、絵画などから知ることができます。次の図や史料をみて、あとの問いに答えなさい。なお、史料については、わかりやすいように書き改めています。

図1

a

b

史料1

> 人なみに働いているのに、ぼろな服を肩にかけ、おしつぶされ低くなった小屋の中で、地べたにわらをしき、父母は私のまくらもとで、妻子は足もとにいて悲しんでいる。かまどや米を蒸すこしきは使われず、長い間ご飯もたいてない…（中略）…そこにムチをもった里長が租を取り立てる声が聞こえてくる。これほどまでにどうしようもないものなのか、この世に生きるということは。

図2

問1　図1のaは弥生時代の農業に用いられた石器です。これに関して、弥生時代の農業について述べた文として**誤っているもの**を次のイ〜ニから一つ選び、記号で答えなさい。

　　イ．aの石包丁によって、稲は根元から刈りとって収穫された。

　　ロ．木製の鋤や鍬の刃先に金属器を取り付けて田を耕すことがあった。

　　ハ．川にくいを打ちこんで水をせきとめ、用水路をつくって田に水を引いた。

　　ニ．収穫した米をたくわえるために、高床倉庫がつくられた。

問2　図1のa・bが用いられていた弥生時代のことを述べた文として、**正しいもの**を次のイ〜ニから一つ選び、記号で答えなさい。

　　イ．bは銅剣と銅矛であり、このような青銅器が武器として用いられた。

　　ロ．むらには墓地がつくられ、死者の霊による災いを防ぐために屈葬が行われた。

　　ハ．食べ物の残りかすなどを捨てた貝塚や石の矢じりは、この時代から見られるようになった。

　　ニ．土器は前の時代よりも薄く堅くなり、米の保存や煮たきに適した土器や高坏が作られた。

問3　**史料1**は天皇・貴族から庶民まで様々な人々の作品を集め、8世紀に編集された歌集におさめられています。この歌集の名を漢字で答えなさい。

問4　**史料1**や8世紀のことを述べた文として、**正しいもの**を次のイ〜ニから一つ選び、記号で答えなさい。

　　イ．国司・郡司や**史料1**にみられる里長には、地方の豪族が任命された。

　　ロ．成人男女に課せられた調庸などの負担は重く、このため逃亡する人々があらわれた。

　　ハ．唐の僧鑑真はたび重なる渡航の失敗を経て来日し、日本に戒律を伝えた。

　　ニ．政府は中国にならって日本で最初の貨幣である和同開珎をつくり、人々に広めようとした。

問5　図2は鎌倉時代の絵巻物です。図2や鎌倉時代の武士について述べた文として、**誤っているもの**を次のイ〜ニから一つ選び、記号で答えなさい。

　　イ．武士は領地のなかに屋敷をかまえ、近くの農民らを使って農業を営んだ。

　　ロ．図2は馬を走らせながら的を射る笠懸を描いたもので、武士は日ごろからこのような武芸にはげんだ。

　　ハ．武士たちは惣領を中心に一族が団結し、領地は分割相続されたが、女子には相続されなかった。

　　ニ．鎌倉の将軍と主従関係を結んだ武士は、京都や鎌倉を警備する義務を負った。

5 次の文を読んで、あとの問いに答えなさい。

　英文学者で作家の〔　X　〕は、1867年2月、江戸の牛込に生まれ、子ども時代に明治維新の激動を経験した。彼の誕生の翌年に発足した明治新政府は、①近代国家建設のため様々な改革を行った。彼の小学校時代には自由民権運動が盛り上がり、福沢諭吉らが紹介した欧米の思想が広まっていた。

　大日本帝国憲法発布の翌年、彼は帝国大学に入学し、卒業後は教師生活を送った。②日清戦争がおこった1894年から体調をくずしたが、1900年にはロンドン留学を果たし、その5年後、作家として第一作を発表した。彼は③第一次世界大戦中の1916年に没するまで、近代社会に生きる人間の心を描いた作品を生み出し続けた。

　彼の周辺には著名人が多く、岩波書店をはじめた岩波茂雄もその一人である。最初の出版を〔　X　〕の『こころ』によって成功させた岩波茂雄は、その後も多くの書物を出版した。④軍部の独裁が強まり日本が日中戦争へと突き進んでいった時代には、彼は表現の自由をかかげて軍部と対立し、発禁処分を受けたこともあった。しかし、戦後の1946年、彼はその出版活動を認められ文化勲章を受章した。

問1　文中の〔　X　〕に当てはまる人名を、漢字で答えなさい。

問2　文中の下線部①について述べた文として**誤っているもの**を、次のイ〜ニから一つ選び、記号で答えなさい。

　　イ．廃藩置県を行い、各地に県令と府知事を派遣した。

　　ロ．新橋と横浜との間に鉄道が開通した。

　　ハ．徴兵令によって、満20歳以上のすべての男子に兵役の義務を課した。

　　ニ．殖産興業をすすめ、官営の富岡製糸場を建設した。

問3　文中の下線部②について述べた文として**正しいもの**を、次のイ〜ニから一つ選び、記号で答えなさい。

　　イ．中国で起こった義和団事件が戦争のきっかけとなった。

　　ロ．講和会議には全権として小村寿太郎が出席した。

　　ハ．戦後、期待された賠償金が得られず、国民の不満が高まった。

　　ニ．講和条約で、清は日本に遼東半島・台湾などを割譲した。

問4　文中の下線部③について、第一次世界大戦中の日本について述べた文として**誤っているもの**を、次のイ〜ニから一つ選び、記号で答えなさい。

　　イ．日英同盟にもとづいて、日本は連合国側で参戦した。

　　ロ．綿糸紡績業は中国に進出し、工場を建設した。

　　ハ．大逆事件によって、ロシア革命に影響を受けた多数の社会主義者が弾圧された。

　　ニ．中国の袁世凱政府に対し、日本は二十一カ条の要求をつきつけた。

問5　文中の下線部④について述べた文として**誤っているもの**を、次のイ〜ニから一つ選び、記号で
答えなさい。

　　イ．五・一五事件で首相の犬養毅が暗殺された。

　　ロ．張作霖爆殺事件によって満州事変が発生した。

　　ハ．近衛文麿内閣が国家総動員法を制定した。

　　ニ．盧溝橋事件によって日中戦争がはじまった。

H26.福岡大学附属大濠中

K 教英出版

平成26年度　**算数　解答用紙**

氏名

受験番号

※150点満点
（配点非公表）

1

①	②	③	④	⑤

⑥	⑦	⑧	⑨	⑩	⑪

小　計	

2

⑫	⑬	⑭	⑮	⑯	⑰

⑱	⑲	⑳	㉑

小　計	

氏名

受験番号

※100点満点
（配点非公表）

1

問　1	問　2	問　3		
		(1)		(2)
		番号	名称	

問　4		問　5	
記号	名称		

小　計

2

問　1	問　2	問　3	問　4
	→　　　→　　　→	万個	cm

小　計

3

問　1	問　2	問　3	問　4	問　5	問　6

小　計

4

問　1	問　2	問　3	問　4

小　計

平成26年度　**社会　解答用紙**

氏名

※100点満点
（配点非公表）

1

問1	A	県	B	県	C	県	D	県

問2		問3		問4		問5	

小　計

2

問1	A		B		問2		問3	

問4		問5		問6		問7	

小　計

3

問1		問2		問3		問4		問5	

小　計

4	問1		問2		問3		問4	
	問5		問6		問7			

小 計

5	問1		問2		問3		問4		問5	

小 計

6	問1		問2		問3		問4 (1)	(2)
	問5		問6		問7			

小 計

5	問 1	問 2	問 3	問 4	問 5

小　計	

6	問 1	問 2	問 3	問 4	
				図1	図2

小　計	

7	問 1	問 2		問 3
		ア	イ	
	cm³			

問 4	問 5	問 6	問 7
		g	cm³

小　計	

8	問 1	問 2	問 3
	g	%	g

小　計	

㉔	㉕	㉖	㉗

小　計

4

㉘	㉙	㉚	㉛	㉜	㉝

実際の紙面では、〇のついた点が赤い点です

小　計

5

㉞	㉟	㊱	㊲

㊳	㊴

小　計

H26. 福岡大学附属大濠中

教英出版

問5　文中の下線部⑤に関して、この権利に当てはまるものを、次のイ～ニから一つ選び記号で答え
なさい。

　　イ．等しく教育を受ける権利

　　ロ．表現の自由を求める権利

　　ハ．快適な生活環境を求める権利

　　ニ．裁判で無罪になった人が国に補償を求める権利

問6　文中の下線部⑥に関して、裁判所が民事事件として取り扱うものを、次のイ～ニから一つ選び
記号で答えなさい。

　　イ．被告人が裁判所の刑罰の言い渡しに不服な場合、さらに上級の裁判所に訴える。

　　ロ．お金の貸し借りにかかわる争いをめぐって、両当事者の一方が裁判所に訴える。

　　ハ．検察官が原告となって、被疑者を裁判所に訴える。

　　ニ．国民が行政処分の取り消しを求めて、行政機関を裁判所に訴える。

問7　文中の下線部⑦に関しては、憲法第81条で定められている。この条文の空欄 ＜　B　＞ に当
てはまる語句を、漢字で答えなさい。

　　「最高裁判所は、一切の法律、命令、規則又は処分が憲法に適合するかしないかを決定する権
　　限を有する ＜　B　＞ 裁判所である。」

－ 14 －

6 次の文を読んで、あとの問いに答えなさい。

日本国憲法は、①国民主権、基本的人権の尊重、平和主義の3つの基本原則から成り立っている。基本的人権は人間らしく生きるために欠くことのできない権利であり、②平等権、③自由権、参政権、④社会権などに分けられる。また、社会の発展と変化につれて、⑤新しい人権が主張されるようになった。

一方、基本的人権が侵害されたときには、権利の救済や回復を求めることができ、その重要な手段として⑥裁判がある。また、⑦法律などが憲法に違反していないかどうかを判断する権限が裁判所に与えられている。

問1　文中の下線部①に関して、憲法第1条は、国民主権主義に基づいて天皇の地位を定めている。この条文の空欄 ＜　A　＞ に当てはまる語句を、漢字で答えなさい。

「天皇は、日本国の ＜　A　＞ であり日本国民統合の ＜　A　＞ であって、この地位は、主権の存する日本国民の総意に基く。」

問2　文中の下線部②に関して、最高裁判所は、1976年と1985年に法の下の平等に違反するとして議員定数不均衡違憲判決を下した。衆議院議員の定数や選挙区を決める機関を、次のイ〜ニから一つ選び記号で答えなさい。

イ．総務省　　　ロ．法務省　　　ハ．選挙管理委員会　　　ニ．国会

問3　文中の下線部③に関して、自由権の一つである身体の自由に属するものを、次のイ〜ニから一つ選び記号で答えなさい。

イ．職業選択の自由　　　ロ．居住・移転の自由

ハ．苦役からの自由　　　ニ．集会・結社の自由

問4　文中の下線部④に関して、(1)、(2)の問いに答えなさい。

(1)　社会権の考え方によって、生活保護法に基づいて生活に困っている人々の援助をおこなう制度はどれに含まれるか、次のイ〜ニから一つ選び記号で答えなさい。

イ．公衆衛生　　　ロ．公的扶助　　　ハ．社会保険　　　ニ．社会福祉

(2)　社会権の考えに基づいて労働基本権が保障されている。日本の労働基本権について述べた文として**誤っているもの**を、次のイ〜ニから一つ選び記号で答えなさい。

イ．賃金差別に対する救済は、公正取引委員会の仕事として行われる。

ロ．公務員がストライキを行うことは、法律によって禁止されている。

ハ．労働時間中に国政選挙の投票に行くことは、保障されている。

ニ．年次有給休暇をとることは、権利として保障されている。

[C]

　　関ヶ原の戦いに勝利した徳川家康は1603年に幕府を開いた。幕府は全国に大名を配置し、大名を統制するため　②　という法令を定め、これに違反した場合は取りつぶすなど、厳しい支配を行った。一方、大名の領地と支配のしくみを藩といい、幕府と藩によって全国の土地と人々が支配される体制が形づくられていった。

問4　文中の　②　に当てはまる語句を漢字で答えなさい。

問5　江戸幕府や江戸時代の大名について述べた文として、**誤っているもの**を次のイ〜ニから一つ選び、記号で答えなさい。
　　イ．大名とは将軍から1万石以上の領地を与えられた武士で、このうち譜代大名と外様大名が幕府の役職についた。
　　ロ．徳川家光の時代に参勤交代の制度が定まり、大名は1年ごとに江戸と領国に住むことになった。
　　ハ．幕府は大名に河川や城の土木工事を命じたが、この費用が大名には重い負担となった。
　　ニ．幕府領の石高は、江戸時代半ばには全国の石高の約4分の1を占めた。

[D]

　　③江戸時代には産業や商業の発達により貨幣経済が広まったが、これによって収入を年貢米にたよっていた武士の生活はしだいに苦しくなり、幕府や諸藩も財政難におちいった。このため、幕府では18世紀前半から19世紀にかけて、財政の立て直しなどの改革が行われ、諸藩でも改革が進められた。特に19世紀前半の改革に成功した諸藩は、幕末の政治に大きな影響を与えるようになった。

問6　文中の下線部③について、次のイ〜ニから誤っているものを一つ選び、記号で答えなさい。
　　イ．近畿地方では綿の栽培がさかんになり、その肥料として干鰯が使われた。
　　ロ．大坂（阪）は商業・金融の中心となり、諸藩は蔵屋敷を置き米や特産物を販売した。
　　ハ．問屋が農民に道具や原料を前貸しし、製品を作らせ買い取るようになった。
　　ニ．東日本では銀貨、西日本では金貨が主に用いられ、これらを交換する両替商が活躍した。

問7　幕政改革や藩政改革について述べた文として、正しいものを次のイ〜ニから一つ選び、記号で答えなさい。
　　イ．享保の改革では、江戸に出ていた農民を村に帰らせ、年貢を確保しようとした。
　　ロ．天保の改革では株仲間結成を奨励し、営業税の増収をはかった。
　　ハ．米沢藩では藩主を中心に改革が行われ、大規模な開墾やうるしなど特産物の生産を奨励した。
　　ニ．長州藩では黒砂糖を藩の専売とし、その利益で反射炉の建設を行った。

H26. 福岡大学附属大濠中
K教英出版

次の［A］〜［D］の文章を読んで、あとの問いに答えなさい。

［A］

　　南北朝の動乱のなかで成立した室町幕府は、各国の守護の権限を強め、全国の武士をまとめよう
とした。守護は与えられた権限を利用して勢力を強め、しだいに一国を支配する守護大名へと成長
した。

問1　守護大名や室町時代について述べた文として、正しいものを次のイ〜ニから一つ選び、記号で
　　答えなさい。
　　　イ．南北朝の動乱の時期に、幕府は守護に謀叛（むほん）や殺人の犯罪人を取りしまる権限を新たに与え
　　　　た。
　　　ロ．将軍の補佐役である管領や、武士を統率する侍所の長官には、有力な守護大名が任命され
　　　　た。
　　　ハ．農業技術が進歩し、裏作に麦を作る二毛作や牛馬を用いた耕作が始まった。
　　　ニ．宋の様式を取り入れた雄大な建築物である東大寺南大門がつくられた。

［B］

　　応仁の乱ののち、下剋上の風潮が広まるなかで、①戦国大名が各地に登場した。戦国大名は実力
によって領国を支配するために強力な兵を育て、領国の産業や経済の発展をはかった。

問2　文中の下線部①について、守護大名から戦国大名に成長したことで知られる甲斐国（かいのくに）の戦国大名
　　を次のイ〜ニから一つ選び、記号で答えなさい。
　　　イ．今川氏　　　　ロ．上杉氏　　　　ハ．北条氏　　　　ニ．武田氏

問3　［B］の文章に関して、次のイ〜ニから**誤っているもの**を一つ選び、記号で答えなさい。
　　　イ．応仁の乱を通じて貴族や寺社は領地を武士に奪われ、勢力を失っていった。
　　　ロ．守護を追い出して自治を行った正長の土一揆は、下剋上の代表的な例であった。
　　　ハ．戦国大名の分国法のなかには、家臣の間の争いを厳しく取りしまることを定めたものがあった。
　　　ニ．戦国大名は領国の経済発展のため城下町に商工業者を呼び寄せ、自由な商売を行わせた。

問6　文中の下線部⑤に関して、次のイ〜ニのうちグリーンランドの図を一つ選び、記号で答えなさい。なお、図の縮尺は同一ではありません。

イ　　　　　　ロ　　　　　　ハ　　　　　　ニ

問7　文中の下線部⑥に関して、次のイ〜ニの文のうち**誤っている**ものを一つ選び、記号で答えなさい。

イ．福岡県と山口県は、海底トンネルと橋の両方で結ばれている。

ロ．徳島県と和歌山県は、世界最長のつり橋で結ばれている。

ハ．岡山県と香川県は、上が道路、下が鉄道の二階建ての橋で結ばれている。

ニ．青森県と北海道は、鉄道専用の海底トンネルで結ばれている。

H26.福岡大学附属大濠中
教英出版

問4 文中の下線部③に関して、次の写真は、近年日本の港でよく見られるある施設を撮影したものです。この施設は何に使用されるものか、あとのイ～ニから一つ選び記号で答えなさい。

イ．鉄鉱石を船に積むのに使用する。　　　ロ．原油を船に積むのに使用する。

ハ．自動車を船に積むのに使用する。　　　ニ．コンテナを船に積むのに使用する。

問5 文中の下線部④に関して、海に面した地域と内陸の地域は気候の特徴に違いがみられ、それが人々の生活の違いにあらわれています。次のA～Cのグラフは、海に面した銚子市（千葉県）と宮崎市、内陸の松本市（長野県）の月平均気温・降水量をあらわしたものです。グラフと都市の正しい組合せをあとのイ～ヘから一つ選び、記号で答えなさい。

A B C

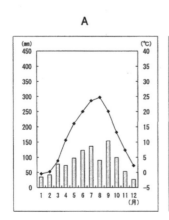 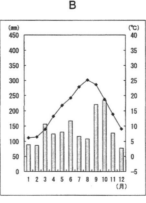 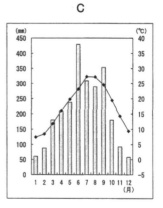

解答の記号	イ	ロ	ハ	ニ	ホ	ヘ
A	銚子市	銚子市	宮崎市	宮崎市	松本市	松本市
B	宮崎市	松本市	銚子市	松本市	銚子市	宮崎市
C	松本市	宮崎市	松本市	銚子市	宮崎市	銚子市

問4 次の表2は、北海道が生産量・飼育頭数で全国一のばれいしょ（単位千トン）、玉ねぎ（単位千トン）、肉用牛（単位千頭）の、上位3位までの都道府県を抜き出したものです。表中あ～うの農畜産物の正しい組合せをあとのイ～ヘから一つ選び、記号で答えなさい。

表2

		あ		い		う
1位	北海道	1753	北海道	539	北海道	573
2位	長崎	96	鹿児島	368	佐賀	145
3位	鹿児島	81	宮崎	293	兵庫	91

（統計はいずれも2010年、農林水産省統計表により作成）

解答の記号	イ	ロ	ハ	ニ	ホ	ヘ
あ	ばれいしょ	ばれいしょ	玉ねぎ	玉ねぎ	肉用牛	肉用牛
い	玉ねぎ	肉用牛	ばれいしょ	肉用牛	ばれいしょ	玉ねぎ
う	肉用牛	玉ねぎ	肉用牛	ばれいしょ	玉ねぎ	ばれいしょ

問5 愛知県は自動車産業が盛んですが、自動車産業について述べた次のイ～ニの文のうち、誤っているものを一つ選び、記号で答えなさい。

イ．愛知県の自動車産業は、織物機械の製造技術を土台にして始まった。

ロ．日本では近年、ガソリン車だけでなくハイブリッド車や電気自動車も生産されている。

ハ．自動車産業は、鉄鋼業、石油化学工業、繊維工業など広範囲の工業と結びついている。

ニ．日本の自動車生産台数は、高度経済成長期以来ずっと世界第1位である。

H26.福岡大学附属大濠中
K教英出版

次の**表1**は、日本の都道府県について、面積、人口増加率、農業生産額、製造品出荷額の上位3位までを抜き出したものです。これを見てあとの問いに答えなさい。

表1

	面　積 (km²・2011年)		人口増加率 (%・2011〜2012年)		農業生産額 (億円・2010年)		製造品出荷額 (十億円・2010年)	
1位	北海道	83457	B	0.66	北海道	9946	愛　知	38211
2位	A	15279	東　京	0.29	C	4306	神奈川	17247
3位	福　島	13783	滋　賀	0.25	千　葉	4048	D	15793

(住民基本台帳人口要覧、農林水産省統計表、工業統計表ほかにより作成)

問1　次の各文は、**表1**中の　A　〜　D　の県の、それぞれの項目の特徴（　A　県については地形の特徴）について説明したものです。表中　A　〜　D　に当てはまる県名を漢字で答えなさい。

　　A：太平洋に面しており、県の東部と西部を走る山地の間に南北に長く盆地が発達している。東部の海岸は日本有数のリアス海岸として知られている。

　　B：出生率が全国一ということもあり、高い人口増加率が維持されている。過疎が進んでいる地域もあるが、温暖な気候を求めて移住してくる人も多い。

　　C：首都に近く輸送に有利なことから園芸農業が盛んである。白菜、ピーマン、メロンなどは全国有数の生産量である。

　　D：木材を利用した楽器生産や製紙・パルプ工業のほか、オートバイや自動車などの輸送用機械工業や電気機械工業が発達している。

問2　**表1**中の　A　〜　D　、北海道、東京を除く5つの県（福島、滋賀、千葉、愛知、神奈川）のうち、**県名と県庁所在都市名が異なる県はいくつあるか、0〜5の数字で答えなさい**。

問3　滋賀県の人口増加率が高い理由として**適切ではないもの**を次のイ〜ニから一つ選び、記号で答えなさい。

　　イ．福祉が充実しており、高齢者の寿命が延びたから。

　　ロ．交通の便が良く、大阪や京都への通勤・通学が便利だから。

　　ハ．大企業の工場が建設されて、働き口が増えたから。

　　ニ．大学が移転してきて、学生の数が増えたから。

7 うすい塩酸（A液とする）、うすい水酸化ナトリウム水溶液（B液とする）、スチールウール、アルミニウムを使って、次の実験1〜4を行いました。以下の各問いに答えなさい。

実験1　6つの三角フラスコ①〜⑥を準備し、それぞれの三角フラスコにいろいろな重さのスチールウールを入れた後、A液50cm³を加え、このとき発生した気体Xの体積を調べたところ、表1のような結果を得ました。

表1

三角フラスコ	①	②	③	④	⑤	⑥
スチールウールの重さ（g）	1.0	1.5	2.0	2.5	3.0	3.5
A液の体積（cm³）	50	50	50	50	50	50
発生した気体Xの体積（cm³）	400	600	800	1000	1120	1120

実験2　6つの三角フラスコ①〜⑥を準備し、それぞれの三角フラスコにいろいろな体積のA液を入れた後、1.35gのアルミニウムを入れ、このとき発生した気体Xの体積を調べたところ、表2のような結果を得ました。

表2

三角フラスコ	①	②	③	④	⑤	⑥
アルミニウムの重さ（g）	1.35	1.35	1.35	1.35	1.35	1.35
A液の体積（cm³）	25	50	75	100	125	150
発生した気体Xの体積（cm³）	560	1120	1680	1680	1680	1680

実験3　6つの三角フラスコ①〜⑥を準備し、それぞれの三角フラスコにいろいろな体積のB液を入れた後、1.35gのアルミニウムを入れ、このとき発生した気体Xの体積を調べたところ、表3のような結果を得ました。

表3

三角フラスコ	①	②	③	④	⑤	⑥
アルミニウムの重さ（g）	1.35	1.35	1.35	1.35	1.35	1.35
B液の体積（cm³）	15	30	45	60	75	90
発生した気体Xの体積（cm³）	504	1008	（ア）	（イ）	1680	1680

H26. 福岡大学附属大濠中
K 教英出版

問1　図1中のA、Bは、高気圧または低気圧を表しています。高気圧を表しているものをすべて選び、記号で答えなさい。ただし、どちらも高気圧でない場合は解答欄に「なし」と記入しなさい。

問2　図2中のC、Dは、高気圧または低気圧を表しています。高気圧を表しているものをすべて選び、記号で答えなさい。ただし、どちらも高気圧でない場合は解答欄に「なし」と記入しなさい。

問3　図2の日、寒冷前線が通過する前後で、福岡の気温、風向きはどう変化したと思われますか。次のア～カの中からもっとも適切なものを1つ選び、記号で答えなさい。ただし、Cのまわりでは、風が反時計回りに吹き込みます。また、「風向きが北」であるとは、「北から南に向かって風が吹いている」ことを意味しています。
　　ア．気温は上がり、風向きは北西から西、さらに南西へと変わっていく。
　　イ．気温は上がり、風向きは南西から西、さらに北西へと変わっていく。
　　ウ．気温は下がり、風向きは北西から西、さらに南西へと変わっていく。
　　エ．気温は下がり、風向きは南西から西、さらに北西へと変わっていく。
　　オ．気温は変わらず、風向きは北西から西、さらに南西へと変わっていく。
　　カ．気温は変わらず、風向きは南西から西、さらに北西へと変わっていく。

問4　図1、図2の天気を説明したものはどれですか。次のア～オの中からそれぞれ1つずつ選び、記号で答えなさい。
　　ア．発達中の低気圧の影響で、全国的に大荒れの天気となった。関東では午前中晴れ間が広がったものの、昼ごろから雨が降り出した。
　　イ．大雨から一転、晴れ間の広がった西日本では35℃前後の厳しい暑さとなった。35℃以上の猛暑日となったのは愛媛県、宮崎県、香川県である。
　　ウ．日本列島は移動性高気圧におおわれ、日中は晴れ間の広がったところが多かった。ただ、西日本では足早に雲が広がり、午後はしだいに雨が降り出した。
　　エ．伊豆諸島で未明に激しい雨を観測したが、日中は高気圧におおわれ、北陸や北日本を含めて全国的に晴天となった。
　　オ．昨日から強い冬型の気圧配置となり、日本海側の広い範囲で雪となった。福島県や群馬県の山間部では、この2日間で降雪が1メートルに達した。

4 　左右の太さが違う重さ100g，長さ50cmの棒を使って、てんびんを作ることにしました。おもりを何もつるしていないときに、図1のように左から30cm、右から20cmのところを糸でつるすとてんびんは水平につり合いました。棒におもりをつるしても、棒は変形しないものとして、以下の各問いに答えなさい。

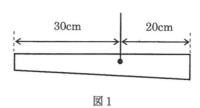

図1

問1　図2のように、てんびんの左はしと右はしにそれぞれおもりをつるして、水平につり合わせることにしました。左はしに重さ60gのおもりをつるしたとき、右はしのおもりを何gにすれば、てんびんは水平につり合いますか。

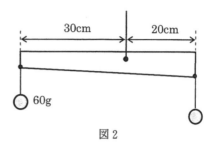

図2

問2　図3のように、左はしのおもりを、左はしから10cm右へ移動させました。右はしのおもりを何gにすれば、てんびんは水平につり合いますか。

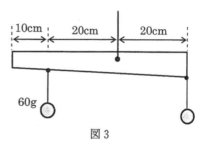

図3

問3　図4のように、再びおもりを左はしに移動させ、今度は棒の中心に糸をつけかえて、てんびんを水平につり合わせることにしました。棒の右はしのおもりを何gにすれば、てんびんは水平につり合いますか。

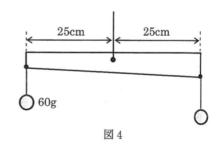

図4

問4　図5のように、右はしのおもりの代わりに糸を重さ10gのかっ車に通して天井に固定し、かっ車におもりをつるして、水平につり合わせることにしました。かっ車につるすおもりを何gにすれば、てんびんは水平につり合いますか。

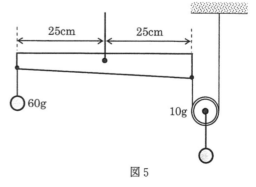

図5

H26. 福岡大学附属大濠中
K教英出版

問4　電気をたくわえたコンデンサーに、明かりがついた時と逆向きに豆電球や発光ダイオードをつなぐと、どのようになりますか。もっとも適切なものを次のア〜エの中から1つ選び、記号で答えなさい。
　　ア．どちらにも明かりがつく。
　　イ．どちらにも明かりはつかない。
　　ウ．豆電球に明かりはつかないが、発光ダイオードには明かりがつく。
　　エ．豆電球に明かりはつくが、発光ダイオードには明かりがつかない。

　今度は、豆電球とスイッチも使って、図3のようにコンデンサーの＋極と−極に注意しながら乾電池につなぎました。ただし、はじめコンデンサーには電気がたくわえられていませんでした。

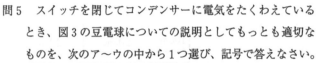

図3

問5　スイッチを閉じてコンデンサーに電気をたくわえているとき、図3の豆電球についての説明としてもっとも適切なものを、次のア〜ウの中から1つ選び、記号で答えなさい。
　　ア．スイッチを閉じている間、豆電球に明かりはつかない。
　　イ．スイッチを閉じている間、豆電球に明かりはついている。
　　ウ．スイッチを閉じると豆電球に明かりはつくが、しばらくするとスイッチを閉じていても豆電球の明かりは消えてしまう。

　最後に図4のように電気がたくわえられていないコンデンサーと豆電球を手回し発電機をつなぎました。回す向きに注意しながら、手回し発電機を20回、回した後、回すのを止めてハンドルが動かないようにしました。

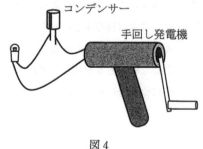

図4

問6　手回し発電機を回している間と回すのを止めてからの豆電球についての説明としてもっとも適切なものを、次のア〜エの中から1つ選び、記号で答えなさい。
　　ア．ハンドルを回している間、豆電球の明かりはついていたが、回すのを止めると、すぐに明かりは消えた。
　　イ．ハンドルを回している間、豆電球の明かりはついていたが、回すのを止めても、しばらくの間、明かりはついていた。
　　ウ．ハンドルを回している間も、回すのを止めてからも、明かりはつかなかった。
　　エ．ハンドルを回している間、豆電球の明かりはついていなかったが、回すのを止めると、しばらくの間、明かりはついていた。

問3 (1) 食べ物を食べた後、細かく分解された養分は、体へ
と吸収されます。右の図はヒトの体を背中側から見た
体内を表しています。養分がおもに吸収されるところ
を図の1～5の中から1つ選び番号で答え、その名称
も答えなさい。

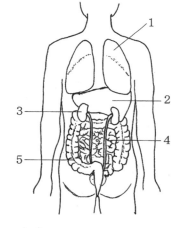

(2) 次のA～Dは、右の図の1～5のいずれかの説明で
す。説明と図中の番号の組み合わせが正しいものを下
のア～キの中からすべて選び、記号で答えなさい。
A. ヒトの臓器の中では脳とともに体内で最も重いも
のの一つである。
B. 細かいひだがたくさんあり、そのひだにはさらに小さな突起がたくさんある。
C. 小さな袋がたくさんあり、この袋のまわりを毛細血管が網の目状に包んでいる。
D. 腰の上部に1対あり、太い血管がつながっていて多量の血液が出入りしている。

ア. Bと4　　　イ. Aと3　　　ウ. Dと5　　　エ. Cと4
オ. Dと2　　　カ. Cと1　　　キ. Bと5

問4 吸収された養分は、血液によって全身に運ばれます。血
液は養分のほかにも酸素を運んでいます。右の図はヒトの
血管と血液を表しています。酸素を運んでいるものを右の
図のア～エの中から1つ選び記号で答え、その名称も答え
なさい。

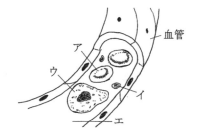

問5 血液は心臓のはたらきによって、全身に送り出され、体
の中をめぐっています。心臓は右の図のように4つの部屋
に分かれていて、心房が収縮したとき矢印の向きに血液が
流れています。酸素が多く含まれる血液の流れを示してい
る矢印を右の図のア～オの中から2つ選び、記号で答えな
さい。

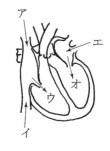

－2－

1 ヒトの体のつくりについて、以下の各問いに答えなさい。

　ご飯をよくかんで食べると、だ液がたくさん出てくるのがわかります。このだ液のはたらきを調べるために次のような実験をすることにしました。試験管の中には下の表のようにだ液やでんぷん液などを組み合わせて入れました。そして、全ての試験管にヨウ素液を加えた後、色々な温度の水に試験管を浸し、それぞれの試験管の色の変化の様子を見ました。下の表は実験の条件とその結果を表しています。

試験管	試験管に入っているもの	温度	結　果
1	だ液，デンプン液	37℃	しばらくすると変化した
2	水，デンプン液	37℃	変化しなかった
3	水で4倍にうすめただ液，デンプン液	37℃	試験管1よりも変化するのに時間がかかった
4	水で10倍にうすめただ液，デンプン液	37℃	試験管3よりも変化するのに時間がかかった
5	だ液，食酢，デンプン液	37℃	変化しなかった
6	だ液，デンプン液	0℃	変化しなかった
7	だ液，デンプン液	80℃	変化しなかった

問1　この実験から、だ液のはたらきについて述べた次のア〜エのうち、間違っているものを1つ選び記号で答えなさい。

　　ア．デンプン液がだ液のはたらきによって分解されているかどうかを調べるのに、試験管1と試験管2を比較する。

　　イ．酸性条件がだ液のはたらきに影響していることを調べるのに、試験管2と試験管5を比較する。

　　ウ．温度条件がだ液のはたらきに影響していることを調べるのに、試験管1と試験管6と試験管7を比較する。

　　エ．だ液の濃度がデンプン液の分解に影響していることを調べるのに、試験管1と試験管3と試験管4を比較する。

問2　口から食べたご飯は体内を移動し、最後に吸収されずに残ったものがふんとしてこう門から出ます。口からこう門までの食べ物の通り道を何といいますか。漢字で答えなさい。

5 　一辺の長さが10cm の立方体 A があります。〈図１〉は立方体 A から，底面の一辺の長さが４cm の正方形の四角柱をくりぬいた立体です。また，〈図２〉は立方体 A から，半径２cm の円柱をくりぬいた立体です。次の各問いに答えなさい。

ただし，円周率は3.14とします。

〈図１〉

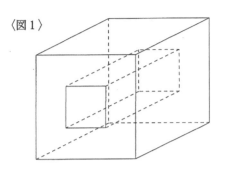

〈図２〉

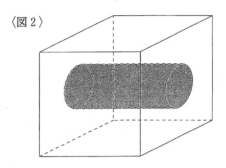

実際の紙面では、くりぬいた部分に色がついています

(1) 〈図１〉のくりぬいた四角柱の体積は 　㉞　 cm³ で，この立体の体積は 　㉟　 cm³ です。

(2) 〈図１〉の立体の表面積は 　㊱　 cm² です。

(3) 〈図２〉のくりぬいた円柱の体積は 　㊲　 cm³ です。

(4) 〈図３〉は立方体 A から「底面の一辺の長さが４cm の正方形の四角柱」「半径２cm の円柱」をくりぬいた立体です。この立体の体積は 　㊳　 cm³ であり，この立体の表面積は 　㊴　 cm² です。

〈真横から見た図〉

〈真正面から見た図〉

〈図３〉

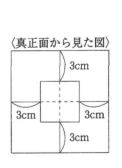

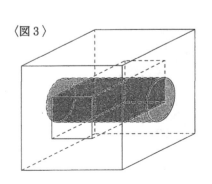

実際の紙面では、くりぬいた部分に色がついています

－ 6 －

4 下の図は，点を縦，横1cmの等しい間隔で打ったものです。次の各問いに答えなさい。

(1) 下の図の三角形の面積は ⑱ cm² で，正方形の面積は ㉙ cm² です。

(2) 下の図のように点が並んでいるとき，点をむすんで，面積が5となる正方形をつくり，解答用紙の ㉚ に描きなさい。ただし，4つの頂点のうち1つは赤い点とします。

 実際の紙面では、○のついた点が赤い点です

(3) 下の図の，色のついた部分の面積は ㉛ cm² です。

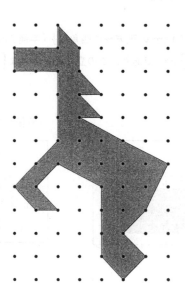

(4) (3)の図において，図の周上の点は ㉜ 個あり，その半分の個数に内部の点の個数をたしたものから(3)で求めた面積の値を引くと ㉝ となります。

$\boxed{2}$ 次の各問いに答えなさい。

(1) 分数が $\dfrac{1}{2}$, $\dfrac{2}{2}$, $\dfrac{1}{3}$, $\dfrac{2}{3}$, $\dfrac{3}{3}$, $\dfrac{1}{4}$, $\dfrac{2}{4}$, $\dfrac{3}{4}$, $\dfrac{4}{4}$, $\dfrac{1}{5}$, $\dfrac{2}{5}$, ……, $\dfrac{5}{5}$, $\dfrac{1}{6}$, ……$\dfrac{15}{15}$ のように規則正しく並んでいます。分母が 7 である分数の和は $\boxed{⑫}$ で，最初から40番目の分数は $\boxed{⑬}$ です。

(2) 下の図のように，1 から20までの数字を書いたカードを A 列，B 列，C 列においていきます。
3 つの列の中で，おいたカードの枚数が一番少ないのは $\boxed{⑭}$ 列で，この列のカードに書かれた数字の和は $\boxed{⑮}$ です。

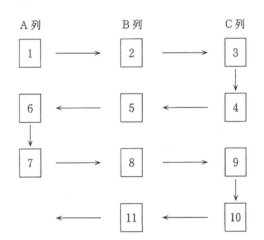

(3) 下の図のように，直線上に角 A が30°，AB = AC の二等辺三角形 ABC があります。
この二等辺三角形を，頂点 C を中心に回転させました。角 a の大きさは $\boxed{⑯}$ 度，角 b の大きさは $\boxed{⑰}$ 度です。

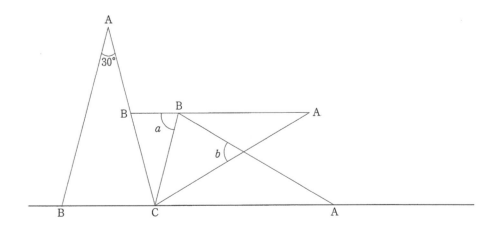

H26. 福岡大学附属大濠中
K 教英出版

1

次の各問いに答えなさい。

(1) $100 - (3 + 8 \div 2) \times 3$ を計算すると $\boxed{①}$ です。

(2) $\left(1 - \dfrac{1}{3}\right) \div \left(3 - 4 \times \dfrac{2}{3}\right)$ を計算すると $\boxed{②}$ です。

(3) 次の $\boxed{}$ にあてはまる数は $\boxed{③}$ です。

$$\left(\boxed{} \times 9 - 1.5\right) \div 0.25 = 12$$

(4) 1 より大きく，3 より小さい分数で分母が 3 である分数を全部たすと $\boxed{④}$ です。

(5) $n(A)$ は A の約数の個数を表し，$n(A * B)$ は A と B の公約数の個数を表します。
たとえば，$n(8) = 4$，$n(8 * 12) = 3$ です。
$n(24) = \boxed{⑤}$，$n(24 * 36) = \boxed{⑥}$ です。

(6) 2 つの整数の和が20，積が64であるとき，大きい方の整数は $\boxed{⑦}$ です。

(7) 190g の水に10g の食塩を入れて食塩水を作りました。これと同じ濃さの食塩水140g を作るには $\boxed{⑧}$ g の食塩が必要です。

(8) 公園に，1 周が 4 km の散歩道があります。A 君は毎分80m の速さで歩き始めました。
B 君は，A 君が歩き始めてから 5 分後に同じ場所から A 君とは反対の向きに歩き始めました。
すると 2 人は，散歩道のちょうど真ん中の地点で出会いました。
このとき，B 君の歩く速さは毎分 $\boxed{⑨}$ m です。

(9) 1 個500円で仕入れた品物に 3 割の利益を見込んで定価 $\boxed{⑩}$ 円で売り出しましたが，売れなかったので定価の $\boxed{⑪}$ 割引で売ったところ20円の利益を得ました。

平成 25 年度

福岡大学附属大濠中学校

入 学 試 験 問 題

算　数

［時 間　60分］

注　意

1．答えはすべて解答用紙に記入してください。

2．解答用紙には氏名・受験番号（算用数字　例10001）をきちんと書いて
　ください。

(6) 大きい円1つと小さい同じ円2つと,同じ正方形2つが下の図のようになっています。

正方形の一辺の長さが10cmのとき,斜線部分の面積は ⑲ cm²です。(円周率は,3.14とします。)

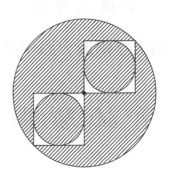

(7) 下の図Ⅰのように,4つの面に「お」「お」「ほ」「り」と書かれた立方体があります。

例の展開図にならって,解答用紙の展開図 ⑳ に「お」「お」「ほ」の3つの文字を書き入れなさい。

図Ⅰ

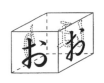

例：展開図

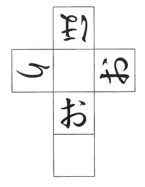

3　下の図のように，一辺が 1 cm の正方形を並べ，一番上から 1 段目，2 段目，3 段目，……とします。また，図のように 1 段目，2 段目は 1 とし，3 段目からは，左右の 1 以外の数字はすべて左上と右上の数字の和となるように数字を書いていきます。次の各問いに答えなさい。

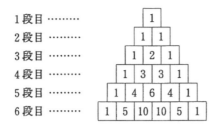

1 段目 ………
2 段目 ………
3 段目 ………
4 段目 ………
5 段目 ………
6 段目 ………

(1)　10段目の右から 2 つ目の数字は ㉑ で，左から 3 つ目の数字は ㉒ です。

(2)　10段目の10個の数字の和は ㉓ です。

(3)　1 段目から10段目の55個の数字の和は ㉔ です。

(4)　例のように，1 段目から 3 段目までの周りの長さは12cm です。
　　 1 段目から10段目までの周りの長さは ㉕ cm です。

例：周りの長さとは下の図の赤線部分

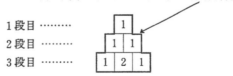

1 段目 ………
2 段目 ………
3 段目 ………

(5)　1 段目から10段目までの数字の中で偶数は ㉖ 個あります。

(6)　11段目の数字の中で，一番大きい数字は ㉗ です。
　　 11段目から20段目までの周りの長さは ㉘ cm です。

平成 25 年度

福岡大学附属大濠中学校

入 学 試 験 問 題

理 科

［時 間 40分］

注 意

1. 答えはすべて解答用紙に記入してください。

2. 解答用紙には氏名・受験番号（算用数字　例10001）をきちんと書いて
ください。

問5　晴れた日の気温と湿度に関する説明として最も適当なものを次のア～エの中から1つ選び、記号で答えなさい。

　　ア．明け方は午後にくらべ気温が低いため、飽和水蒸気量が多くなり、湿度は高くなる。

　　イ．明け方は午後にくらべ気温が低いため、飽和水蒸気量が多くなり、湿度は低くなる。

　　ウ．明け方は午後にくらべ気温が低いため、飽和水蒸気量が少なくなり、湿度は高くなる。

　　エ．明け方は午後にくらべ気温が低いため、飽和水蒸気量が少なくなり、湿度は低くなる。

3 動物のからだのつくりに関する次の問いに答えなさい。

問1　動物の足はそれぞれの生活に適したものになっています。ネコは音を立てずにしなやかにジャンプし高い所に移動することができますし、ウマは長距離を速く走ることができます。また、ヒトやサルの足は安定して歩くことができます。

(1)　ヒトは歩くときかかとをつけて歩いています。ヒトの足の図のやじるしで示したところは、かかとの骨をあらわしています。ネコの足の骨の図、ウマの足の骨の図でかかと部分をあらわしているのはどれですか。次のア〜オの中からそれぞれ選び、記号で答えなさい。

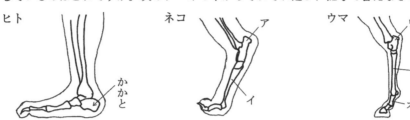

(2)　鳥の足に注目すると、それぞれの生活に適応した形に進化しているのがわかります。次の①〜④は、タカ、カモ、ツル、キツツキいずれかの足の図です。図と動物名の正しい組み合わせをア〜カの中から1つ選び、記号で答えなさい。

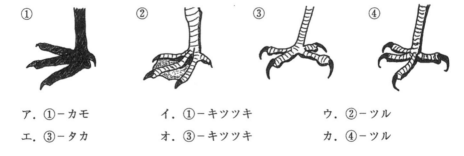

ア．①－カモ　　　　　イ．①－キツツキ　　　　ウ．②－ツル
エ．③－タカ　　　　　オ．③－キツツキ　　　　カ．④－ツル

(3)　動物の足跡を見てもそれぞれ特徴があり、その足跡で動物を特定したり、どのような行動をしたのかを推測したりすることができます。次はウサギの足跡ですが、走っているときのウサギの足跡として正しいものをア〜エの中から1つ選び、記号で答えなさい。ただし、進行方向は図の左向きとします。

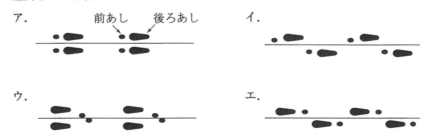

問5　たろう君は自分で野菜を育てようと種を買いに行きました。そこで、今はオクラの種まきにちょうどよい時期だと知りました。さっそく種を買ってプランターにまくと、芽が出て葉の枚数が増え、花がさき、実ができて収穫することができました。この間、たろう君は観察記録をつけました。次のア〜オの中で誤っているものをすべて選び、記号で答えなさい。

ア．子葉……2枚

イ．根……ひげ根

ウ．花びら……離れている。5枚。

エ．葉……葉脈が平行に通っている。

オ．実の断面……5つに分けられている。

5 ふりこについて次の問いに答えなさい。

問1　ふりこの周期について正しく説明している文章を次のア～
　　　エの中から1つ選び、記号で答えなさい。
　　　ア．おもりを重くすると、ふりこの長さに関係なく、周期は
　　　　　短くなる
　　　イ．おもりを重くすると、ふりこの長さに関係なく、周期は
　　　　　長くなる
　　　ウ．ふりこの長さを長くすると、おもりの重さに関係なく、
　　　　　周期は短くなる
　　　エ．ふりこの長さを長くすると、おもりの重さに関係なく、
　　　　　周期は長くなる

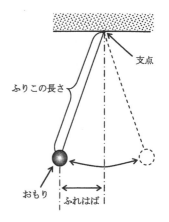

問2　おもりの重さやふりこの長さを変えずに、ふりこのふれはばを大きくすると、おもりが支点の
　　　ま下を通り過ぎるときの速さはどのように変化しますか。正しいものを次のア～ウの中から1つ
　　　選び、記号で答えなさい。
　　　ア．速くなる　　　　　イ．変化しない　　　　　ウ．おそくなる

問3　ふりこの動く様子を調べるために、ふりこをふらして、その様子を0.1秒ごとに写真にとり、
　　　0.1秒ごとのおもりの位置を1枚の紙に写し取りました。ふりこの動き方を正しく表している図
　　　を、次のア～ウの中から1つ選び、記号で答えなさい。

ア
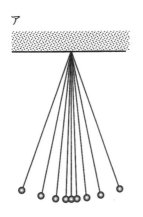

イ
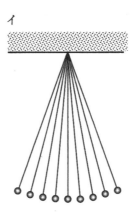

ウ
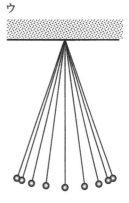

7 　塩酸，石灰水，食塩水，アンモニア水，水酸化ナトリウム水よう液の5つの水よう液があります。これらの水よう液を，それぞれの性質や変化をもとにして，下の図のように(1)～(4)の操作を行い分類していくことにしました。図中のA～Eは5つの水よう液のどれかを表しています。また，5つの水よう液をそれぞれおだやかにあたためると，A，Dの水よう液からは強いにおいがしました。さらに，Cの水よう液にアルミニウムを加えるとあわが発生しました。これらの水よう液について，次の問いに答えなさい。

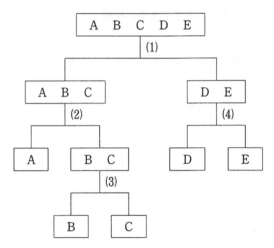

問1　上の図中の(1)～(4)の操作は，次のア～エのいずれかです。(1)～(4)の操作に当てはまるものをそれぞれ1つずつ選び，記号で答えなさい。ただし同じものを選んではいけません。
　　ア．水よう液に二酸化炭素をふきこんで，水よう液が白く濁るか濁らないかで分類する。
　　イ．水よう液を赤色のリトマス試験紙に少しつけ，青色に変わるか変わらないかで分類する。
　　ウ．水よう液を青色のリトマス試験紙に少しつけ，赤色に変わるか変わらないかで分類する。
　　エ．水よう液を蒸発させて，固体が残るか残らないかで分類する。

問2　Cの水よう液は何ですか。

問3　Eの水よう液は何ですか。

　下の文章を読み、次の問いに答えなさい。

　塩酸にスチールウールを入れると気体が発生します。次に、気体の発生が止まってから、水よう液を蒸発皿にとって加熱し、その水よう液から水を蒸発させると、固体が残ります。

　いま、5つのビーカーA〜Eを準備し、それぞれに同じ濃さの塩酸を100cm³を入れた後、いろいろな重さのスチールウールを入れました。下の表は、このとき発生した気体の体積と、気体が発生したあとの水よう液から得られた固体の重さを調べたものです。ただし、水よう液には、スチールウールがとけきれず残っている場合もありました。

塩酸	A	B	C	D	E
スチールウールの重さ（g）	1	2	3	4	5
発生した気体の体積（L）	0.44	X	Y	Z	1.01
残った固体の重さ（g）	2.9	5.8	7.4	8.4	9.4

問1　文章中の気体について正しく述べたものを、次のア〜カの中からすべて選び、記号で答えなさい。

　　ア．においがなく、水に溶けにくく、空気よりも軽い。

　　イ．ものを燃やすはたらきがある。

　　ウ．空気中に約0.03％ふくまれている。

　　エ．ロケット等の燃料として利用されている。

　　オ．うすい塩酸に銅を入れても同じ気体を発生させることができる。

　　カ．酸性雨の原因となっている。

問2　表のX，Y，Zに当てはまる数をそれぞれ答えなさい。

問3　この塩酸100cm³に、スチールウールは何gまでとけますか。小数第2位を四捨五入して小数第1位まで求めなさい。

問4　この塩酸100cm³にスチールウール7gを入れると、スチールウールがとけきれず残っていました。このスチールウール7gをすべてとかすためには、この塩酸は少なくとも何cm³以上必要ですか。次のア〜オの中から最も近いものを1つ選び、記号で答えなさい。

　　ア．275cm³　　　　イ．285cm³　　　　ウ．295cm³　　　　エ．305cm³　　　　オ．315cm³

平成 25 年度

福岡大学附属大濠中学校

入 学 試 験 問 題

社　会

［時 間　40分］

問4　文中の下線部③に関して、次のグラフは区分された7つの地方の農業生産額の内訳を示したものです。グラフ中Aに当てはまる地方をあとのイ～ニから一つ選び、記号で答えなさい。

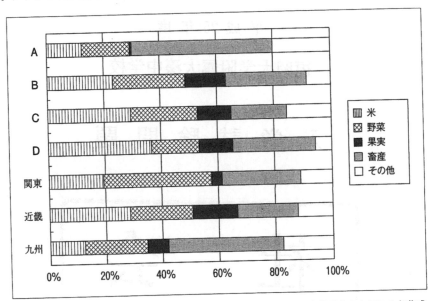

統計は2009年、「第85次　農林水産省統計表」などにより作成

　　イ．北海道　　　ロ．東北　　　ハ．中部　　　ニ．中国・四国

問5　文中の下線部④に関して、次のA～Cのグラフは、山陰、瀬戸内、南四国に位置する鳥取市、高松市、高知市の月平均気温・降水量をあらわしたものです。グラフと都市の正しい組合せをあとのイ～ヘから一つ選び、記号で答えなさい。

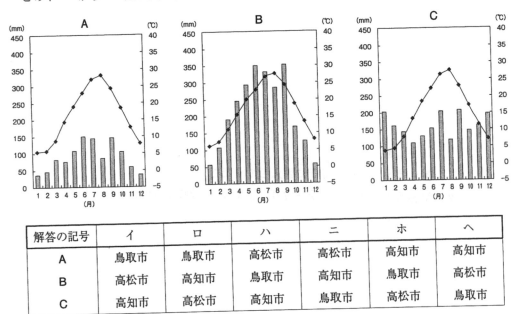

解答の記号	イ	ロ	ハ	ニ	ホ	ヘ
A	鳥取市	鳥取市	高松市	高松市	高知市	高知市
B	高松市	高知市	鳥取市	高知市	鳥取市	高松市
C	高知市	高松市	高知市	鳥取市	高松市	鳥取市

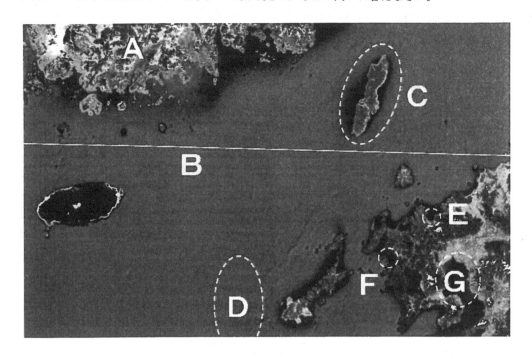

2 次の図（写真）は、人工衛星が撮影した西九州とその周辺地域をインターネットを使って見たもので、図には一部手が加えられています。この図を見て、あとの問いに答えなさい。

問1　図中Aは、九州に最も近い外国の領土の一部です。この国で使われている文字を次のイ～ニから一つ選び、記号で答えなさい。

　　イ．привет　　　ロ．안녕하세요　　　ハ．你好　　　ニ．สวัสดี

　　　　　　　　　　　　　　　　　　　注：文字の意味はいずれも「こんにちは」です。

問2　図中Bの緯線は北緯何度か、次のイ～ニから一つ選び記号で答えなさい。

　　イ．北緯30度　　　ロ．北緯34度　　　ハ．北緯38度　　　ニ．北緯42度

問3　図中Cは長崎県に属する島です。この島の名称を漢字で答えなさい。

問4　図中Dの地域は日本の漁業にとって重要な漁場となっています。次のイ～ニの文のうち、この地域でおもに行なわれている漁業について述べたものを一つ選び、記号で答えなさい。

　　イ．動力船を使って海底を漁網で引いて、ヒラメ、カレイ、タイなどを漁獲する。

　　ロ．一本の太い長い縄に細い枝糸を多くつけ、その先端に針をつけてマグロなどを漁獲する。

　　ハ．素潜り、または潜水器具を着用して、ワカメやウニ、アワビなどを漁獲する。

　　ニ．母船を中心に船団を組んで、長期間にわたってサケ、マス、カニなどを漁獲する。

3 次のA～Dの文章は、原始・古代および中世のある時期のことをそれぞれ述べています。文章を読んで、あとの問いに答えなさい。

A 日本のことが記述された最初の中国の歴史書には、当時の倭（日本）は100余りの小国に分かれていたと記されている。

問1 Aの文章に関する次のイ～ニから正しいものを一つ選び、記号で答えなさい。
　　イ．国があったことは、熊本県出土の鉄刀に刻まれた「ワカタケル大王」の文字からわかる。
　　ロ．稲作や金属器の広がりによる社会の変化が、王を中心とする小国が登場する一因となった。
　　ハ．100余りの小国に分かれていたことは、王の墓である古墳が各地に分布することからわかる。
　　ニ．日本のことが記された最初の中国の歴史書とは、『後漢書』のことである。

B この時期には聖徳太子と蘇我氏による政治改革が行われ、①仏教も積極的に受け入れられていった。その後、蘇我氏の勢力が強まったが、これを倒した人々による新政府が成立すると、公地公民制や新しい税制など、中国にならった国家体制づくりがめざされた。こうした動きは、のちの天武天皇と持統天皇の時代にさらに強まった。

問2 文中の下線部①について、聖徳太子らによる政治改革が行われていた時期の仏教文化に当てはまるものを次のイ～ニから一つ選び、記号で答えなさい。
　　イ．平等院鳳凰堂阿弥陀如来像　　　ロ．唐招提寺鑑真像
　　ハ．東大寺南大門金剛力士像　　　　ニ．法隆寺金堂釈迦三尊像

問3 Bの文章に関する次のイ～ニから正しいものを一つ選び、記号で答えなさい。
　　イ．聖徳太子は冠位を定め、個人の才能や功績によって役人を採用した。
　　ロ．蘇我氏を倒した中大兄皇子らは、唐の都にならった藤原京に都を移し政治を行った。
　　ハ．中国にならった国家体制とは、政治のきまりである律と刑罰である令にもとづく体制であった。
　　ニ．天武天皇の時代に、最初の全国的な戸籍がつくられた。

C 院政が行われていたこの時期には、上皇や藤原氏、興福寺などの大寺院が多くの荘園や独自の軍事力を持ち、おたがいに勢力をのばそうとした。しかし、天皇家や貴族の実権をめぐる対立から　　②　　の乱と平治の乱という2つの争乱が発生し、これをきっかけに力を伸ばした武家の棟梁は武士として初めて政権をにぎった。

問4 文中の　　②　　に当てはまる語句を漢字で答えなさい。

問5　Cの文章の時期のことに当てはまらないものを次のイ～ニから一つ選び、記号で答えなさい。

　　イ．浄土教が都から地方へと広がりをみせ、九州には阿弥陀堂の富貴寺大堂が建てられた。

　　ロ．大寺院の僧兵たちは武装をして朝廷に強訴を行い、自分たちの主張を通そうとした。

　　ハ．貴族や寺社の多くは逃亡した農民などを用いて自ら開墾をすすめ、私有地を拡大した。

　　ニ．最初の武家政権は一族で高い官職を独占するなど、摂関政治に似た性格を持っていた。

D　政治の実権をにぎる北条氏への御家人の不満がつのるなかで③幕府は滅亡し、天皇を中心とする政治が始まった。しかし、混乱が続くなかでこの政権はわずか2年でくずれ、以後、南朝と北朝に別れて戦いが続くことになり、④新たな幕府がこの戦いのなかで成立した。

問6　文中の下線部③ならびに下線部④の「幕府」について、次のイ～ニから誤っているものを一つ選び、記号で答えなさい。

　　イ．③の幕府は地方機関の六波羅探題を設け、④の幕府は同じく地方機関として鎌倉府を設けた。

　　ロ．③の幕府では、御家人は以前からの領地の地頭に任命され、その支配を認められた。

　　ハ．④の幕府は、守護が国内の荘園の年貢の半分を取り立てることを認めた。

　　ニ．③・④の幕府には、ともに将軍の補佐役として管領が置かれた。

問7　Dの文章の時期の社会や経済の状況に当てはまるものを次のイ～ニから一つ選び、記号で答えなさい。

　　イ．農村では農民が荘園のわくをこえて団結し、自治を行う惣がつくられるようになった。

　　ロ．農村へ貨幣経済が広がったことで、土地を手ばなし小作人となる本百姓が増えていった。

　　ハ．都市では、飢饉のときに人々が米商人に対して打ちこわしを行った。

　　ニ．加賀国では一向一揆が守護大名を倒し、約1世紀にわたって自治を行った。

次のA・Bの文を読んで、あとの問いに答えなさい。

A　欧米視察から帰国した岩倉具視・大久保利通・木戸孝允らは、1873（明治6）年、国内の近代化を優先すべきとし、征韓論をしりぞけた。これに反発した西郷隆盛・板垣退助らはいっせいに参議を辞任し、1874（明治7）年に①板垣退助らは民選議院設立建白書を提出して自由民権運動を始めた。一方、②大久保利通を中心とする政府は維新の改革に不満を持つ士族をなだめるために台湾出兵を行い、③1876（明治9）年には朝鮮を開国させた。

問1　文中の下線部①について、のちにこの人物を党首として結成された政党は何か、次のイ〜ニから一つ選び記号で答えなさい。

　　　イ．立憲国民党　　　ロ．立憲政友会　　　ハ．自由党　　　ニ．立憲改進党

問2　文中の下線部②について述べた文として正しいものを次のイ〜ニから一つ選び、記号で答えなさい。

　　　イ．地租改正反対一揆が起こったので、地租を地価の3％から2.5％に引き下げた。

　　　ロ．条約改正のために、鹿鳴館で舞踏会を開くなど欧化政策を行った。

　　　ハ．太政官制を廃止して内閣制度を創設した。

　　　ニ．秩父事件などの激化事件を警察や軍隊で鎮圧した。

問3　文中の下線部③について、朝鮮開国のきっかけとなった1875（明治8）年に起こった出来事は何か、漢字で答えなさい。

B　非政党内閣が3代続いたため、1924（大正13）年、第二次護憲運動によって加藤高明内閣が成立した。加藤高明内閣は④ワシントン会議にもとづく外交方針を継続し、内政では1925（大正14）年に普通選挙法を成立させた。この加藤高明内閣成立以降、1932（昭和7）年に⑤犬養毅内閣が崩壊するまで、二大政党によって政権交代が行われ政党内閣が続いた。

問4　文中の下線部④について述べた文として正しいものを次のイ〜ニから一つ選び、記号で答えなさい。

　　　イ．この外交方針にもとづいて、満州の一部から日本軍を撤兵させた。

　　　ロ．この外交方針にもとづいて、英米との協調外交を推進した。

　　　ハ．ワシントン会議で中華民国が承認された。

　　　ニ．ワシントン会議でドイツ領南洋諸島の日本への委任統治が認められた。

問5　文中の下線部⑤の内閣の時期に起こった出来事として当てはまるものを、次のイ〜ニから一つ選び記号で答えなさい。

　　　イ．二・二六事件が起こった。　　　ロ．盧溝橋事件が起こった。

　　　ハ．満州国が建国された。　　　ニ．治安維持法が制定された。

6 次の文を読んで、あとの問いに答えなさい。

地方公共団体における住民の権利として選挙権・①被選挙権のほか、②直接請求権が保障され、さらに③地方の政治に住民の意思をより反映しやすくするため住民投票が認められている。

地方公共団体には④議決機関である議会と執行機関の中心である首長がおかれ、首長の下に⑤各種行政委員会が設置され、住民の日常生活に関係の深い仕事が行われている。しかし、⑥地方財政の基盤が弱いために自由に使える財源が少なく、財政赤字をかかえる地方公共団体もある。

問1　文中の下線部①に関して、被選挙権が都道府県知事と同じ年齢で定められているものを、次のイ～ニから一つ選び記号で答えなさい。

イ．市町村長　　　ロ．県議会議員　　　ハ．衆議院議員　　　ニ．参議院議員

問2　文中の下線部②に関して、地方議会の解散請求権について述べた次の文の（　1　）・（　2　）に当てはまる語句を、あとのイ～ヘから一つずつ選び、記号で答えなさい。

> 議会の解散請求に必要な署名数は、有権者総数の（　1　）以上であり、請求先は（　2　）である。

イ．50分の1　　　　ロ．3分の1　　　ハ．3分の2
ニ．選挙管理委員会　　ホ．首長　　　　ヘ．議長

問3　文中の下線部③に関して、地方公共団体は憲法第94条にもとづいて地方議会の議決によって条例を定めることができます。次の条文の（　A　）に当てはまる語句を漢字2字で答えなさい。

> 「地方公共団体は、…（　A　）の範囲内で条例を制定することができる。」（第94条）

問4　文中の下線部④に関して、議会と首長との関係について、正しいものを次のイ～ニから一つ選び記号で答えなさい。

イ．議会の不信任の議決に対して、首長は議会を解散することができる。
ロ．首長は、議会に対して連帯して責任を負わなければならない。
ハ．議会は首長から独立して予算を決定し、執行することができる。
ニ．議会は首長の方針に反対の場合、拒否権を行使することができる。

問5　文中の下線部⑤に関して、地方公務員の給与勧告などの権限をもっているものを、次のイ～ニから一つ選び記号で答えなさい。

イ．予算委員会　　　ロ．公安委員会　　　ハ．人事委員会　　　ニ．労働委員会

平成25年度　**算数　解答用紙**

氏名

受験番号

※150点満点
（配点非公表）

1

①	②	③	④	⑤	⑥

⑦	⑧	⑨	⑩	⑪

小　計	

2

⑫	⑬	⑭	⑮	⑳

⑯	⑰	⑱	⑲

小　計	

氏名

受験番号

※100点満点
（配点非公表）

1

問 1	問 2	問 3	問 4	問 5

小　計

2

問 1	問 2	問 3	問 4	問 5
	g	%	g	

小　計

3

問 1			問 2	問 3	
(1)		(2)	(3)		(1)	(2)
ネコ	ウマ				L	

小　計

4

問 1	問 2	問 3	問 4		問 5
			(1)	(2)	

小　計

氏名

受験番号

※**100点満点**
（配点非公表）

1

問1	あ	い	う	え

問2		問3		問4		問5	

小　計

2

問1		問2		問3		問4	

問5	(1)	(2)	問6		問7	

小　計

3

問1		問2		問3		問4	

小　計

4	問1		問2		問3		問4		問5	

小　計

5	問1		問2		問3		問4		問5	

小　計

6	問1		問2	1	2		問3		問4	
	問5		問6	(1)	(2)					

小　計

5	問 1	問 2	問 3	問 4	問 5	問 6

小 計

6	問 1	問 2	問 3	問 4	問 5
	極				

小 計

7	問 1				問 2	問 3
	(1)	(2)	(3)	(4)		

小 計

8	問 1	問 2			問 3	問 4
		X	Y	Z		
					g	

小 計

3

㉑	㉒	㉓	㉔	㉕

㉖	㉗	㉘

小　計	

4

㉙	㉚	㉛	㉜	㉝

小　計	

5

㉞	㉟	㊱	㊲

小　計	

問6　文中の下線部⑥に関して、次の(1)、(2)に答えなさい。

(1)　地方税であるものを、次のイ〜ニから一つ選び記号で答えなさい。

イ．事業税　　　ロ．相続税　　　ハ．所得税　　　ニ．法人税

(2)　義務教育の実施や道路・港湾の整備事業の費用を国が地方公共団体に対して、使い道を指定して支給するものを、次のイ〜ニから一つ選び記号で答えなさい。

イ．地方交付税交付金　　　ロ．国庫支出金　　　ハ．財政投融資　　　ニ．地方債

問4　＜図3＞は江戸時代の鎖国下での貿易に関するもので、図の左側には長崎奉行の屋敷、図の右側には出島と西洋の船が描かれています。これらのことについて次のイ～ニから**誤っているもの**を一つ選び、記号で答えなさい。

　　　イ．鎖国下で幕府が西洋の国と貿易を行った場所は、出島以外にはなかった。

　　　ロ．図の貿易の相手国が初めて日本に来航したのは、種子島に鉄砲が伝来したときであった。

　　　ハ．幕府がこの貿易を独占する体制は、島原・天草一揆ののちに完成した。

　　　ニ．銅はこの貿易での日本からの主な輸出品の一つであった。

問5　＜図3＞に関して、江戸時代中ごろに政権を担当し、幕府の収入を増やすために長崎での貿易を盛んにすることを試みた人物を、次のイ～ニから一つ選び記号で答えなさい。

　　　イ．松平定信　　　ロ．水野忠邦　　　ハ．新井白石　　　ニ．田沼意次

4 次の図はそれぞれ中世から近世に関するものです。図をみて各問いに答えなさい。

＜図1＞

＜図2＞

＜図3＞

問1　＜図1＞は中世に中国の王朝との貿易で用いられていた合い札（左側）と原簿（右側）で、2
　　　つが合わさって「本字壹號」という文字になります。この合い札を何というか、漢字で答えなさい。

問2　＜図1＞を発行した中国の王朝と日本との関わりについて述べた文として、正しいものを次の
　　　イ〜ニから一つ選び、記号で答えなさい。
　　　　イ．雪舟はこの国で水墨画を学び、帰国後は日本の風景などを描いた作品を残した。
　　　　ロ．この国で修行した栄西は日本に禅宗を伝えた。
　　　　ハ．この国から日本に輸入された木綿は、日本の衣料に大きな影響を与えた。
　　　　ニ．この国は2度にわたって日本に出兵し、集団戦法や火薬を用いた戦いを行った。

問3　＜図2＞は中世に東アジアの中継貿易の中心として栄えた国の王宮です。＜図2＞に関する国
　　　について述べた次のイ〜ニから誤っているものを一つ選び、記号で答えなさい。
　　　　イ．中継貿易の拠点として栄えた港は那覇であった。
　　　　ロ．この国は将軍や国王の代がわりごとに江戸に使者を送っていた。
　　　　ハ．この国は江戸時代の初めから薩摩藩の支配を受け、中国との貿易を禁止された。
　　　　ニ．桃山文化のころにはこの国の楽器をもとに三味線がつくられた。

(2) 地図中の「大島」について地形図から読み取れることを述べた次のイ〜ニの文のうち、正しいものを一つ選び、記号で答えなさい。

　イ．大島で最も標高の高い地点には水準点が設置してある。

　ロ．大島の山頂付近までは自動車で登ることができる。

　ハ．大島には針葉樹林のほか広葉樹林もみられる。

　ニ．大島の北東側の海岸は海水浴場になっている。

問6　次の地図は、図中F付近の縮尺5万分の1地形図の一部です。この地図中にみられる島々は、かつての陸地（丘陵地）が海に沈んでできたものだと考えられています。陸地が海に沈んでできた例として**適当ではない**ものを、あとのイ〜ニから一つ選び記号で答えなさい。

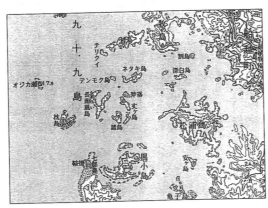

　　　イ．瀬戸内海　　　ロ．若狭湾　　　ハ．九十九里浜　　　ニ．三陸海岸

問7　図中Gの地域では、江戸時代以前から海に堤防を築き、堤防内部の水を排水して陸地を造成してきました。このような陸地の造成方法を何というか、漢字で答えなさい。

問5 次の地図は、図中E付近、佐賀県唐津市の縮尺2万5千分の1地形図の一部です。これについて次の(1)、(2)に答えなさい。

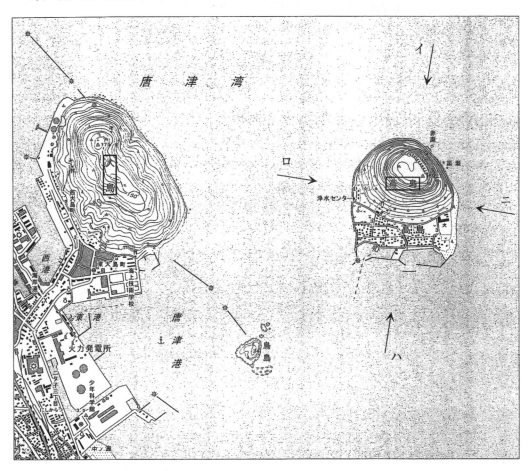

(1) 次の写真は、地図中の「高島」を撮影したものです。どの方向から撮影したものか、地図中のイ〜ニから一つ選び、記号で答えなさい。

問1　文中の □あ□ ～ □え□ に入れるのに適切な数字・語句を答えなさい。□あ□ は算用数字
　　　で、□い□ ～ □え□ は漢字で答えなさい。

問2　文中の下線部①に関して、次の表は関東地方で東京都に隣接する3つの県（埼玉県、千葉県、
　　　神奈川県）について、人口に関するいくつかの統計をまとめたものです。表中A～Cの県の正し
　　　い組合せをあとのイ～ヘから一つ選び、記号で答えなさい。

	人口 （万人・2011年）	人口密度 （人／km²）	県庁所在都市の人口 （万人・2011年）
A	890	3686	362.7
B	714	1880	121.6
C	616	1194	93.6

「住民基本台帳人口要覧　平成23年」などにより作成

解答の記号	イ	ロ	ハ	ニ	ホ	ヘ
A	埼玉県	埼玉県	千葉県	千葉県	神奈川県	神奈川県
B	千葉県	神奈川県	神奈川県	埼玉県	埼玉県	千葉県
C	神奈川県	千葉県	埼玉県	神奈川県	千葉県	埼玉県

問3　文中の下線部②に関して、次の各文は近畿地方の4つの県について述べたものです。このうち、
　　　大津市が県庁所在都市である県について述べたものを一つ選び、イ～ニの記号で答えなさい。
　　　イ．県北部の盆地は古くから日本の政治・文化の中心地として開けた。県の南部は日本有数の
　　　　　林業地帯で、「吉野すぎ」は特に有名である。
　　　ロ．農業生産額は近畿地方で第1位、工業生産額は近畿地方で大阪府に次いで第2位である。
　　　　　この県の南部には世界最長のつり橋がかかっている。
　　　ハ．海に面していない内陸の県である。近畿地方と中部地方の大都市の中間に位置して通勤に
　　　　　便利なこともあり、近畿地方で最も人口増加率が高い。
　　　ニ．温暖な気候で林業やみかん栽培が盛んな県である。景勝地や温泉など観光地も多いが、近
　　　　　畿地方で最も過疎化がすすんでいる。

1 日本の地域区分について述べた次の文を読んで、あとの問いに答えなさい。

　日本には あ の都道府県があり、いくつかの都府県ごとにまとめた区分が、地域の単位として使われることが多い。よく用いられるのは、**図1**のように北海道、東北、①関東、中部、②近畿、中国・四国、九州という７つの地方にまとめたものである。この③7地方区分は、いくつかの地域に分けて日本の特色をとらえるときに便利である。7地方区分をさらに細かく分ける場合もある。例えば、中部地方は北陸・中央高地・ い に、中国・四国地方は④山陰・瀬戸内・南四国に分けられる。

　地域区分には、7地方区分以外にもさまざまな区分の仕方がある。例えば、わが国では安定した電力供給をめざすために、全国を10の地域に区分して各地の電力会社が業務を担当している。**図2**をみると、7地方区分では中部地方に含まれる う 県と静岡県東部が、電力会社の地域区分では「東京電力」に含まれている。また、7地方区分では近畿地方に含まれる え 県は、電力会社の地域区分ではその大部分が「中部電力」に含まれる。このように地域区分は、区分の目的や基準によって、地域の数や大きさが変わってくる。

図1

図2

注：北方領土は資料なし
「平成21年版　電気事業便覧」より作成

1 　川の上流から下流にかけては、川を流れる水のはたらきによって様々な地形がつくられます。これについて、次の問いに答えなさい。

問1　次の①〜③は、水の流れやそこで見られる石のようすについて上流、中流、下流のいずれかについて説明したものです。

①流れはとてもゆるやかで、小石や砂が多い。

②流れはゆるやかで、丸みをおびた石が多い。

③流れが速く、大きくて角ばった石が多い。

①〜③はそれぞれ上流、中流、下流のどれにあてはまりますか。次のア〜カの中から正しい組み合わせををを１つ選び、記号で答えなさい。

ア．①上流 ②中流 ③下流　　　イ．①上流 ②下流 ③中流　　　ウ．①中流 ②上流 ③下流

エ．①中流 ②下流 ③上流　　　オ．①下流 ②上流 ③中流　　　カ．①下流 ②中流 ③上流

問2　川の上流で作られる地形はどれですか。次のア〜エの中から正しいものを１つ選び、記号で答えなさい。

ア．三角州　　　　　イ．Ｖ字谷　　　　　ウ．三日月湖　　　　　エ．扇状地（せんじょうち）

問3　川が山間部をぬけたあとのやや平らな地域で、右の図のように川が曲がって流れている場所がありました。図中の３地点Ａ〜Ｃの中で、もっとも流れが速いのはどこですか。Ａ〜Ｃの中から正しいものを１つ選び、記号で答えなさい。

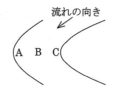

問4　図の地点Ａ、Ｂ、Ｃを通る川の断面のようすを表しているのはどれですか。次のア〜エの中から正しいものを１つ選び、記号で答えなさい。

ア．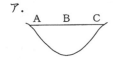　　イ．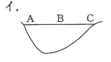　　ウ．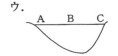　　エ．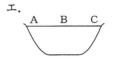

問5　図のＣの側ではどのような石が観察されますか。次のア〜エの中から正しいものを１つ選び、記号で答えなさい。

ア．大きな石、小さな石、土砂が同じぐらいの割合で見られる。

イ．大きな石が多く見られる。

ウ．小さな石や土砂が見られる

エ．大きな石と小さな石が同じぐらいの割合で見られる。

2 体積 1 m³ の空気中にふくむことができる水蒸気の最大量のことを飽和水蒸気量といいます。飽和
水蒸気量は、下の表のように気温によって変わります。

気温（℃）	0	5	10	15	20	25	30	35
飽和水蒸気量（g）	4.8	6.8	9.4	12.8	17.3	23.1	30.4	39.6

この飽和水蒸気量を用いて、湿度を次のように計算することができます。

$$湿度（\%）＝\frac{1 \text{ m}^3 \text{ の空気中の水蒸気量}}{飽和水蒸気量}×100$$

例えば、気温15℃で、体積 1 m³ の空気中に重さ 6.4 g の水蒸気がふくまれているとき、15℃の飽
和水蒸気量 12.8 g を用いて、湿度は

$$\frac{6.4}{12.8}×100 ＝ 50 （\%）$$

と計算できます。

上の式からも分かるように湿度は、空気中の水蒸気量が変わらなくても、気温が変わると飽和水蒸
気量が変化するために値が変わります。

以上のことをふまえて次の問いに答えなさい。

問1　上の表で示した飽和水蒸気量と気温の関係をグラフで表すとどのようになりますか。次のア～
エの中から正しいものを1つ選び、記号で答えなさい。

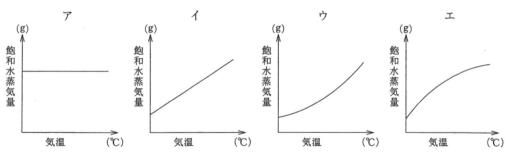

問2　気温15℃で、体積 1 m³ の空気中に重さ 9.6 g の水蒸気がふくまれているとき、あと何 g の水
蒸気をふくむことができますか。

問3　気温15℃で、体積 1 m³ の空気中に重さ 9.6 g の水蒸気がふくまれているとき、湿度は何％で
すか。答えは割り切れないときは、小数第1位を四捨五入して整数で答えなさい。

問4　気温が30℃のとき、湿度が50％でした。気温が10℃になると水蒸気の一部が水滴になります。
空気 1 m³ につき、何 g の水蒸気が水滴になりますか。

問2 ウサギの耳には毛細血管がはりめぐらされており、ここから体の熱を逃がしています。世界各地にウサギは生息していますが、次のウサギのうち、最も寒冷の地域に生息しているウサギをあらわしている図はどれですか。次のア～エの中から1つ選び、記号で答えなさい。

ア.　　　　　　イ.　　　　　　ウ.　　　　　　エ.

問3 ヒトは激しい運動をすると呼吸が激しくなり、心臓の拍動が速くなります。運動によって筋肉で消費された養分や酸素を補うために、心臓は血液を送っているのです。

(1) 激しい運動直後の心臓の拍動を計ると1分間に120回でした。安静時の拍動は1分間に70回でした。心臓は1回の拍動で80mLの血液を送り出しているものとすると、安静時と激しい運動をしたとき心臓が送り出した血液量は5分間で何Lの差がありますか、答えなさい。

(2) ヒトの呼吸は肺で行われていますが、次のア～カの動物のうち肺呼吸でないものをすべて選び、記号で答えなさい。
ア.ヤモリ　　イ.メダカ　　ウ.カメ　　エ.シャチ　　オ.バッタ

4 5月のある日、たろう君はいつも食べている野菜や果物も植物のからだの一部であることを学校で学びました。家に帰るとさっそく冷蔵庫を開けて、どんな野菜や果物が入っているか調べました。その日冷蔵庫の中に入っていた野菜と果物は次の通りでした。次の問いに答えなさい。

野菜 ： ニンジン　　ピーマン　　ブロッコリー　　セロリ　　　　キュウリ
　　　　タマネギ　　レンコン　　アスパラガス　　ジャガイモ

果物 ： イチゴ　　　キウイ　　　バナナ　　　　　サクランボ

問1　冷蔵庫にあった野菜について、主に食べている部分はからだのどの部分ですか。次のア～オの中から正しい組み合わせを2つ選び、記号で答えなさい。
ア．タマネギ……葉　　　　イ．キュウリ……茎　　　　ウ．ニンジン……茎
エ．ジャガイモ……根　　　オ．ブロッコリー……花のつぼみ

問2　冷蔵庫にあった野菜のうち、旬のものはどれですか。次のア～エの中から1つ選び、記号で答えなさい。
ア．ピーマン　　　イ．ニンジン　　　ウ．レンコン　　　エ．アスパラガス

問3　たろう君はセロリの食べている部分が葉の柄の部分であることを図鑑で調べて知りました。そこで、たろう君は赤インクを混ぜた水を花びんの中に入れ、そこにセロリをさしました。しばらくしてセロリを取り出すとセロリのすじの部分が赤くなっていました。
　　このことから、赤くなったすじの部分は何だとわかりますか。次のア～エの中から1つ選び、記号で答えなさい。
ア．道管　　　　　イ．師管　　　　　ウ．形成層　　　　エ．根毛

問4　たろう君は大好きな果物についても図鑑でいろいろと調べました。すると、ほとんどの果物は花の（　　　　）が成熟した実を食べていることがわかりました。次の問いに答えなさい。

(1)　文中の空らんに当てはまる語を答えなさい。

(2)　文中下線部について、冷蔵庫の中の果物のうち、主に実でない部分を食べているのはどれですか。次のア～エの中から1つ選び、記号で答えなさい。
ア．キウイ　　　　イ．イチゴ　　　　ウ．バナナ　　　　エ．サクランボ

次に右の図のようなふりこを準備しました。このふりこは支点のま下のO点にくぎが取り付けてあり、おもりが支点のま下のB点を通り過ぎると、糸がO点のくぎに当たったり、糸がくぎからはなれたりする仕組みになっています。ただし、図の中のO点は、A点よりも高い場所にあるものとします。糸がたるまないようにして、おもりをA点まで持ち上げてから手をはなすと、おもりはB点を通り、C点まで上がり、再びA点までもどってくる運動をくり返しました。

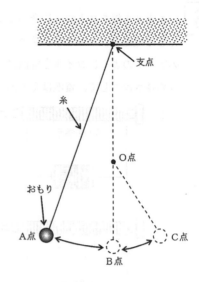

問4　おもりが上の図中でB点からC点まで動くのにかかる時間は、A点からB点まで動くのにかかる時間と比べてどうなりますか。正しいものを次のア〜ウの中から1つ選び、記号で答えなさい。

　　ア．短くなる

　　イ．等しくなる

　　ウ．長くなる

問5　おもりが上の図中でB点を左向きに通り過ぎるときの速さは、B点を右向きに通り過ぎるときの速さと比べてどうなりますか。正しいものを次のア〜ウの中から1つ選び、記号で答えなさい。

　　ア．おそくなる

　　イ．等しくなる

　　ウ．速くなる

　今度は、糸がたるまないようにしておもりを反対側のC点まで持ち上げてから手をはなしました。

問6　おもりがA点側で上がる高さについて、正しく説明しているものを次のア〜ウの中から1つ選び、記号で答えなさい。

　　ア．C点と同じ高さまでは上がらない

　　イ．C点と同じ高さまで上がる

　　ウ．C点よりも高いところまで上がる

6　エナメル線をストローに巻いてコイルを作り、コイルの中にくぎを入れてコイルに電流を流すと、くぎは電磁石になります。太さが同じエナメル線を使って50回巻きと100回巻きのコイルを作り、次のア～クのようにコイルを電池につないで電流を流しました。次の問いに答えなさい。ただし、コイルの長さは同じで、電池は全て同じ電池を使いました。

ア.
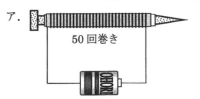
50回巻き

イ.
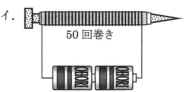
50回巻き

ウ.

50回巻き

エ.
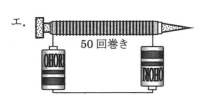
50回巻き

オ.
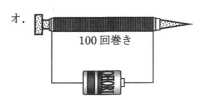
100回巻き

カ.
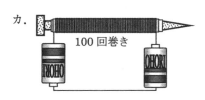
100回巻き

キ.

100回巻き

ク.
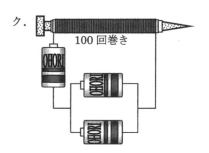
100回巻き

問1　アのとき、図中のくぎの右側は何極になりますか。

問2　電磁石の極の位置がアのときと逆になるものをイ～クの中からすべて選び、記号で答えなさい。

問3　電磁石の強さがアのときと同じになるものをイ～クの中からすべて選び、記号で答えなさい。

問4　電磁石の強さがアのときのほぼ2倍になるものをイ～クの中からすべて選び、記号で答えなさい。

問5　電磁石の強さがアのときのほぼ4倍になるものをイ～クの中からすべて選び、記号で答えなさい。

5 下の図のような直方体の容器に，いっぱいに水を入れると 216cm³ の水が入ります。
この容器を傾けたとき，水面が下の各図のようになりました。次の各問いに答えなさい。

(1) 水面が ABGH のとき，　⑭　cm³ の水が入っています。

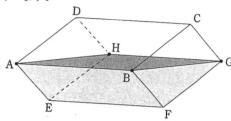

(2) 水面が EMNH のとき，　㉟　cm³ の水が入っています。
（ただし，M, N はそれぞれ辺 AB, DC の真ん中の点です。）

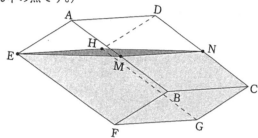

(3) 水面が AFH のとき，　㊱　cm³ の水が入っています。

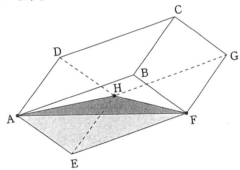

(4) 水面が PQRS のとき，　㊲　cm³ の水が入っています。
（ただし，P, Q, R, S はそれぞれ，辺AD, AB, FG, GH の真ん中の点です。）

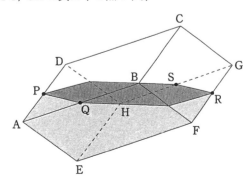

4　下の図のように，面積が 160cm² の正方形 ABCD があります。点 E は正方形の内側にあり，三角形 ABE の面積は 46cm²，三角形 BCE の面積は 33cm² です。対角線 AC と BD の交点を G とし，対角線 AC と線分 DE の交点を F とします。次の各問いに答えなさい。

(1)　三角形 ACE の面積は　⑳　cm² です。

(2)　点 E から AB に垂直な線を引き，AB との交点を H とします。
　　正方形 ABCD の一辺の長さを a cm，線分 EH の長さを b cm とするとき，
　　a と b の積 $a×b=$　㉚　です。

(3)　三角形 ADE の面積は　㉛　cm² です。

(4)　三角形 BDE の面積は　㉜　cm² です。

(5)　三角形 DFG の面積は三角形 CEF の面積より　㉝　cm² だけ大きい三角形です。

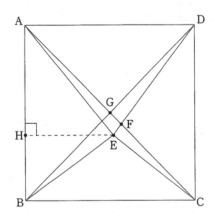

2 次の各問いに答えなさい。

(1) 1, 2, 2, 3, 3, 3, 1, 2, 2, 3, 3, 3, 1, 2, 2 …… のように規則正しく数字が並んでいます。
最初から100番目の数字は ⑫ で，最初から50番目までの数字をたすと ⑬ です。

(2) あるタクシー会社の運賃は，乗車から1200m までは550円，1200m を過ぎると200m ごとに50円が
追加されます。自宅から6.5km 離れた美術館までタクシーに乗車するときの運賃は ⑭ 円で
す。ただし，停車時間による運賃の追加はないものとします。

(3) A君とB君がジャンケンをして勝った方に3点を加え，負けた方から2点を引き，
あいこのときはそれぞれ2人に1点を加えるゲームをしました。
はじめの持ち点は2人とも15点です。10回ジャンケンをして，2人の持ち点がどちらも21点に
なったとき，A君は ⑮ 回勝ちました。

(4) 4年に1度うるう年がありますが，うるう年には，次の①，②，③のルールがあります。
　① 年数が4の倍数の年は，うるう年とします。
　② 年数が4の倍数であっても，100の倍数の年は，うるう年とはしません。
　③ 年数が4と100の倍数であっても，400の倍数の年は，うるう年とします。
　　このルールに従って，2000年は，うるう年でした。
　　1001年から2013年までに，うるう年は ⑯ 回ありました。

(5) 大小2つの円と直角三角形が下の図のようになっています。
　2つの円の半径は，大きい方が ⑰ cm，小さい方が ⑱ cm です。

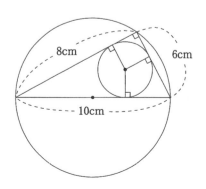

1

次の各問いに答えなさい。

(1) $(345 + 234 - 123) \div (123 + 234 - 345)$ を計算すると ① です。

(2) $\dfrac{3}{2} \div \left(1 - \dfrac{2}{5}\right) \div \left(\dfrac{1}{2} + \dfrac{1}{3}\right)$ を計算すると ② です。

(3) 次の □ にあてはまる数は ③ です。

$$17 \div \boxed{} + 2.1 \times 3 - \dfrac{2}{3} = 11.3$$

(4) $a * b$ という計算は, a を b 回かけて計算します。
このとき, $16 * 3 = $ ④ で, $2 * $ ⑤ $ = 4096$ で, ⑥ $* 6 = 4096$ です。

(5) ある数に 3 を足した数と, ある数から 3 をひいた数の比は 3：2 です。
このとき, ある数は ⑦ です。

(6) 2013は, 1つの整数 3 と, 2つの整数 a と b の積 $3 \times a \times b$ と表せます。
このとき, 3つの整数の和 $3 + a + b$ を計算すると ⑧ です。

(7) A, B, C 君の 3 人の身長は, A 君は B 君より 5 cm 低く, B 君は C 君より 10cm 高く, また, A, B, C 君の 3 人の身長の平均は150cm です。このとき, A 君の身長は ⑨ cm です。

(8) 10%の食塩水100gと, 7％の食塩水 ⑩ g を混ぜ合わせると, 8％の食塩水ができます。

(9) 3つの連続する奇数の和が45のとき, この 3 つの奇数のうち最も小さい奇数は ⑪ です。